# EDITH STEIN GESAMTAUSGABE

14

# EDITH STEIN GESAMTAUSGABE

Herausgegeben von der
Edith Stein Stiftung, Köln

Unter wissenschaftlicher Mitarbeit von
Hanna-Barbara Gerl-Falkovitz
Lehrstuhl für Religionsphilosophie und
vergleichende Religionswissenschaft der
Technischen Universität Dresden

## 14

Schriften zu Anthropologie und Pädagogik 2

## Der Aufbau der menschlichen Person

Edith Stein

# Der Aufbau
# der menschlichen Person

## Vorlesung zur
## philosophischen Anthropologie

neu bearbeitet und eingeleitet von
Beate Beckmann-Zöller

HERDER

FREIBURG · BASEL · WIEN

Diese Sonderausgabe wurde realisiert mit freundlicher Unterstützung der Provinzen des Teresianischen Karmels (OCD) in Deutschland und Österreich sowie der Edith Stein Gesellschaft Deutschland.

Neuausgabe 2025 der 3., durchgesehenen Auflage 2015

© Verlag Herder Freiburg im Breisgau 2004
Hermann-Herder-Straße 4, D-79104 Freiburg
Alle Rechte vorbehalten
www.herder.de
produktsicherheit@herder.de

Umschlaggestaltung: Finken & Bumiller, Stuttgart
Satz: SatzWeise, Bad Wünnenberg
Schrift: Minion und Abadi
Printed in Germany

ISBN 978-3-451-02634-8
ISBN E-Book (PDF) 978-3-451-83894-1

# Geleitwort

Edith Stein war Zeit ihres Lebens eine suchende und fragende Persönlichkeit. Ausgestattet sowohl mit der phänomenologischen Methodik und Fragestellung moderner Philosophie als auch mit der Glaubensüberlieferung christlicher Tradition suchte sie nach der Wahrheit, nach Gott. Dabei war sie sich sehr bewußt, dass dem ewigen Sein nicht anders zu begegnen sei als über das endliche Sein, den Menschen. Was ist der Mensch und wie sind seine Strukturen vom biologischen bis zum geistigen Wesen?

Als Edith Stein nach ihrem Ordenseintritt in Köln 1933 ihre Münsteraner Vorlesung über theologische Anthropologie ordnete, schrieb sie im Vorwort:

Wenn aber die Pädagogik darauf Anspruch erheben will, Wissenschaft zu sein, wird es eine ihrer wesentlichen Aufgaben sein, sich über die leitende Idee (Vom Wesen des Menschen) Rechenschaft zu geben. Aus dieser Erwägung heraus habe ich als Dozentin am Deutschen Institut für wissenschaftliche Pädagogik in Münster i. W. den Versuch gemacht, in meinen Vorlesungen im WS 1932/33 das Problem mit philosophischen Mitteln in Angriff zu nehmen. (ESGA 15, S. 3)

Mit dem „Aufbau der menschlichen Person" liegt diese Untersuchung nun, zum Beginn des fünften Editionsjahres der Gesamtausgabe, vor. Es handelt sich neben ihrer theologischen Anthropologie, welche in ESGA 15 erscheinen wird, um einen wichtigen Zwischenschritt der Autorin in Richtung auf ihr Hauptwerk „Endliches und ewiges Sein" (ESGA 11/12).

Für die Bearbeitung des vorliegenden Bandes ist vor allem Dr. Beate Beckmann-Zöller herzlich zu danken, die sich in den bereits erschienenen Bänden 16 und 17 der Edition als große Kennerin unserer Autorin erwiesen hat.

Würzburg, im Januar 2004                          *P. Klaus Mass OCD*

# Inhalt

## Der Aufbau der menschlichen Person (1932/33)

         Edith Stein

# Einführung

von Beate Beckmann-Zöller

## 1. Der Mensch als Person

„Ich schaue in die Augen eines Menschen und sein Blick antwortet mir. Er läßt mich eindringen in sein Inneres oder wehrt mich ab. Er ist Herr seiner Seele und kann ihre Tore öffnen und schließen. … Wenn zwei Menschen einander anblicken, dann stehen ein Ich und ein anderes Ich einander gegenüber. Es kann eine Begegnung vor den Toren sein oder eine Begegnung im Innern. Wenn es eine Begegnung im Innern ist, dann ist das andere Ich ein Du. Der Blick des Menschen spricht. Ein *selbstherrliches, waches Ich* sieht mich daraus ⟨an⟩. Wir sagen dafür auch: eine *freie geistige Person.* Person sein heißt, ein freies und geistiges Wesen sein. Daß der Mensch Person ist, das unterscheidet ihn von allen Naturwesen."[1]

Der Mensch ist frei und durch seine Geistbegabtheit zur Verantwortung für sein Leben bestimmt – das ist der Zielpunkt, auf den sich Steins Vorlesung über den Aufbau der menschlichen Person zubewegt. Um zur Erkenntnis der Individualität des Menschen zu führen, geht Stein real-phänomenologisch vor: Von außen betrachtet, nimmt man zunächst den Leib und dann erst das Innere des Menschen wahr, das sie mit scholastisch-thomasischer Begrifflichkeit als Seele und Geist bezeichnet. Der Mensch wird von Stein in ihrer Münsteraner Anthropologie-Vorlesung stufenweise untersucht als materieller Körper, Lebewesen, Seelenwesen, Geistwesen – ein Mikrokosmos, der nach innen und nach außen erschlossen, aufgebrochen ist: Als geistige Person wird der Mensch in seiner Individualität sowie als Gemeinschafts- und Kulturwesen und als Gottsucher beleuchtet. In ihren bisherigen Werken hatte Stein in der Nachfolge der transzendentalen Phänomenologie Edmund Husserls stets von innen her ihre Betrachtungen der menschlichen Person begonnen: Im Denken liegt uns der Geist, das Bewußtsein am nächsten, dann folgen von dort aus in der Eigenwahrnehmung die Seele, die Psyche, der Leib.

Nach der Grundwahrheit, daß Ideen Taten beeinflussen,[2] baut Stein ihre

---

[1] *Der Aufbau der menschlichen Person (AMP)*, S. 78.
[2] *AMP*, S. 2 f.

Vorlesung zur philosophischen Anthropologie auf, die sie im Wintersemester 1932/33 am „Deutschen Institut für wissenschaftliche Pädagogik" vor künftigen katholischen Lehrern und Lehrerinnen hält. Im Semester darauf muß Stein selbst erfahren, daß pädagogische Theorien und ihr zugrundeliegendes Menschenbild Einfluß auf die schulische und politische Wirklichkeit haben und umgekehrt: Ihr zweiter Teil, die Vorlesung zur theologischen Anthropologie *Was ist der Mensch?*, war für das Sommersemester 1933 geplant und konnte wegen der Machtübernahme der Nationalsozialisten und dem „Gesetz zur Wiederherstellung des Berufsbeamtentums" (7.4.1933)[3] nicht mehr stattfinden. Es verwundert, daß Stein in ihrem Eingangskapitel Menschenbilder der Gegenwart zeichnet, ohne das nationalsozialistische zu behandeln. Allerdings widmet sie diesem implizit das Kapitel VIII über das „soziale Sein der Person" und argumentiert ausführlich gegen eine Absolutsetzung des Begriffes des „Volkes".

## 2. Biographische Verortung

Nach Jahren der Distanz vom wissenschaftlichen Betrieb öffnen sich für Stein Ende 1930 verschiedene Möglichkeiten: Im Zuge ihres Studiums der *Quaestiones disputatae de veritate* von Thomas von Aquin, die sie neben ihrem Schulalltag in St. Magdalena / Speyer (Mädchenlyzeum und Lehrerinnen-Bildungsanstalt) übersetzte, lockt sie die gründliche wissenschaftliche Auseinandersetzung mit Thomas von Aquin – so sehr, daß sie zu Ostern 1931 aus der quasi-klösterlichen Lebensweise und der gesicherten Existenz des Lehrerinnen-Daseins in die freie wissenschaftliche Tätigkeit wechselt, für die sie sich um ein Stipendium der Görres-Gesellschaft bemüht[4]: „[...] ich habe am Donnerstag von St. Magdalena Abschied genommen. Der hl. Thomas ist nicht mehr zufrieden mit den abgesparten Stunden; er will mich ganz."[5] Sie sieht ihre eigentliche Aufgabe nun in der „Auseinandersetzung zwischen scholastischer und moderner Philosophie", wie sie am 6.1.1931 an Heinrich Finke schreibt, den Vorsitzenden der Görres-Gesellschaft.[6] Neben

---

[3] Stein war nicht Beamtin, das Gesetz traf nicht direkt auf sie zu, dennoch legte man ihr nahe, auf die Ankündigung von Vorlesungen bis auf weiteres zu verzichten.
[4] Vgl. *Selbstbildnis in Briefen I (1916–1933)* (*SBB* I), Freiburg 2000, Br. 130 an Heinrich Finke (6.1.1931). Vgl. dazu auch den Brief von Finke an Maria Schlüter-Hermkes vom 20.1.1931 (Br. *136*), die privat ein Stipendium für Stein auftreiben will (Antwort, Br. *138*). Später sichert Finke ein Habilitationsstipendium zu, sollte sie in Freiburg zur Habilitation angenommen werden, Br. *154* von Heinrich Finke (19.5.1931). – Im Dezember 1931 erkundigt sich Stein bei Alexandre Koyré in Paris nach einer weiteren Stipendiums-Möglichkeit. Br. *182* von Alexandre Koyré (2. Dezemberhälfte 1931).
[5] *SBB* I, Br. 146 an Callista Kopf (28.3.1931).
[6] *SBB* I, Br. 130 an Heinrich Finke (6.1.1931).

einigen Vortragsreisen arbeitet Stein nun daheim in Breslau an ihrer Habilitationsschrift *Potenz und Akt*, die sie bereits im Januar 1931 begonnen hat. Sie beschreibt sie ihrem Freund Roman Ingarden gegenüber als „eine systematische Arbeit über ‚Akt und Potenz‘, die nur die Problematik von Thomas aus entwickelt und sich dann zu meinen ‚System d⟨er⟩ Philosophie‘ – und das ist freilich eine Auseinandersetzung *zwischen* Thomas und Husserl – auswächst."[7] Anläßlich dieser Arbeit sollen „alle Prinzipienfragen zwischen Thomas und Husserl" in ihr „zur Diskussion kommen."[8]

Neben diesem großen Forschungsvorhaben war auch bereits eine Stelle an einer Pädagogischen Akademie in Aussicht, die neu und nach Konfessionen getrennt zur Ausbildung von Volksschullehrern gegründet wurden.[9] Stein zeigt sich allerdings nicht betrübt, daß diese Anstellung fehlschlug. Sie hielt damals die Aufgabe der Lehrerausbildung für unlösbar für Pädagogische Akademien, denn – so schreibt Stein provokativ an Ingarden – „Lehrer müssen erzogen werden; es hat keinen Sinn, daß ihnen etwas 2 Jahre lang akademisch vordoziert wird."[10] Außerdem befürchtet Stein, in diesen Instituten zu sehr von der Lehre beansprucht zu werden, so daß sie nicht zu ihrem eigentlichen Forschungsinteresse käme, daher ziehe sie grundsätzlich die Universitätslaufbahn vor, wie sie an den Vorsitzenden der Görres-Gesellschaft in ihrer Bewerbung um ein Stipendium schreibt.[11] Stein hatte sich bereits 1919 in Göttingen und Kiel um eine Habilitationsmöglichkeit beworben, nun folgen im Jahr 1931 Bemühungen in Freiburg und Breslau, die allerdings wiederum erfolglos bleiben.[12]

Schließlich schreibt sie Ende 1931 an Roman Ingarden von einer neuen Möglichkeit, einer Dozentenstelle am „Deutschen Institut für wissenschaftliche Pädagogik" in Münster. Das „Wander- und Redeleben" hätte sie nun lang genug geführt.[13] Die Pädagogin und Erste Vorsitzende des Vereins ka-

---

[7] *Selbstbildnis in Briefen III, Briefe an Roman Ingarden (BRI)*, Freiburg 2001, Br. 153 (9.3.1932)

[8] *SBB I*, Br. 152 an Heinrich Finke (6.5.1931).

[9] „Ich würde natürlich an eine katholische [Pädagogische Akademie] kommen. Die, an die ich kommen sollte, war zu Spandau geplant (1 Schnellzug-Stunde von Berlin) und es war mir die Psychologie-Professur zugedacht." *BRI*, Br. 150 (14.6.1931). – Im Frühjahr 1931 schreibt sie aber auch: „Und wenn der Ruf an die P⟨ädagogische⟩ A⟨kademie⟩ vorher käme [vor Abschluß der Habilitation], würde ich vielleicht auf die Habilitation ganz verzichten. Nachdem ich die Arbeit [PA] angefangen hatte, war sie mir sofort viel wichtiger als alle Zwecke, denen sie evtl. dienen könnte." *SBB I*, Br. 150 an Adelgundis Jaegerschmid (28.4.1931).

[10] *BRI*, Br. 150 (14.6.1931).

[11] *SBB I*, Br. 130 an Heinrich Finke (6.1.1931). „Wenn also die Universitätslaufbahn möglich wäre, dann würde ich sie entschieden vorziehen, und wenn eine Aussicht in Freiburg wäre, so wäre mir das aus verschiedenen Gründen das liebste."

[12] Vgl. Neyer, Maria Amata / Müller, Andreas Uwe, *Edith Stein. Das Leben einer ungewöhnlichen Frau*, Düsseldorf 1998, S. 200 ff.

[13] *BRI*, Br. 151 (29.11.1931).

tholischer deutscher Lehrerinnen, Maria Schmitz, und der damalige Leiter des Pädagogischen Instituts, Johann Peter Steffes, hatten sich für die Berufung Steins als Dozentin eingesetzt. Als sie dann im Frühjahr 1932 tatsächlich den Ruf an das „Zentrum der katholischen Pädagogik für ganz Deutschland"[14] erhält, war das nicht ihre erste Wahl – das wäre eine Stellung an der Universität Freiburg gewesen –, aber endlich wieder eine Möglichkeit, sich in abgesicherten Verhältnissen wissenschaftlich zu betätigen und zugleich auf Menschen einzuwirken. Das Pädagogische Institut wurde 1922 auf Betreiben von Maria Schmitz, Max Ettlinger und Franz Xaver Eggersdorfer gegründet, getragen vom „Verein katholischer deutscher Lehrerinnen" (VkdL) und dem „Verband der Katholischen Lehrerschaft Deutschlands", die 1937 zwangsaufgelöst werden sollten. Ein Jahr später wurde das Pädagogische Institut liquidiert. Es war von den deutschen Bischöfen finanziert mit den Zielen, Erziehungswissenschaft vom christlichen Standpunkt her zu begründen und zu entwickeln, sich auf interdisziplinären Fachtagungen mit anderen pädagogischen Ideen und Systemen auseinanderzusetzen und die Weiterbildung von Lehrern (in sogenannten „Führerkursen") und pädagogisch-wissenschaftlichem Nachwuchs zu fördern.[15]

Der Anfang in Münster fällt Stein nicht leicht, trotz der geringen Lehrbelastung von nur einer Vorlesung pro Semester am Samstag. Es herrscht nämlich eine universitäre Forschungsatmosphäre, in der Stein ihre Vorlesung „Probleme der neueren Mädchenbildung" (ESGA 13, S. 127–221) vorbereitet. Sie hat dafür große Mengen an pädagogischer Literatur durchzuarbeiten, die sie allerdings auch zu philosophischen Fragen nach den Grundbegriffen der Theoretischen Pädagogik führt.[16] Eine Habilitation par-

---

[14] Ebd.

[15] Vgl. dazu Kreis, Otto, *Das deutsche Institut für wissenschaftliche Pädagogik*, Münster 1989. Nach dem Zweiten Weltkrieg wurde die Weiterbildungs- und Forschungseinrichtung 1948 wiederbegründet, 1963 umstrukturiert und nach einer Neukonstituierung 1971 dann im Jahr 1980 aufgelöst. Publikationen des „Deutschen Instituts für wissenschaftliche Pädagogik": *Vierteljahrsschrift für wissenschaftliche Pädagogik* (1926 ff.), *Handbuch der Erziehungswissenschaft* (hg. v. Max Ettlinger, Franz Xaver Eggersdorfer u. a., 1928 ff.), *Lexikon der Pädagogik der Gegenwart* (Hg. v. J. Spieler 1930/32).

[16] Am 9.3.1932 schrieb Stein an Roman Ingarden: „[...] Denn ich gehöre ja nun seit dem 1.III. zum Deutschen Institut für wissenschaftliche Pädagogik [...] und muß mich in die psychologische und pädagogische Literatur einarbeiten, um die ich mich seit bald 20 J⟨ahren⟩ sehr wenig gekümmert habe. Ich habe im S⟨ommer⟩-S⟨emester⟩ bestimmt Vorlesungen über Probleme der neueren Mädchenbildung zu halten und vielleicht auch noch ein Kolleg über die Synthese der philosophischen Disziplinen in der Erziehung und Bildung (falls der Mann, der es bisher gehalten hat, wegberufen würde)", was vorerst nicht geschah. BRI, Br. 153. „Ich muß mich jetzt durch eine Flut von psychologischer, pädagogischer u⟨nd⟩ Frauenliteratur durcharbeiten. Aber beim Ausarbeiten der Vorlesungen bin ich doch sehr schnell zu philosophischen Fragen gelangt." BRI, Br. 154 (29.4.1932). Auf welche Literatur Stein hier zurückgriff, ist nur teilweise ihren Angaben und wenigen erhaltenen Exzerpten zu entnehmen (siehe auch ESGA 16, S. XXV, Anm. 114 und 117). Die Bi-

allel zu ihren Münsteraner Anfängen weist sie gegenüber Martin Honecker zurück, sie habe „soviel zu tun, um am Institut richtig Fuß zu fassen".[17] Die Vorlesung zur philosophischen Anthropologie im Wintersemester 1932/33 (November bis März) bietet für Stein eine gute Möglichkeit, eine Systematik in ihre früheren Werke zu bringen. Zugleich kann sie ihre neuesten Erkenntnisse aus ihrem Thomas-Studium zu *Potenz und Akt* auf den Leib-Seele-Geist-Zusammenhang der menschlichen Person anwenden.[18] Sie steht dabei in regem wissenschaftlichen Austausch mit ihren Kollegen.[19] Die unterschiedliche philosophische Vorbildung der Dozenten mache zwar die Verständigung schwierig, schreibt sie an ihre Freundin Conrad-Martius, einig sei man sich aber darin, eine „katholische Pädagogik" aufbauen zu wollen. Sie selbst leide allerdings an ihren Lücken hinsichtlich der Pädagogik und Philosophiegeschichte.[20]

In der Münsteraner Zeit wird Stein von einigen Selbstzweifeln hinsicht-

---

bliothek des „Deutschen Instituts für wissenschaftliche Pädagogik" ist in den Bibliotheksbestand der Katholischen Universität Eichstätt eingeflossen, vgl. Kreis, Otto, a. a. O., S. 391.

[17] *SBB* I, Br. 211 an Martin Honecker (8. 7. 1932).

[18] „Meine Arbeit über Akt und Potenz habe ich nach meiner Rückkehr hierher [Münster] seit einem Jahr zum erstenmal wieder vorgenommen, 1.) um festzustellen, was noch daran revisionsbedürftig sei – und das ist erheblich viel; 2.) um zu sehen, was ich daraus für meine Vorlesung (Aufbau der menschlichen Person) brauchen könne – das ist auch allerhand, aber es muß doch alles neu durchdacht u⟨nd⟩ geformt werden, und so nimmt mir das die meiste Zeit." *BRI*, Br. 155 (11. 11. 1932). Stein hatte sich das Manuskript im Sommer von Honecker aus Freiburg zurückschicken lassen. Vgl. Br. 207 an Martin Honecker (19. 6. 1932). – „Diesmal [im Wintersemester] scheint es mir noch schwerer, trotzdem oder vielleicht gerade, weil ich auf Fragen zurückgegriffen habe, an denen ich schon immer arbeite." *SBB* I, Br. 230 an Hedwig Conrad-Martius (13. 11. 1932). – „In diesem Semester habe ich Vorlesungen über philosophische Anthropologie gehalten (soweit das in 1 ½ Wochenstunden und vor einem großenteils ungeschulten Publikum möglich war), im Sommer will ich es versuchen, die Probleme von der Theologie her in Angriff zu nehmen. Das sind alles Versuche, in Anknüpfung an meine älteren Arbeiten weiter– und zu einer Grundlegung der Pädagogik zu kommen." *SBB* I, Br. 245 an Hedwig Conrad-Martius (24. 2. 1933). – Sie hielt die Vorlesung wöchentlich am Samstag von 15.30–17 Uhr, mit Beginn am 5. 11. 1932. Vgl. *SBB* I, Br. 216 an Adelgundis Jaegerschmid (28. 8. 1932), Anm. 7.

[19] Als hauptamtliche Dozenten waren neben ihr noch Dr. Kurt Haase, Dr. Wilhelm Hansen und Dr. Hans Brunnengräber angestellt, der dann von 1934–38 das Institut leitete. Vgl. Kreis, Otto, a. a. O., S. 49. Stein schreibt dazu: In „den Vorbesprechungen für diesen Kursus habe ich allen so heftig an ihren Grundbegriffen gerüttelt, daß sie nun entschlossen sind, nicht eher zu publizieren, bis wir alle Fragen miteinander geklärt haben. Das ist keine Kleinigkeit. Haben Sie einmal darüber nachgedacht, was Pädagogik ist? Man kann keine Klarheit darüber bekommen, wenn man nicht Klarheit in allen Prinzipienfragen hat." *SBB* I, Br. 245 an Hedwig Conrad-Martius (24. 2. 1933).

[20] *SBB* I, Br. 245 an Hedwig Conrad-Martius (24. 2. 1933). Darüber hinaus pflegt sie Kontakt zu den Universitäts-Philosophen Heinrich Scholz, Bernhard Rosenmöller und Peter Wust, vgl. *SBB* I, Br. 211 an Martin Honecker (8. 7. 1932).

lich ihres wissenschaftlichen Arbeitens bewegt, wie sie ihren Freunden Roman Ingarden, Adelgundis Jaegerschmid und Hedwig Conrad-Martius anvertraut:

„Aber ich sehe immer deutlicher, wie völlig ich dem Wissenschaftsbetrieb entfremdet bin, und so brauche ich für alles unverhältnismäßig viel Aufwand an Zeit und Energie und komme mir doch wie ein blutiger Dilettant vor.“[21] – „Ich habe einen ziemlich harten Kampf um die Begründung meiner wissenschaftlichen Existenz zu führen: nicht mit irgendwelchen Menschen [...], sondern mit der Situation, die durch meine 10jährige Ausgeschlossenheit aus der Kontinuität der Arbeit und dem tief innerlich begründeten Mangel an Fühlung mit dem modernen Leben gegeben ist.“[22] – „Jetzt [...] merke ich erst, daß ich eigentlich überall den Anschluß verloren habe und für diese Welt allseitig untauglich bin. Diese Erkenntnis deprimiert mich an sich nicht. Es ist nur nicht ganz leicht, an einem verantwortungsvollen Posten zu stehen, für den einem so vieles Notwendige fehlt, und wenig Aussicht zu haben, das alles nachholen zu können. Aber solange die Indizien dafür sprechen, daß mich der Herr an dieser Stelle haben will, darf ich nicht desertieren.“[23]

Stein erwartet zudem von ihrer Patin und Mentorin Conrad-Martius eine „radikale Kritik“ an ihrem Opus *Potenz und Akt*, denn sie habe sich schon oft gefragt, ob sie mit der philosophischen Arbeit nicht überhaupt über ihre Möglichkeiten hinausgehe. In Göttingen habe Hans Lipps sie bereits radikal für ihre *Beiträge zur philosophischen Begründung der Psychologie und der Geisteswissenschaften* (die erste Habilitationsschrift) kritisiert, und Anne Reinach habe ihr damals zudem versucht zu sagen, ihre Mängel in der Arbeit seien „in sehr viel tiefer liegenden persönlichen Mängeln begründet“.[24] Nun fragt Stein ihre Patin um Rat, was sie sich hinsichtlich der wissenschaftlichen Arbeit und der Weiterführung ihrer Habilitation „natürlicherweise zutrauen darf“.[25]

„Ich habe mich längst damit abgefunden, daß ich immer sehr unwissend bleiben werde und daß auch alles, was ich noch arbeiten kann, weit mehr Bruchstück sein wird, als alles Menschenwerk an sich schon sein muß. Ich hoffe nur, daß ich einen Anstoß geben kann in einer Richtung, in der man doch gehen muß, und daß andere es dann besser machen werden.“[26]

Ähnlich drückt Gilbert Keith Chesterton das Gefühl der eigenen Unzulänglichkeit vor großen Aufgaben aus: „Wenn eine Aufgabe wert ist, getan zu

---

[21] *BRI*, Br. 155 (11.11.1932).
[22] *SBB* I, Br. 204 an Adelgundis Jaegerschmid (9.6.1932).
[23] *SBB* I, Br. 230 an Hedwig Conrad-Martius (13.11.1932).
[24] *SBB* I, Br. 245 an Hedwig Conrad-Martius (24.2.1933).
[25] Ebd.
[26] *SBB* I, Br. 250 an Hedwig Conrad-Martius (5.4.1933).

werden, dann ist sie es wert, schlecht getan zu werden."[27] In geistlicher Hinsicht war daher die Münsteraner Zeit für Stein anscheinend tief und fruchtbar, trotz oder gerade wegen der Selbstzweifel, die sie hinsichtlich ihrer wissenschaftlichen Begabung hegt. „Ein glücklicher Mönch" sei sie, – so schreibt sie an Callista Brenzing über die Zeit in Münster – ähnlich wie in Beuron, „nur mit etwas anderer Verteilung des Ora et labora."[28] Sie wohnte im „Collegium Marianum", das als Wohnheim für studierende Ordensfrauen eingerichtet worden war.[29] Aus ihren Briefen spricht die tiefe Zuversicht, trotz eigener Mängel doch zu ihrer Aufgabe berufen zu sein. Anfang 1933 sieht sie sich in ihrer Berufung bestärkt, dem nationalsozialistischen Zeitgeist weltanschauliche Analysen und ein fundiertes christliches Welt- und Menschenbild entgegenzusetzen: Anschließend an das Wintersemester hat das „Deutsche Institut für wissenschaftliche Pädagogik" in Verbindung mit dem „Katholischen Lehrerverband des Deutschen Reiches" und dem „Verein katholischer deutscher Lehrerinnen" eine Arbeitstagung veranstaltet: „Die katholische Pädagogik in ihren Grundlegungen und in ihrer Bedeutung für die deutsche Gegenwartsschule" vom 2.–5. 1. 1933.[30] Danach sieht Stein ihre Aufgabe wieder „klarer und bestimmter": „Das heißt freilich auch, meine völlige Unzulänglichkeit immer tiefer einzusehen, aber zugleich die Möglichkeit, trotz dieser Unzulänglichkeit Werkzeug zu sein."[31]

Diese Zuversicht, eine große Aufgabe in der Pädagogik zu haben, hält nicht lange an. Am 26. April 1933 schreibt Stein an Josef Schröteler in der „Katholischen Schulorganisation Deutschlands", daß sie keine Vorlesungen im Sommersemester anbieten würde. Am 28. 4. noch antwortet er ihr, daß nichts zu übereilen sei, daß evtl. die politischen „Stürme vorübergehen".[32] Stein erhält keine Kündigung vom Deutschen Institut in Münster, es ist vielmehr ihr „freier Entschluß" fortzugehen.[33] „Unser Institut ist in die Krisis mit hineingezogen. Ich kann in diesem Semester keine Vorlesungen halten (wegen meiner jüdischen Abstammung). Es wird noch vorläufig für mich gesorgt, weil man hofft, daß meine wissenschaftliche Arbeit doch noch der kath⟨olischen⟩ Sache zugute kommen wird. Ich glaube aber nicht mehr an eine Rückkehr an das Institut und überhaupt nicht mehr an die Möglich-

---

[27] Chesterton, Gilbert Keith, *The Man who was Orthodox: A Selection from the Uncollected Writings of G. K. Chesterton*, eingeleitet von A. L. Maylock, London 1963, S. 85.
[28] *SBB* I, Br. 198 an Callista Brenzing (5. 5. 1932).
[29] Vgl. Neyer / Müller, a. a. O., S. 206.
[30] Die Tagungsbeiträge sollten später veröffentlicht werden. Vgl. *SBB* I, Br. 245 an Hedwig Conrad-Martius (24. 2. 1933). Steins Vortrag vom 5. 1. 1933 „Jugendbildung im Lichte des katholischen Glaubens" befindet sich in *BEI* (ESGA 16), S. 71–90.
[31] *SBB* I, Br. 243 an Petra Brüning (12. 2. 1933).
[32] *SBB* I, Br. 253 von Josef Schröteler (28. 4. 1933).
[33] *SBB* I, Br. 270 an Werner Gordon (4. 8. 1933).

keit einer Lehrtätigkeit in Deutschland", schreibt sie am 7.5.1933 an Elly Dursy.[34]

Die Ereignisse nach Regierungsantritt der Nazis hatten sich überschlagen. Erstaunlich ist, daß Stein den Abbruch ihrer Laufbahn in Münster nicht bedauert, sondern im Gegenteil darin „eine große und barmherzige Führung"[35] sieht. Sie hätte an einer Schule in Südamerika arbeiten können, doch ist inzwischen ihre Entscheidung für den Eintritt in das Ordensleben im Karmel ausgereift, als dieses Angebot kommt.[36] Den Sommer über bleibt Stein noch in Münster, weilt dann einige Wochen in Köln als Gast im Karmel und besucht nochmals für zwei Monate ihre Mutter in Breslau, um sie auf die endgültige Lebensentscheidung vorzubereiten: Am 15.10.1933 wird Stein als Postulantin im Karmel Köln-Lindenthal aufgenommen.

Der kurze Lebensabschnitt der zwei ein halb Jahre zwischen den ersten Überlegungen, in die freie wissenschaftliche Tätigkeit zu wechseln (Ende 1930), und dem abrupten Ende ihrer Dozententätigkeit in Münster[37] (Frühjahr 1933) war eine aufstrebende Zeit der Hoffnung auf wissenschaftliche Tätigkeit und öffentliche Wirksamkeit. Das Feld der Pädagogik ermöglichte es Stein, nochmals auf ihre Fragen nach der menschlichen Person zurückzukommen. Zugleich kündigte sich durch ihre wechselnden Stimmungen zwischen Zweifel und Berufungsgewißheit der geistliche Weg in das eigene Tiefenleben an. Für Stein scheint der Abschied von Münster zunächst auch der Abschied vom wissenschaftlichen Arbeiten zu sein. Nur auf großes Drängen hin verfaßt sie im Karmel nochmals einen Aufsatz zu pädagogischen Fragen, nun aber aus ihrer Perspektive als Ordensfrau.[38] Allerdings wird Stein 1935 wieder von ihren Ordensoberen dazu aufgefordert, auch im Kloster wissenschaftlich zu arbeiten, und es entsteht die Weiterführung von *Potenz und Akt* (und damit auch der Grundgedanken der Münsteraner Vorlesung *Der Aufbau der menschlichen Person*) in ihrem Hauptwerk *Endliches und ewiges Sein*.

---

[34] *SBB* I, Br. 255.

[35] *SBB* I, Br. 259 an Hedwig Conrad-Martius (5.6.1933). Vgl. auch Br. 260 an Callista Kopf (11.6.1933): „Vielleicht haben Sie indessen durch Sr. Agnella ⟨Stadtmüller⟩ gehört, daß meine Dozententätigkeit zu Ende ist. Betrüben Sie sich nicht darüber. Es kommt dafür etwas viel Schöneres." Und an Hedwig und Theodor Conrad im Br. 262 (20.6.1933): „Wenn die Zeiten nicht sonst so traurig wären, – ich persönlich hätte ihnen nur zu danken, weil sie mir nun endlich diesen Weg [in den Karmel] geöffnet haben." – An Hilde Vérène Borsinger im Br. 271 (4.8.1933): „Ich bin dem Umsturz, der mir diesen Weg freimachte, sehr zu Dank verpflichtet."

[36] Vgl. *SBB* I, Br. 282 an Margarete Günther (18.9.1933), Anm. 4.

[37] Vgl. dazu auch Lammers, Elisabeth, *Als die Zukunft noch offen war: Edith Stein – das entscheidende Jahr in Münster*, Münster 2003.

[38] „Eine Meisterin der Erziehungs- und Bildungsarbeit: Teresia von Jesus (1935)", *BEI* (ESGA 16) 91–113.

## 3. Zur Manuskriptlage und werkgeschichtlichen Einordnung

Steins Münsteraner Vorlesung zur philosophischen Anthropologie aus dem Wintersemester 1932/33 (ESGA 14, P / A 12, ESAK) folgt einer Vorlesung im Sommer 1932 zur „Theoretischen Pädagogik": „Probleme der neueren Mädchenbildung" (ESGA 13, S. 127–221).[39] Im Sommer 1933 wollte Stein ihre philosophische Frage nach dem Menschen in die theologische Anthropologie münden lassen. Unter dem Titel „Was ist der Mensch?" entwarf sie im Frühjahr 1933 bereits das Konzept, das bisher als ESW XVII vorlag und als ESGA 15 erschienen ist. Aus dem Steinschen Vorwort dazu geht hervor, daß sie es zur Veröffentlichung plant: „Dieses Buch hat zum Ziel, das Bild des Menschen herauszustellen, das in unserer Glaubenslehre enthalten ist."[40] Es handelt sich dabei um eine bemerkenswerte Zusammenstellung der anthropologisch relevanten Aussagen aus der Dogmatik Enchiridion Symbolorum, definitionum et declarationum de rebus fidei et morum[41]. Seit 1926 wurde Stein während ihrer Schultätigkeit immer wieder um Vorträge und Artikel gebeten, die Themen der „Mädchen- und Frauenbildung" (Die Frau. Fragestellungen und Reflexionen, ESGA 13), aber auch allgemein pädagogische Fragen zur Bildung und Entfaltung der Individualität (ESGA 16) zum Gegenstand haben.

Steins Vorlesungsmanuskript ist sorgfältig ausgearbeitet, wohl auch von ihr überarbeitet, denn es finden sich Einschübe und abweichende Seitenzahlen, allerdings scheint keine ursprüngliche Fassung vorhanden zu sein. Es existiert allerdings eine frühe Gliederung, die nicht mit dem Inhaltsverzeichnis zur Vorlesung übereinstimmt.[42] Während die Vorlesung vom Sommer

---

[39] Erstveröffentlichung in der Benediktinischen Monatsschrift, Teil I der Vorlesung: XIV, 1–2 und 2–4 (1932) und XV, 1–2 und 3–4 (1933).

[40] Stein, Edith, Was ist der Mensch? ESGA 15, Freiburg 2005, S. 3.

[41] Hg. v. Heinrich Denzinger, Würzburg 1854 ff.; Stein verwendet die Ausgabe Freiburg 1928, hg. v. Heinrich Denzinger und Clemens Bannwart.

[42] „Aufbau der menschlichen Person

| | | |
|---|---|---|
| I. | Die Idee des Menschen als Grundlage der Erziehungswissenschaft und Erziehungsarbeit | 5.XI. |
| II. | Anthropologie als Grundlage der Pädagogik Der Mensch als Mikrokosmos: Körper, Leib, Seele, Geist | 12.XI. |
| III. | Der Mensch als materieller Körper und als Organismus (Pflanzenseele) | 19.XI. |
| IV. | Der Mensch als animal (Tierseele) | 26.XI. |
| V. | Die Entstehung der Arten – Genus, Species, Individuum | 3.XII. |
| VI. | Das Animalische im Menschen Der Mensch als geistige Person. | 10.XII. |
| | ⟨Durchgestrichen: „1. Die Individualität der Menschenseele".⟩ Das spezifisch Menschliche. | 17.XII. |
| | ⟨Durchgestrichen: „2."⟩ Personalität. Menschenseele | |

1932 in der *Benediktinischen Monatsschrift* veröffentlicht wurde[43], waren die Zeiten für weitere Publikationen nach der Machtübernahme der Nazis wohl zunächst ungünstig. Stein bewahrte ihr Manuskript sorgfältig auf, wie Gelber in der Einleitung zu ESW XVI berichtet: „1932 in Münster verfaßt, nahm Edith Stein es [das Manuskript] 1933 nach ihrem Eintritt in den Karmel in Köln-Lindenthal mit und bewahrte es in ihrer Zelle auf. Als sie Ende Dezember 1938 aus Deutschland in den niederländischen Karmel zu Echt floh, nahm Edith Stein auch das Manuskript über den *Aufbau der menschlichen Person* mit."[44]

Die Vorlesung zur Anthropologie ist zwar erwachsen aus dem pädagogischen Auftrag Steins in Münster, führt aber dennoch genau in die philosophischen Fragen, die seit ihrer Studienzeit den Mittelpunkt ihres Interesses bilden. Bereits in ihrer Dissertation *Zum Problem der Einfühlung* hatte Stein sich mit Problemen zum Aufbau der menschlichen Person auseinandergesetzt.[45] Diese Thematik habe sie im Anschluß daran „in allen späteren Arbeiten immer wieder neu beschäftigt", schreibt sie im Sommer 1933 in ihren Erinnerungen *Aus dem Leben einer jüdischen Familie.*[46]

Aus ihren Untersuchungen „Psychische Kausalität" und „Individuum und Gemeinschaft" *(Beiträge zur philosophischen Begründung der Psychologie und der Geisteswissenschaften)*[47] fließen die Kapitel über Kraft und den leib-seelischen Zusammenhang ein. Weitergeführt hatte sie die Problematik der „Subjektivität" in ihrer privaten Vorlesung *Einführung in die Philosophie*

---

[43] Vgl. Anm. 41.

[44] Gelber, Lucy, „Einleitung", in: Stein, Edith, *Der Aufbau der menschlichen Person*, ESW XVI, S. 20.

[45] *PE*, ESGA 5, Freiburg 2008, vgl. das Kapitel „Die Konstitution des psychophysischen Individuums", S. 30–107.

[46] *(LJF)* ESGA 1, Freiburg 2007, S. 328: „Es war eine große Arbeit, denn die Dissertation war zu einem unheimlichen Umfang angeschwollen. Ich hatte in einem ersten Teil, noch in Anlehnung an einige Andeutungen in Husserls Vorlesungen, den Akt der ,Einfühlung' als einer besonderen Art der Erkenntnis untersucht. Von da aber war ich weitergegangen zu etwas, was mir persönlich besonders am Herzen lag und mich in allen späteren Arbeiten immer wieder neu beschäftigte: zum Aufbau der menschlichen Person."

[47] In: ESGA 6, Freiburg 2010, Orig. *JPPF* V, Halle 1922.

(Breslau, ca. 1921) vor allem in den Kapiteln zu den Problemen der Subjektivität: „Die ontische Struktur" (S. 135–169) und „Die Erkenntnis von Personen" (S. 170–224).[48] Mit der Frage der Sozialität des Menschen – in Anbetracht der heraufziehenden national-sozialistischen Weltanschauung und Rasse-Ideologie ein heikles und der Auseinandersetzung bedürftiges Thema – hatte sie sich in „Individuum und Gemeinschaft" und „Eine Untersuchung über den Staat"[49], aber auch in ihrer „Rezension zu Dietrich von Hildebrands *Metaphysik der Gemeinschaft*" (Sommer 1932) auseinandergesetzt. Deutlich spürt man beim Lesen der Vorlesung *Der Aufbau der menschlichen Person* den Einfluß der Metaphysik des Thomas von Aquin, auf dessen Ontologie und Begriffsapparat Stein ihre philosophische Anthropologie aufbaut. Stein versteht die Vorlesung als eine Art Fortsetzung bzw. komprimierte Version von *Potenz und Akt*. Daher rührt auch der Einfluß von Conrad-Martius' *Metaphysischen Gesprächen*[50] und deren Veröffentlichungen zur Pflanzenseele[51]. Eine Vertiefung der Analyse der „leib-geistigen Seele" des Menschen hat Stein dann drei Jahre später in ihrem Hauptwerk *Endliches und Ewiges Sein* (1935–37) vorgenommen, das – von einigen Thomas-Rezensionen und kleineren pädagogischen und geistlichen Schriften unterbrochen – an die Münsteraner Vorlesungen anschließt. Noch in ihrem letzten Werk *Kreuzeswissenschaft* (1942) kommt Stein auf das anthropologische Thema „Seele, Ich und Freiheit" zu sprechen.[52]

## 4. Philosophische Anthropologie der 20er und 30er Jahre

Die Vorlesung *Der Aufbau der menschlichen Person*[53] fällt in eine Zeit, in der die „philosophische Anthropologie" geradezu eine „Konjunktur" erlebte:

---

[48] Vgl. zur Neudatierung von *Einführung in die Philosophie* und zur Textrekonstruktion von „Die ontische Struktur der Person und ihre erkenntnistheoretische Problematik" den Artikel von Claudia M. Wulf „Rekonstruktion und Neudatierung einiger früher Werke Edith Steins", in: Beckmann, Beate / Gerl-Falkovitz, Hanna-Barbara (Hg.), *Edith Stein – Themen, Bezüge, Dokumente*, Würzburg 2003, S. 249–267.

[49] In: Stein, Edith, *Beiträge zur philosophischen Begründung der Psychologie und der Geisteswissenschaften* Tübingen ²1970, 285–407 (Orig. JPPF VII, Halle 1925) [ESGA 7].

[50] Halle 1921.

[51] Conrad-Martius, Hedwig, „Von der Seele", in: *Summa* II, Hellerau 1917 – Dies., *Realontologie*, JPPF VI, Halle 1923 – Dies., „Die Zeit", *Philosophischer Anzeiger* (hg. v. Helmuth Plessner) II 2, Bonn 1927, 143–182; II 4, Bonn 1928, 354–390. – Dies., „Dasein, Substanzialität, Seele", „L'existence, la substantialité et l'âme", in: *Recherches Philosophiques II*, Paris 1932; deutscher Originaltext in: *Schriften zur Philosophie*, Bd. I, München 1963. Dazu finden sich Exzerpte: 4 Zettel. (ESAK, P / A II H) – Dies., *Die „Seele" der Pflanze* (Einleitung von Hans André), Breslau 1934. Dazu 1 Zettel ebenfalls mit der Einleitung von Hans André. (ESAK, P / A II H)

[52] *KW*, ESGA 18, Freiburg 2003, S. 132 ff.

[53] Einen verwandten Titel *(Aufbau der Person)* trägt ab 1951 übrigens (in der 4. neu bear-

Martin Buber hatte seine Ich-Du-Philosophie bereits 1923 entwickelt[54], während Romano Guardini seine Anthropologie *Welt und Person*[55] erst 1939 schreiben wird.[56] In Steins geistigem Umfeld begann die Frage nach der menschlichen Person virulent zu werden, nicht nur aufgrund der aufkommenden nationalsozialistischen Weltanschauung[57], sondern auch bereits nach der Irritation durch die Greuel des Ersten Weltkrieges, die das Vertrauen in den europäischen Humanismus zutiefst erschüttert hatten.[58] Auch die „Kränkungen" des Menschenbildes durch die Forschungen von Charles Darwin und Sigmund Freud gaben neue Anstöße, das Menschliche sowohl von der Tierwelt als auch von der bloßen Triebhaftigkeit abzugrenzen.

Aus den vorliegenden Antworten auf die Frage nach dem Menschlichen hätte Stein innerhalb ihres philosophischen Umfeldes auf die Anthropologie William Sterns[59] zurückgreifen können, ihres Lehrers in Breslau, oder die von Max Scheler, die posthum 1928 erschien und auf dessen Titel sie zumindest anspielt.[60] Ebenso wenig wie die genannten Werke erwähnt Stein die Einleitung in die philosophische Anthropologie ihres Göttinger Kommilitonen in den Husserl-Seminaren Helmuth Plessner.[61] Dafür findet aber das existentialphilosophische Menschenbild Heideggers, ihrem Nachfolger (ab 1919) auf der Assistentenstelle bei Husserl in Freiburg, und daneben

beiteten Ausgabe) das 1938 zunächst unter dem Titel *Aufbau des Charakters* (Leipzig 1938) erschienene Werk von Philipp Lersch.

[54] Buber, Martin, *Ich und Du*, Leipzig 1923.

[55] Guardini, Romano, *Welt und Person*, Würzburg 1939.

[56] Später erschienen folgende philosophische Anthropologien: Gehlen, Arnold, *Der Mensch: seine Natur und seine Stellung in der Welt*, Berlin 1940 – Brunner, August, *Der Stufenbau der Welt: ontologische Untersuchungen über Person, Leben, Stoff*, München 1950.

[57] Hauser, Otto, *Der blonde Mensch*, Danzig 1930 – Roßmann, Wilhelm, *Der faustische Mensch*, Bremen 1930 – Hartmann, Hans, *Mensch sein heißt Kämpfer sein*, Chemnitz 1931 – Stein empfiehlt auch Krieck, Ernst, *Menschenformung – Grundzüge der vergleichenden Erziehungswissenschaft*, Leipzig 1925 (Br. 241, 6.2.1933 an Emmy Lüke), zur kritischen Behandlung, denn Krieck veröffentlichte später deutlich nationalsozialistisch geprägte Literatur zur Pädagogik.

[58] Eucken, Rudolf, *Menschen und Welt: eine Philosophie des Lebens*, Leipzig 1918 – Mann, Heinrich, *Mensch und Macht*, München 1920 – Klages, Ludwig, *Mensch und Erde*, München 1920 – Weinhandl, Ferdinand, *Person, Weltbild und Deutung*, Erfurt 1926 – Brugsch, Theodor, *Die Biologie der Person*, Berlin 1926 – Brugsch, Theodor, *Die Soziologie der Person*, Berlin 1931.

[59] *Person und Sache: System der philosophischen Weltanschauung. System des kritischen Personalismus*, Bd. 1–3, Leipzig 1906–1924.

[60] *Die Stellung des Menschen im Kosmos*, Darmstadt 1928. Vgl. *AMP*, S. 31, Anm. 46. Dazu: Altmann, Alexander, *Die Grundlagen der Wertethik: Wesen, Wert, Person. Max Schelers Erkenntnis- und Seinslehre in kritischer Analyse*, Berlin 1931.

[61] *Die Stufen des Organischen und der Mensch*, Berlin 1928. Werner Loch ordnet Helmuth Plessner speziell der phänomenologischen Kulturanthropologie zu. Vgl. Loch, Werner, „Phänomenologische Pädagogik", in: *Enzyklopädie Erziehungswissenschaft, Handbuch und Lexikon der Erziehung*, hg. v. Dieter Lenzen, Bd. 1: *Theorien und Grundbegriffe der Erziehung und Bildung*, Stuttgart ²1992, 155–173.

das Menschenbild der Psychoanalyse als zeitgenössische Strömung um so mehr Beachtung, allerdings in kritischer Absetzung.[62] Abgrenzend äußert sich Stein darüber hinaus zum humanistischen Menschenbild und zur rein naturwissenschaftlichen Darstellung in Albert Huths Werk *Pädagogische Anthropologie* (Leipzig 1932). Andererseits wird im Kapitel V zum Problem der Entstehung der Arten deutlich, daß sie Charles Darwins Thesen[63] diskutiert und sich einerseits davon mit philosophischen[64] und andererseits mit theologischen Einwänden distanziert.[65] Zugleich versteht Stein naturwissenschaftliche Erkenntnisse, wie solche, die aus der Deszendenz-Theorie gewonnen werden, als der biblischen Weltanschauung untergeordnete Größen und daher leicht mit dem christlichen Glauben zu harmonisieren:

„Aber auch wenn sie [die Deszendenz-Theorie] so vollgültig beglaubigt wäre, wie es ein Naturgesetz nur sein kann, so wäre daraus nichts, wie es eine oberflächliche Popularphilosophie getan hat, für eine materialistische und monistische Weltdeutung zu folgern und keine Widerlegung des biblischen Schöpfungsberichts gewonnen."[66]

Von Stein positiv berücksichtigt wurde die neuthomistisch geprägte Darstellung von Rudolf Allers *Die Person in ihrem sittlichen Werden* (Freiburg 1929),[67] außerdem das philosophiehistorische Werk von Bernhard Groethuysen *Mensch und Charakter* (München 1931)[68], Max Ettlingers *Beiträge zur Lehre von der Tierseele und ihrer Entwicklung* (Münster 1925) und Dietrich von Hildebrands *Metaphysik der Gemeinschaft* (Augsburg 1930). Stein zieht außer dieser von ihr zitierten und erwähnten Literatur offenbar auch Rezensionen zu den frühen Werken Eugen Herrigels heran, wie ihren Briefen zu entnehmen ist.[69] Eine Rechnung aus einer Münsteraner Buchhand-

---

[62] *AMP*, S. 7 f.
[63] *On the Origin of Species by Means of Natural Selection*, London 1859 (*Über den Ursprung der Arten durch natürliche Selektion*).
[64] *AMP*, S. 60 f.
[65] Vgl. *AMP*, S. 65, 150.
[66] *AMP*, S. 73.
[67] Dazu existiert ein Exzerpt im „Braunen Notizblock ohne Aufschrift", S. 19b–35 (ESAK, P / A II P). Im selben Notizblock finden sich auch Exzerpte zu Conrad-Martius, Hedwig, „Bemerkungen über Metaphysik und ihre methodische Stelle", *Philosophische Hefte*, Bd. III, 3 / 4, Berlin 1932/33, 101–124 (Block Seite 1–4) und Gredt, Joseph, *Elementa philosophiae Aristotelico-Thomisticae*, 5. erweit. Aufl., Freiburg 1929 (Block Seite 36). Eingefügt hat Stein dann später, nach Januar 1933 und damit nach ihrer Wintervorlesung ein Exzerpt von nur einer Zwischenseite (S. 19) zu Haecker, Theodor, „Was ist der Mensch?", in: *Hochland* 30, 1 (1932 / 1933) 289–308. – Das Werk von Allers empfiehlt Stein Rosa Magold für ihre Arbeitsgemeinschaft in Speyer in *SBB* I, Br. 159 (16.6.1931) aus Breslau und später nochmals an Emmy Lüke, die in Düsseldorf einen Arbeitskreis zur Diskussion über das „katholische Menschenbild" organisierte, *SBB* I, Br. 241 (6.2.1933).
[68] Vgl. dazu das Exzerpt im „Braunen Notizblock", S. 5–18 (ESAK, P / A II P).
[69] Stein erhält von Günther eine Aufstellung der Besprechungen der Herrigelschen Werke *Urstoff und Urform. Ein Beitrag zur philosophischen Strukturlehre*, Tübingen 1926 und *Die*

lung verrät bemerkenswerterweise eine bisher unbekannte geistige Verbindung zu Ida Friederike Görres (damals noch Coudenhove-Kalergi), deren Band *Von der Last Gottes. Ein Gespräch über den Menschen und den Christen* Stein im Juli 1932 kauft und höchstwahrscheinlich zur Vorbereitung der Winter-Vorlesung verwendet.[70] Aus dem katholischen bzw. protestantischen Umfeld hätte Stein auch Otto Knapps Anthropologie *Der katholische Mensch* (Paderborn 1932) oder Emil Brunners Darstellung *Gott und Mensch: vier Untersuchungen über das personhafte Sein* (Tübingen 1930) einbeziehen können, die sie ebenso wenig berücksichtigt wie den Vortrag des befreundeten Jacques Maritain *Der Thomismus und der Mensch in der Zeit* (Köln 1931).[71]

Stein legt Wert darauf, weder philosophiegeschichtlich (wie Groethuysen, den sie eingehend exzerpiert[72]) noch naturwissenschaftlich (wie Huth) vorzugehen. Vielmehr arbeitet sie systematisch-phänomenologisch und läßt Philosophie und Theologie gemäß den von Thomas von Aquin aufgeworfenen Problemstellungen zusammenwirken. Sie folgt allerdings nicht einfach seinem System, da sie „in einigen wesentlichen Punkten andere Auffassungen" habe.[73] Für Stein ist die Person aber wie für Thomas oder auch schon Boethius „individuelle Substanz rationaler Natur", ein letztes unverfügbares Subjekt, das nicht ein Akzidenz von Materie, sozialen Strukturen oder impersonalen Kräften sein kann.[74] Der Einfluß durch Thomas' Philosophie der

---

*metaphysische Form. Eine Auseinandersetzung mit Kant*, Tübingen 1929. Vgl. *SBB* I, Br. *212* von Margarete Günther (16.7.1932). Rezensionen dazu sind: Celms, Theodor „Rezension: Eugen Herrigel, ‚Die metaphysische Form'", in: *Deutsche Literaturzeitung* 26 (1930) 25–28. – Przywara, Erich, *Kant heute. Eine Sichtung*, München u. Berlin 1930. (Er arbeitet im Kapitel „Von Kant zu Thomas" die Gegensätze in der Auffassung der kritischen Metaphysik bei Heidegger und Herrigel heraus.) – Böhm, Franz J. (Rez.), „Eugen Herrigel, ‚Die metaphysische Form'", in: *Logos* XX/2 (1931) 314–318. Herrigel (1884–1955) war in Erlangen Professor für Systematische Philosophie und wurde später mit seinem Werk *Zen in der Kunst des Bogenschießens* (Konstanz 1948) weltbekannt.
[70] Frankfurt 1932 (Regensbergsche Buchhandlung, Münster, 15.7.1932, ESAK, BI 64a).
[71] Im Original *Le thomisme et la civilisation*. Stein bedankt sich in den Briefen an Maritain vom 6.11.1932 (*SBB* I, Br. 228) und vom 21.6.1933 (*SBB* I, Br. 263) jeweils für ein Werk von Maritain, von dem in ESGA 2 das erstere als *Distinguer pour unir ou Les degrés du savoir*, Paris 1932 und das letztere als das von Raïssa und Jacques Maritain herausgegebene *De la vie d'oraison*, Paris 1933 (Orig. Paris 1925) identifiziert wird.
[72] Im Notizheft von 1932 (P / A II P, ESAK), S. 5–18a.
[73] *AMP*, S. 28, beispielsweise in der Frage der Potenzen, die sie als evtl. nicht umfassend von Thomas gelöst bezeichnet, die aber nicht weiter untersucht wird (S. 53). Als „reine Form" will sie anders als Thomas nur Gott, keine endlichen Geister (wie die Engel) bezeichnet wissen. (S. 103). Außerdem scheint es ihr nicht rechtens, von „einer Ablösung der niederen Form durch die höhere zu sprechen, wie es Thomas tut, um die Einheit der Form zu wahren, [...] weil ja jeder Stoff weiter seinem aus Formprinzip gehorcht." S. 131.
[74] Zur Person-Lehre bei Stein liegen neuere Untersuchungen vor: Tapken, Andreas, *Der notwendige Andere. Eine interdisziplinäre Studie im Dialog mit Heinz Kohus und Edith Stein*, Mainz 2003. – Wulf, Claudia Mariéle, *Freiheit und Grenze: Edith Steins Anthropologie und*

Individualität wird deutlich. Stein hatte sich z. B. als Vorbereitung für die Vorlesung, als „Ferienbeschäftigung", das „Studium der psychologischen Quaestionen der Summa und einige Thomasliteratur" vorgenommen. Auch die Teilnahme an der Arbeitstagung der „Société Thomiste" im September 1932 über „Phänomenologie und Thomismus" prägte Stein in ihrer Vorbereitung auf die Wintervorlesung.[75] Als phänomenologisches Erbe finden sich in der Vorlesung aber auch nicht-idealistische Teile Husserls[76] und der

*ihre erkenntnistheoretischen Implikationen; eine kontextuelle Darstellung*, Vallendar-Schönstatt 2002. – Matthias, Ursula, *Die menschliche Freiheit im Werk Edith Steins*, Thesis ad Doctoratum in Philosophia, Pontificium Athenaeum Sanctae Crucis Facultas Philosophiae, Rom 1997. – Maier, Friederike, *Den Menschen denken. Die Seele im Werk Edith Steins*, Diplomarbeit, Freiburg 1995. – Weitere Studien zur Personlehre Steins, die allerdings noch nicht die Veröffentlichungen von 1994 (*Der Aufbau der menschlichen Person* und *Was ist der Mensch?*) einbeziehen: Borden, Sarah R., *The Relation of Individual and Universal Form: an Issue in Edith Stein's Philosophy of the Person in Endliches und ewiges Sein*, Fordham University Dissertation, New York 2001. – Baseheart, Mary Catherine, *Person in the World: Introduction to the Philosophy of Edith Stein*, Boston 1997. – Garcia, Laura, „The Primacy of Persons: Edith Stein and Pope John Paul II", in: *Logos: A Journal of Catholic Thought and Culture* 1 / 2 (1997) 90–99. – Schulz, Peter, *Edith Steins Theorie der Person. Von der Bewußtseinsphilosophie zur Geistmetaphysik*, Freiburg 1994. – Bryk, Dariusz, *Die Person als Träger des Ethos*, Diplomarbeit, Würzburg 1994. – Fetz, Reto Luzius, „Ich, Seele, Selbst. Edith Steins Theorie personaler Identität", in: Ders. / Rath, Matthias / Schulz, Peter (Hg.), *Studien zur Philosophie von Edith Stein*, Freiburg 1993, 286–319. – Vonhögen, Roderick, „Die menschliche Person bei Edith Stein", in: Börsig-Hover, Lina, *Ein Leben für die Wahrheit: zur geistigen Gestalt Edith Steins*, Fridingen 1991, 176–197. – Ingarden, Roman, „Zu Edith Steins Analyse der Einfühlung und des Aufbaus der menschlichen Person", in: Herbstrith, Waltraud (Hg.), *Denken im Dialog. Zur Philosophie Edith Steins. Symposium*, Tübingen 1991, 72–82. – Rimmel, Thomas Maria, „Zum Begriff der Person bei Edith Stein", in: Dobisch, Hubert (Hg.), *Natur und Gnade. Die christozentrisch-pneumatische Grundgestalt der christlichen Sittlichkeitslehre*, St. Ottilien 1990, 229–249. – Otto, Elisabeth, *Welt – Person – Gott. Eine Untersuchung zur theologischen Grundlage der Mystik bei Edith Stein*, Vallendar-Schönstatt 1990. – Knoche, Eva-Maria, *Philosophisch-theologische Anthropologie bei Edith Stein mit dem Schwerpunkt auf „Endliches und ewiges Sein – Versuch eines Aufstiegs zum Sinn des Seins"*, Diplomarbeit, Tübingen 1988/89. – Baseheart, Mary Catherine, „Edith Stein's Philosophy of Person", in: *Edith Stein Symposium, Carmelite Studies* 4 (1987) 34–49. – Kalinowski, Georges, „Edith Stein et Karol Wojtyla sur la personne", in: *Revue Philosophique de Louvain* 82, 4 (1984), 545–561. – Guilead, Reuben, „Essence et personne. Contribution à la connaissance d'Edith Stein", in: *Freiburger Zeitschrift für Philosophie und Theologie* 26 (1979) 33–45. – Klienke, V. C., *La struttura della persona umana nella concezione di E. Stein*, Roma 1967 (Tesi di laurea dell'Istituto Universitario di Magistero Maria SS. Assunta). – Salmen, Josef, *Personverständnis bei E. Stein*, Rom 1968 (Excerpta ex dissertatione ad lauream in Facultate Philosophica Pontificae Universitatis Gregorianae). – Secretan, Philibert, „Personne, individu et responsabilité chez E. Stein", in: *Analecta Husserliana. Yearbook of Phenomenological Research* 5 (1976) 247–258. – Ders., „Essence et personne. Contribution à la connaissance d'Edith Stein", in: *Freiburger Zeitschrift für Philosophie und Theologie* 26 (1979) 481–504.
[75] Vgl. *SBB* I, Br. 216 an Adelgundis Jaegerschmid (28. 8. 1932).
[76] Z. B. aus Husserl, Edmund, *Ideen zu einer reinen Phänomenologie und phänomenologischen Philosophie. Zweites Buch. Phänomenologische Untersuchungen zur Konstitution*, Hua

realistischen Phänomenologen Adolf Reinach, Hedwig Conrad-Martius und Max Scheler, wenn Stein nämlich anders als in ihren früheren Werken von der realistischen Außensicht des Menschen ihre Analyse beginnt, nicht mehr im idealistischen oder transzendentalphänomenologischen Ausgang vom Bewußtsein aus.

Der Mensch wird zunächst betrachtet in seinem Teilaspekt als materielles Ding, dann als Organismus, womit das Pflanzliche im Menschen gemeint ist. Wie das Wesen der Pflanze die Aufrichtung zum Licht sei, hier folgt Stein Conrad-Martius, so läge im „Menschenantlitz [...] wie in der Blüte die vollkommenste Selbstoffenbarung"[77]. Das Tierische im Menschen sieht Stein im Anschluß an Ettlinger[78] vor allem im Phänomen der Bewegung, der Gefühlszuständlichkeiten und Affekte, letztlich in der Kraft der Seele. Die Seele ist für Stein im Anschluß an Thomas' Grundsatz „anima forma corporis" (die Seele gibt dem Leib seine Gestalt) das einheitliche Formprinzip, das, was den Menschen zu einem Lebewesen, im Unterschied zu einem toten Körper oder Gegenstand macht. Sie ist das Prinzip der einheitlichen Gestaltung des Individuums.[79] Andererseits hebt Stein das von Thomas vertretene Prinzip „individuum de ratione materiae" hervor: Das Individuum besteht nach der Maßgabe der Materie, d.h. nicht nur die innere seelische Form drückt sich ins Äußere hinein aus, sondern umgekehrt begrenzt oder formt wiederum die äußere Leiblichkeit die innere Entwicklung. Hier zeigt sich Steins „somatologische" Anthropologie, die Leibzentriertheit ihrer Theorie.

Das spezifisch Menschliche ist die personale Struktur, die sich in Verantwortung, Personalität und Ichform ausdrückt. Die Geistigkeit als Aufgeschlossenheit nach innen und außen wird begleitet vom personalen Phänomen der Freiheit, dem Können (Kräften) und dem Sollen (Werten). Letztlich ist von der Person Selbstgestaltung gefordert, d.h. das „Ich" und das „Selbst" gestalten die Empfindungen und Wahrnehmungen im Phänomen der Intentionalität.

Nicht nur das „Ich" des Menschen, sondern der Mensch selbst als Individuum ist letztlich nur durch eine bewußte Abstraktion als solcher zu erkennen. Eigentlich – so legt Stein im vorletzten Kapitel über „Das soziale Sein der Person" dar – ist der Mensch in ein Beziehungsgeflecht verwoben, sein „Dasein ist Dasein in einer Welt, sein Leben ist Leben in Gemeinschaft."[80] Stein analysiert neben soziologischen Grundbegriffen vor allem den Begriff „Volk" und begibt sich damit in eine gründliche zeitgeistige Auseinander-

---

IV, hg. v. Marly Biemel, Dordrecht 1991. – Ders., *Zur Phänomenologie der Intersubjektivität. Texte aus dem Nachlaß. Erster Teil 1905–1920*, Hua XIII, hg. v. Iso Kern, Den Haag 1973.
[77] *AMP*, S. 43.
[78] Ettlinger, Max, *Beiträge zur Lehre von der Tierseele und ihrer Entwicklung*, Münster 1925.
[79] *IG*, S. 229.
[80] *AMP*, S. 134.

setzung, während sie eine Analyse des Begriffs „Rasse" als zu umstritten ablehnt.

## 5. Phänomenologische Methode und die Pädagogik

Stein hat den Anspruch, systematisch zu arbeiten, ähnlich wie in ihren früheren Arbeiten. Sie beschreibt auf prägnante Weise die phänomenologische Methode, die sie für ihre Vorlesung *Der Aufbau der menschlichen Person* wählt:

„Wir werden die Sachen selbst[81] ins Auge fassen und aufbauen, so weit wir können. [...] Die Methode, mit der ich eine Lösung der Probleme suche, ist die phänomenologische, d. h. die Methode, wie sie E. Husserl ausgebildet und im II. Band seiner Logischen Untersuchungen[82] zuerst angewendet hat, die aber nach meiner Überzeugung von den großen Philosophen aller Zeiten bereits angewendet wurde, wenn auch nicht ausschließlich und nicht mit reflektiver Klarheit über das eigene Verfahren."[83]

Als Prinzipien der phänomenologischen Methode nennt sie die Reduktion auf die Sachen selbst, vom Zufälligen auf das Wesentliche der Dinge, unter Absehung von Theorien über die Dinge, d. h. es geht um eine vorurteilsfreie, interesselose philosophische, nicht funktionale Betrachtung. Dazu ist der Husserlsche Begriff der „Intuition" notwendig.[84] Es geht darum, in ruhendem Schauen in einem Einzelnen ein Allgemeines zu erfassen.[85]

Husserl sah in Steins philosophischem Vorgehen zu dieser Zeit[86] zurecht einen Gegensatz zu seiner „transzendentalen Phänomenologie" und bezeichnet Steins Ansatz treffend als eine „eidetische Psychologie" innerhalb einer „universalen Ontologie".[87] Die erkenntnistheoretische Frage nach der

---

[81] Leitspruch der Phänomenologen: Hua XIX/1, S. 10.
[82] Husserl, Edmund, *Logische Untersuchungen*, 2. Band, 1. Teil, Husserliana = Hua XIX/1; 2. Teil, Hua XIX/2, hg. v. Ursula Panzer, Den Haag 1984 (Original: Halle 1900/01).
[83] *AMP*, S. 29 f.
[84] Vgl. Hua XVIII, *Logische Untersuchungen, 1. Band*. Hg. v. Elmar Holenstein. Den Haag 1975, S. 246; Hua XIX/1, S. 512; Hua XIX/2, S. 539, 567 usw.; Hua III/1, *Ideen zu einer reinen Phänomenologie und phänomenologischen Philosophie, Erstes Buch*. Hg. v. Karl Schuhmann, Den Haag (2. Aufl.) 1976 (Original: Halle 1913) S. 46 f., 51, 53 usw.
[85] Vgl. *AMP*, S. 28.
[86] Gekannt hat er wohl nur die Veröffentlichung im Jahrbuch „Husserls Phänomenologie und die Philosophie des hl. Thomas v. Aquino. Versuch einer Gegenüberstellung", in: *Festschrift. Edmund Husserl zum 70. Geburtstag gewidmet*, Ergänzungsband zum Bd. X des *JPPF*, hg. v. Edmund Husserl, Halle 1929, ESGA 9.
[87] „Aber so merkwürdig sind die Sachen, daß auch, wer zwischen transcendentaler Phänomenologie und phänomenologischer Psychologie nicht scheidet und die Wege einer universalen Ontologie (Universum der apriorischen Wissenschaften, als Totalität) geht (dieser eine eidetische Psychologie einordnend), wertvollste Arbeit leisten kann, die ich meiner

Konstitution des Bewußtseins und auch Steins zuvor als wesentliche Methode durchgeführte „Einfühlung", mit Hilfe welcher Selbstwahrnehmung geübt wird, spielen methodisch keine Rolle mehr – was sicher auch mit der Adressatengruppe der nicht philosophisch geschulten Hörer Steins zusammenhing. Dennoch ist Stein mit ihrer Anthropologie-Vorlesung weiterhin den realistischen Phänomenologen der München-Göttinger Bewegung zuzurechnen, denen es darum geht, „ganz offenes Auge"[88] zu sein, wie es Stein in ihrer *Einführung in die Philosophie* nennt: aufmerksam zu beobachten und zu analysieren, so daß es anderen einleuchtet, was man vor seinem geistigen Auge sieht (Evidenz-Prinzip), und wozu andere zustimmen können (Intersubjektivitäts-Prinzip).

Die phänomenologische Methode gehört zu den sogenannten „unscharfen" Methoden in der Pädagogik.[89] Daß die bisherige Literatur zum Problem des Verhältnisses von Phänomenologie und Pädagogik[90] Stein nicht berücksichtigt, liegt sicher an der verhältnismäßig kurzen Wirkungszeit, die Stein in Münster verblieb, wodurch sich eine noch zu schließende Forschungslücke ergibt.[91] Hans-Hermann Groothoff versteht unter der Verbindung von

---

transcendentalen Phänomenologie einzuordnen vermag." *SBB* I, Br. *168* von Edmund Husserl (17. 7. 1931).

[88] *EPh*, S. 7..

[89] Plöger, Wilfried, *Phänomenologie und ihre Bedeutung für die Pädagogik*, Paderborn / München 1986.

[90] Vgl. dazu: Groothoff, Hans-Hermann, „Phänomenologie und Pädagogik", in: Biemel, Walter (Hg.), *Phänomenologie Heute. Festschrift für Ludwig Landgrebe*, Den Haag 1972, 204–222. – Darüber hinaus beschäftigen sich mit dem Verhältnis von Phänomenologie und Pädagogik: Rombach, Heinrich, „Phänomenologische Erziehungswissenschaft und Strukturpädagogik", in: Schaller, Klaus (Hg.), *Erziehungswissenschaft in der Gegenwart. Prinzipien und Perspektiven moderner Pädagogik*, Bochum 1979, 136 ff. – Loch, Werner, „Zur Konstitution der Erziehung im Horizont der genetischen Phänomenologie E. Husserls", in: *Bildung und Erziehung* 34 (1981) 408 ff. – Lippitz, Wilfried, „Phänomenologie als Methode? Zur Geschichte und Aktualität des phänomenologischen Denkens in der Pädagogik", in: Lippitz, Wilfried / Meyer-Drawe, Käte (Hg.), *Leiblichkeit und Sozialität. Phänomenologische Beiträge zu einer pädagogischen Theorie der Inter-Subjektivität*, München 1984, 101 ff. – Lippitz, Wilfried, „Überlegungen zu einer phänomenologisch-hermeneutisch begründeten Pädagogik", in: Danner, Helmuth / Lippitz, Wilfried (Hg.), *Beschreiben – Verstehen – Handeln*, München 1984, 81 ff. – Beekman, Thomas, „Das kritische Potential phänomenologisch orientierter Pädagogik", in: *Utrechtse Pedagogische Verhandelingen*, Utrecht 1985, 109 ff. – Plöger, Wilfried., „Zum Sinnbegriff in der Phänomenologie", in: *Vierteljahrsschrift für wissenschaftliche Pädagogik* 63, 1 (1987) 17 ff. – Meinberg, Eckhard, „Zur Diskussion: die Phänomenologische Pädagogik", in: *Forum Pädagogik* 3 (1989) 140–149. – Lippitz, Wilfried, „‚Zurück zu den Sachen selbst!' – Konzepte und Prospekte phänomenologisch orientierter Forschungen in der Erziehungswissenschaft", in: Huppertz, Norbert (Hg.), *Zu den Sachen selbst. Phänomenologie in Pädagogik und Sozialpädagogik*, Oberried b. Freiburg i. Br. 1997, 27–54.

[91] Bisher erschienene Arbeiten zu Steins Pädagogik: Reifenrath, Bruno H., *Erziehung im Lichte des Ewigen. Die Pädagogik Edith Steins*, Frankfurt 1985 – Birkenbeil, Edward, „Ganzheitliches Leben – Ziel und Weg der Pädagogik Edith Steins", in: *Katholische Bildung* 91, 5

Phänomenologie und Pädagogik im Anschluß an Stephan Strasser[92] eine an Dilthey und Husserl ausgerichtete Methode in der Pädagogik, die auf Deskription und Ideation im Sinne der München-Göttinger Phänomenologie Wert legt. Er lehnt aber die Existenz einer „phänomenologischen Pädagogik" ab.[93] Werner Loch[94] faßt „Wesensintuition" und „Phänomenbeschreibung" als die operativen Begriffe der phänomenologischen Methode auf im Anschluß an die Erziehungswissenschaftler Aloysius Fischer[95], Otto Friedrich Bollnow[96], Theodor Ballauff[97] und Klaus Schaller[98]. Steins philosophische Anthropologie fällt sehr wohl in den Bereich der phänomenologischen Anthropologie und ließe sich sowohl den Ansätzen einer „somatologischen" Anthropologie zuordnen – ähnlich denen von Frederik Jakobus Johannes Buytendijk[99], Herbert Plügge[100] und Maurice Merleau-Ponty[101] – als auch der phänomenologischen Sozialanthropologie (Michael Theunissen[102]) oder phänomenologischen Individualanthropologie (Otto Friedrich Bollnow[103] und Eugen Fink[104]).

Andererseits ist es aufgrund von Steins bewußter Rezeption der Metaphysik des Thomas von Aquin möglich, ihre philosophische Anthropologie als ein Glied in der Kette des Projekts einer „Katholischen Pädagogik" zu verstehen, in das sie damals am „Deutschen Institut für wissenschaftliche Pädagogik" miteingebunden war.[105] Als Ansätze lagen in den 30er Jahren dazu bereits vor Georg Martin Durschs *Pädagogik oder Wissenschaft der christlichen Erziehung* (Freiburg 1916), Josef Bernbergs *Umriß der katholischen*

---

(1990) 272–289. – Schwarte, Hergard, „Wahres Menschentum in sich und anderen zur Entfaltung bringen. Edith Stein als Pädagogin", in: *Katholische Bildung* 99, 9 (1998) 341–355. – Schweighöfer, Rudolf, *Erziehung im Sinne Edith Steins*, Erfurt 2001.
[92] *Erziehungswissenschaft – Erziehungsweisheit*, München 1965.
[93] „Zur Phänomenologie der Erziehung", in: Ellwein, Thomas u.a. (Hg.), *Erziehungswissenschaftliches Handbuch*, Bd. 4, Berlin 1975, 205 ff.
[94] Loch, Werner, „Phänomenologische Pädagogik", in: *Enzyklopädie Erziehungswissenschaft, Handbuch und Lexikon der Erziehung*, hg. v. Dieter Lenzen, Bd. 1: *Theorien und Grundbegriffe der Erziehung und Bildung*, Stuttgart ²1992, 155–173.
[95] *Deskriptive Pädagogik*, München 1950.
[96] *Existenzphilosophie und Pädagogik*, Stuttgart 1959, in Anlehnung an Heidegger.
[97] *Die Idee der Paideia*, Meisenheim 1952; *Systematische Pädagogik*, Heidelberg 1966; „Anthropologisch-phänomenologische Theorien", in: Beck, Heinrich (Hg.), *Philosophie der Erziehung*, Basel 1979, 76 ff.
[98] *Die Krise des humanistischen Pädagogik und der kirchliche Unterricht*, Heidelberg 1961.
[99] *Das Menschliche*, Stuttgart 1958.
[100] *Der Mensch und sein Leib*, Tübingen 1962.
[101] *Phänomenologie der Wahrnehmung*, Berlin 1966.
[102] *Der Andere*, Berlin 1965
[103] *Das Wesen der Stimmungen*, Frankfurt a. M. 1941.
[104] *Studien zur Phänomenologie 1930–39*, Den Haag 1966; *Erziehungswissenschaft und Lebenslehre*, Freiburg 1970.
[105] *SBB* I, Br. 245 an Hedwig Conrad-Martius (24.2.1933).

*Pädagogik* (Regensburg 1923) und vom Münsteraner Philosophen Bernhard Rosenmöller *Das katholische Bildungsideal und die Bildungskrise* (München 1926).[106] Auch Josef Schröteler[107], dem Stein als Zuständigen in der „Katholischen Schulorganisation" ihren Verzicht auf die Vorlesungen im SS 1933 schreibt, gehört zu den „offenen und liberalen Kräften in der ‚Katholischen Pädagogik'", urteilt Konrad.[108] Steins Bezug zu einer „Katholischen Pädagogik" zeigt sich deutlich am von ihr gewählten Beispiel aus der katholischen Glaubenspraxis: der „pädagogischen Bedeutung der eucharistischen Wahrheiten"[109], anhand derer sie zu zeigen versucht, wie sich das christliche Menschenbild auswirkt auf die Erziehung im Glauben. Zudem sind Steins Sozialphilosophie und deren zeitkritische Momente deutlich durch ihre Perspektive des christlichen Glaubens geprägt.

## 6. Übergänge in die theologische Anthropologie

Stein läßt ihre philosophische Anthropologie in einen Ausblick auf ihre geplante theologische Anthropologie münden. Die philosophische Anthropologie sei ergänzungsbedürftig, da sie nur als ontologische Einsicht festhalten könne, daß Endliches auf Unendliches bezogen ist. Ähnlich wird

---

[106] Spätere Versuche finden sich erneut seit den 50er Jahren, darunter sind vor allem zu nennen Romano Guardinis *Grundlegung der Bildungslehre* (Würzburg 1950), Franz Pöggelers Aktualisierung *Das Wagnis der Schule: Ideen und Grundsätze der modernen katholischen Schulbewegung* (Freiburg 1963), Karl Erlinghagens sich aus den Wirren der 60er Jahre hervorhebende *Konfessionalität und Erziehungswissenschaft* (Freiburg 1965), dann Edward Birkenbeils *Pädagogik in ihrem christlichem Ursprung* (Freiburg 1978) und Lothar Penners Versuch in den 80er Jahren *Eine Pädagogik des Katholischen* (Vallendar 1983). Eine Zusammenstellung von christlichen Pädagogik-Ansätzen legte Fritz März vor, *Klassiker christlicher Erziehung*, München 1988. Diskussionssammlungen der letzteren Zeit sind herausgegeben von Clemens Menze *„Katholische Pädagogik" oder „katholische Christen als Pädagogen"?* (Münster 1989) und Wolfgang Scharl zusammen mit Franz Pöggeler *Gegenwart und Zukunft christlicher Erziehung* (Würzburg 1994). Für den internationalen Raum ist vor allem die Veröffentlichung von James Thomas Byrnes zu nennen: *John Paul II & Educating for Life: Moving Toward a Renewal of Catholic Educational Philosophy*, New York 2002.
[107] „Erziehungswerte im Katholizismus", in: *Stimmen der Zeit* 51 (1921) 320–334; *Die Montessori-Methode und die deutschen Katholiken*, Düsseldorf 1929; „Ist eine Zusammenarbeit der Pädagogen verschiedener Weltanschauungen möglich?", in: *Internationale Zeitschrift für Erziehungswissenschaft* 1 (1931) 650–654; „Die katholische Pädagogik", in: *Pädagogisches Zentralblatt* 13 (1933) 365–382.
[108] Konrad, Franz-Michael, *Kindergarten oder Kinderhaus? Montessori-Rezeption und pädagogischer Diskurs in Deutschland bis 1939*, Freiburg 1997, S. 60. – Vgl. dazu auch: Bachmaier, Hans Korbinian, *Die Pädagogik Josef Schrötelers. Ein Beitrag zur Katholischen Pädagogik der letzten 50 Jahre*, München 1964.
[109] *AMP*, S. 161; vgl. *BEI*, S. 63 ff..

Stein dann in *Endliches und ewiges Sein* argumentieren.[110] Der Mensch sei von sich aus ein „Gottsucher", der mit „natürlichem Verstand" bis zu einem gewissen Grad von Gottes- und Selbsterkenntnis gelangen könne. Hinweise in der Welt – so Stein im Anschluß an die Tradition der natürlichen Gottes-erkenntnis und philosophischen Gotteslehre – machten die Suche nach Gott sinnvoll und das Finden möglich:

In „seinem Inneren wie in der äußeren Welt findet der Mensch Hinweise auf etwas, was über ihm und allem ist, wovon er und wovon alles abhängt. Die Frage nach diesem Sein, das Suchen nach Gott gehört zum menschlichen Sein. Zu erforschen, wie weit er mit seinen natürlichen Mitteln in diesem Suchen gelangen kann, ist noch Aufgabe der Philosophie, eine Aufgabe, in der sich Anthropologie und Erkenntnis-theorie begegnen. Ihre Lösung muß zur Absteckung der Grenzen der natürlichen Erkenntnis führen."[111] – „Jeder Mensch ist ein Gottsucher und darin am stärksten dem Ewigen verbunden. Wenn Menschenleben und Gemeinschaftsleben werterfülltes Leben war, dann war es sinnvoll."[112]

Antworten durch einen „überlegenen Geist" seien aber dennoch zusätzlich erforderlich – auch in Bezug auf die Pädagogik und ihre Frage nach dem Menschen –, die in der biblischen Offenbarung zu finden seien:

„Wenn aber eine Pädagogik darauf verzichtet, aus der Offenbarung zu schöpfen, so riskiert sie es, das Wesentlichste außer Acht zu lassen, was wir über den Menschen, sein Ziel und den Weg zu seinem Ziel wissen können, sie schneidet sich also prinzi-piell davon ab, ihren Gegenstand (d. i. die Erziehung des Menschen) ausreichend zu bestimmen. [...] Die Pädagogik wird dadurch nicht Theologie, aber sie tritt zur Theologie in eine wesenhafte und unaufhebbare Beziehung."[113]

Erziehung ist für Stein das Zusammenwirken von göttlicher und mensch-licher Bemühung. Einerseits ist das Vorbild des Pädagogen gefordert, ande-rerseits geht eine christliche Erziehung aber davon aus, daß der eigentliche Erzieher Gott selbst ist.[114] Daraus ergibt sich für den katholischen Pädagogen eine „tiefe Ehrfurcht und heilige Scheu vor den jungen Menschen, ... [sie] tragen eine göttliche Bestimmung in sich". Es sei demnach kein „Hineinpfu-schen in Gottes Plan" möglich, da der Pädagoge sich dem „Bildungsgesetz", das in jeder individuellen Natur des Einzelnen liegt, anpassen müsse.[115]

Wie bereits in ihren Vorträgen und Aufsätzen zur Pädagogik (ESGA 16) dient auch in ihrer Vorlesung zur philosophischen Anthropologie der ge-

---

[110] *EES*, Sinn und Möglichkeit einer „Christlichen Philosophie", S. 20–36.
[111] *AMP*, S. 32.
[112] *AMP*, S. 154.
[113] *AMP*, S. 162.
[114] Vgl. *AMP*, S. 16; vgl. auch *BEI* (ESGA 16), S. 8.
[115] Vgl. *AMP*, S. 16.

dankliche Aufschwung vom Endlichen zum Ewigen als Übergang in die theologische Letztbegründung für die Bestimmung der menschlichen Person als von Gott geschaffenenes und zu schützendes Wesen. Letztlich wird damit auch die Begründung einer christlichen Pädagogik gefunden, die sich an dieses Menschenbild anschließt.

Was man über den Menschen denkt, ob man ihn eher von seiner Sozialität (die eventuell anderen Sozialitäten, Rassen oder Klassen, überlegen ist) oder von seiner Individualität her versteht, ob man ihn im letzten als Person oder nur als Sache betrachtet, die es zu vernutzen (Embryonen-Forschung) oder auch zu verräumen (Euthanasie-Debatte) gilt: immer geht es dabei um den „Unterschied zwischen etwas und jemand" (Robert Spaemann), den Stein in ihrer Anthropologie-Vorlesung herausarbeitet. Am Beginn des 21. Jhs werden dagegen in widersprüchlicher Art und Weise einerseits die Menschenrechte beschworen, in denen dem Menschen Freiheit und Würde zuerkannt werden; andererseits wird bei nicht wenigen Philosophen der Begriff „Person" dem Embryo nicht von vornherein zuerkannt, und dem alten, leidenden Menschen unter Berufung auf seine „Autonomie" eine Entscheidung über die Beendigung seines Lebens zugemutet bzw. sie wird schon – in den Niederlanden – im Konsens von Angehörigen und Arzt getroffen. In diesen willkürlich anmutenden Zu- und Abschreibungen von Personwürde sind die Schöpfungsgegebenheit und Gottebenbildlichkeit Momente, die in philosophischer Reflexion bewußt ausgeschaltet bleiben. Es fehlen somit Letztbegründungen für die Unantastbarkeit und die Würde des menschlichen Lebens, wodurch deutlich wird, daß die philosophische Anthropologie allein offenbar weder eine Begründung von Personwürde noch eine Legitimierung des politischen Schutzes der Menschenwürde leistet. Gegenüber dem gegenwärtigen Ethik-Diskurs, aus dem theologische Grundannahmen weitgehend ausgeklammert sind, wirkt Steins unerschrockene Ergänzung der philosophischen durch die theologische Anthropologie erfrischend und richtungweisend.

# Literaturverzeichnis

*Stein, Edith*

Die Werke sind nach der Entstehungszeit geordnet, in eckigen Klammern stehen die noch nicht erschienenen Bände der ESGA; Hinweise auf diese Werke in den Fußnoten wurden nicht von Stein selbst angegeben, außer *QDV*.

*Zum Problem der Einfühlung (PE)*, ESGA 5, Freiburg 2008 (Orig. 1916)
„Psychische Kausalität" *(PK)*, in: *Beiträge zur philosophischen Begründung der Psychologie und der Geisteswissenschaften*, ESGA 6, Freiburg 2010 (Orig. *JPPF* V, Halle 1922)
„Individuum und Gemeinschaft" *(IG)*, in: *Beiträge*, ESGA 6, Freiburg 2010
*Einführung in die Philosophie (EPh)*, GA 8, Freiburg 2004
„Natur, Freiheit und Gnade" *(NFG)*, in: *Welt und Person*, ESW VI, Freiburg 1962, 137–197 unter dem falschen Titel „Die ontische Struktur der Person und ihre erkenntnistheoretische Problematik" [ESGA 9]
*Bildung und Entfaltung der Individualität (BEI)*, ESGA 16, Freiburg 2001
– „Wahrheit und Klarheit im Unterricht und in der Erziehung" (1926), *BEI*, 1–8
– „Rezension: Zum Kampf um den katholischen Lehrer" (1929), *BEI*, 114–125
– „Zur Idee der Bildung" (1930), *BEI*, 35–49
– „Eucharistische Erziehung" (1930), *BEI*, 63–70
*Des Hl. Thomas von Aquino Untersuchungen über die Wahrheit (Quaestiones disputatae de veritate)*, Bd. I *(QDV I)*, ESGA 23, Freiburg 2008 (Orig. Breslau 1931)
*Des Hl. Thomas von Aquino Untersuchungen über die Wahrheit (Quaestiones disputatae de veritate)*, Bd. II *(QDV II)*, ESGA 24, Freiburg 2008 (Orig. Breslau 1932)
*Potenz und Akt (PA)*, ESGA 10, Freiburg 2005 (Orig. 1931)
„Rezension zu Dietrich von Hildebrand: *Metaphysik der Gemeinschaft*, Augsburg 1930", in: *Mädchenbildung auf christlicher Grundlage* 28, 24 (1932) 689–695 [ESGA 9]

*Aus dem Leben einer jüdischen Familie (LJF)*, ESGA 1, Freiburg 2002 (Orig. 1933)

*Endliches und ewiges Sein (EES)*, GA 11/12, Freiburg 2006 (Orig. 1935/37)
- „Die Seelenburg" (1936), in: *EES*, S. 501–525
- „Martin Heideggers Existenzphilosophie" (1936), in: *EES*, S. 445–499

*Wege der Gotteserkenntnis (WGE)*, ESGA 17, Freiburg 2003 (Orig. 1941/42)

*Geistliche Texte I (GT I)*, ESGA 19, Freiburg 2009

*Geistliche Texte II (GT II)*, ESGA 20, Freiburg 2007

*Kreuzeswissenschaft (KW)*, ESGA 18, Freiburg 2003 (Orig. 1942)


## Von Edith Stein zitierte/erwähnte Literatur

Wenn Stein allein den Autor erwähnt, stehen die entsprechenden Werke, auf die sich Stein vermutlich bezieht, in spitzen Klammern:

⟨Aristoteles, *Über die Seele*, Hamburg 1991⟩

Augustinus, Aurelius, *Confessiones / Die Bekenntnisse*, Einsiedeln ³1994
- Ders., *De trinitate / Über die Dreieinigkeit*, lat.-dt., neu übersetzt und mit Einleitung herausgegeben von Johann Kreuzer, Hamburg 2001
- Ders., *De civitate dei / Vom Gottesstaat*, München 1997

⟨–Ders., *De vera religione / Über die wahre Religion*, übersetzt und mit Anmerkungen versehen von Wilhelm Thimme, Stuttgart 1997⟩

⟨Bluhm, Agnes, *Zum Problem Alkohol und Nachkommenschaft: eine experimentelle Studie*, München 1930⟩

⟨Conrad-Martius, Hedwig, *Metaphysische Gespräche*, Halle 1921⟩

⟨– Dies., „Von der Seele", in: *Summa* II, Hellerau 1917⟩

⟨– Dies., *Realontologie*, *JPPF* VI, Halle 1923⟩

⟨– Dies., „Die Zeit", *Philosophischer Anzeiger* (hg. v. Helmuth Plessner) II 2, Bonn 1927, 143–182; II 4, Bonn 1928, 354–390.⟩

⟨– Dies., „Dasein, Substanzialität, Seele", „L'existence, la substantialité et l'âme", in: *Recherches Philosophiques II*, Paris 1932; deutscher Originaltext „Dasein, Substanzialität, Seele", in: *Schriften zur Philosophie*, Bd. I, München 1963⟩

⟨– Dies., *Die „Seele" der Pflanze* (Einleitung von Hans André), Breslau 1934⟩

Ettlinger, Max, *Beiträge zur Lehre von der Tierseele und ihrer Entwicklung*, Münster 1925

Goethe, Johann Wolfgang von, *Faust*, Stuttgart 2001
- Ders., *Versuch, die Metamorphose der Pflanzen zu erklären*, Gotha 1790

Gregorius Magnus / Gregor der Große, *Moralia in Iob / Auslegungen zu Hiob*, PL 75, 509–1102; PL 76, 1–782

Groethuysen, Bernhard, *Philosophische Anthropologie*, in: *Handbuch der Philosophie*, hg. v. A. Baeumler und M. Schröter, Abteilung III *(Mensch und Charakter)*, München ²1931 (Orig. 1928)

⟨Heidegger, Martin, *Kant und das Problem der Metaphysik*, Bonn 1929⟩

⟨– Ders., *Sein und Zeit, JPPF* VII und VIII, Halle 1927 / 1928⟩

⟨– Ders., *Vom Wesen des Grundes*, in: *Festschrift. Edmund Husserl zum 70. Geburtstag gewidmet*. Ergänzungsband zum Bd. X des *JPPF*, hg. v. Edmund Husserl, Halle 1929 (Tübingen ²1974) 71 ff.⟩

⟨– Ders., *Was ist Metaphysik?* Antrittsvorlesung vom 24. 7. 1929 in Freiburg, Bonn 1930⟩

⟨Herder, Johann Gottfried, *Ideen zur Philosophie der Geschichte der Menschheit*, Riga / Leipzig 1784–1791⟩

Hildebrand, Dietrich von, *Metaphysik der Gemeinschaft*, Augsburg 1930

Husserl, Edmund, *Gesammelte Werke (Husserliana)*, Den Haag 1950 ff.:

⟨Hua III/1, *Ideen zu einer reinen Phänomenologie und phänomenologischen Philosophie*, Erstes Buch, hg. v. Karl Schuhmann, Den Haag (2. Aufl.) 1976 (Original: Halle 1913)⟩

– Hua XVIII, *Logische Untersuchungen*, Prolegomena zur reinen Logik, 1. Band, hg. v. Elmar Holenstein, Den Haag 1975

– Hua XIX/1, *Logische Untersuchungen*, 2. Band, 1. Teil, hg. v. Ursula Panzer, Den Haag 1984

– Hua XIX/2, *Logische Untersuchungen*, 2. Band, 2. Teil, hg. v. Ursula Panzer, Den Haag 1984 (Original: Halle 1900/01)

Huth, Albert, *Pädagogische Anthropologie*, Leipzig 1932

Thomas von Aquin, *Summa Theologica (S. Th.)* / *Die deutsche Thomas-Ausgabe*, Salzburg 1933 ff.

– Ders., *Quaestiones disputatae de veritate* / *Des Hl. Thomas von Aquino Untersuchungen über die Wahrheit*, Bd. I (*QDV* I), ESW III, Freiburg 1952 (Orig. Breslau 1931); *Des Hl. Thomas von Aquino Untersuchungen über die Wahrheit*, Bd. II (*QDV* II), ESW IV, Freiburg 1955 (Orig. Breslau 1932)

⟨Tönnies, Ferdinand, *Gemeinschaft und Gesellschaft: Abhandlung des Communismus und des Socialismus als empirischer Culturformen*, Leipzig 1887⟩

## Sachlich ergänzte Literatur

Stein spielt auf bestimmte Werke an, die sie allerdings weder mit Autor noch mit Titel zitiert:

Bergson, Henri, *Évolution créatrice*, Paris 1912 (deutsch: *Schöpferische Entwicklung*, Jena 1912)

Darwin, Charles, *On the Origin of Species by Means of Natural Selection*, London 1859

Descartes, René, *Meditationes de prima philosophia / Meditationen über die Grundlagen der Philosophie*, Paris 1641

Haeckel, Ernst, *Anthropogenie oder Entwickelungsgeschichte des Menschen: gemeinverständliche wissenschaftliche Vorträge über die Grundzüge der menschlichen Keimes- und Stammesgeschichte*, Leipzig 1874

– Ders., *Die Welträthsel*, Bonn 1903

Leibniz, Gottfried Wilhelm, *Neues System der Natur der Kommunikation der Substanzen*, Paris 1695

Mendel, Gregor, *Versuche über Pflanzenhybriden*, Brünn 1866 und 1870

Migne, Jacques-Paul, *Patrologiae Cursus completus, Series Latina*, Paris 1857 ff.

Platon, *Gorgias*, in: *Werke in acht Bänden* (griech./deutsch), hrsg. v. Gunther Eigner, Darmstadt 2001

– Ders., *Kratylos*, in: *Werke in acht Bänden* (griech./deutsch), hrsg. v. Gunther Eigner, Darmstadt 2001

Reinach, Adolf, *Sämtliche Werke*, Band I und II, hg. v. Karl Schuhmann u. Barry Smith, München 1989

Rousseau, Jean-Jacques, *Du contrat social ou principes du droit politique (Vom Gesellschaftsvertrag oder Grundlagen des politischen Rechts)*, Paris 1762

Scheler, Max, *Der Formalismus in der Ethik und die materiale Wertethik. Neuer Versuch der Grundlegung eines ethischen Personalismus*, Bern (4. Aufl.) 1954 (Orig. 1913/1916)

– Ders., *Die Stellung des Menschen im Kosmos*, Darmstadt 1928

Stern, William, *Führer zur Ausstellung zur vergleichenden Jugendkunde der Geschlechter*, Leipzig / Berlin 1913

*Zusätzliche Literatur der Bearbeiterin in Einführung und Haupttext*

Stein, Edith:

*Selbstbildnis in Briefen I (1916–1933) (SBB* I), ESGA 2, Freiburg 2000
*Selbstbildnis in Briefen III, Briefe an Roman Ingarden (BRI)*, ESGA 3, Freiburg 2001
*Zum Problem der Einfühlung, (PE)*, ESGA 5, Freiburg 2008 (Orig. Halle 1917)
„Husserls Phänomenologie und die Philosophie des hl. Thomas v. Aquino. Versuch einer Gegenüberstellung", in: *Festschrift. Edmund Husserl zum 70. Geburtstag gewidmet*, Ergänzungsband zum Bd. X des *JPPF*, hg. v. Edmund Husserl, 1929; Tübingen ²1970, 315–338 [ESGA 9]
„Probleme der neueren Mädchenbildung", in: *Die Frau*, ESGA 13, Freiburg 2005, 127–221; Orig. in: *Benediktinische Monatsschrift*, Teil I der Vorlesung: XIV, 1–2 und 2–4 (1932) und XV, 1–2 und 3–4 (1933)
*Was ist der Mensch?* ESGA 15, Freiburg 2005
„Eine Untersuchung über den Staat" *(US)*, ESGA 7, Freiburg 2006, Orig. in: *JPPF* VII, Halle 1925
*Aus dem Leben einer jüdischen Familie (LJF)*, ESGA 1, Freiburg 2002
„Eine Meisterin der Erziehungs- und Bildungsarbeit: Teresia von Jesus (1935)", *BEI* (ESGA 16), Freiburg 2001, 91–113

Weitere Literatur:

Altmann, Alexander, *Die Grundlagen der Wertethik: Wesen, Wert, Person. Max Schelers Erkenntnis- und Seinslehre in kritischer Analyse*, Berlin 1931
Allers, Rudolf, *Die Person in ihrem sittlichen Werden*, Freiburg 1929
Bachmaier, Hans Korbinian, *Die Pädagogik Josef Schrötelers. Ein Beitrag zur Katholischen Pädagogik der letzten 50 Jahre*, München 1964
Ballauff, Theodor, „Anthropologisch-phänomenologische Theorien", in: Beck, Heinrich (Hg.), *Philosophie der Erziehung*, Basel 1979, 76 ff.
– Ders., *Die Idee der Paideia*, Meisenheim 1952
– Ders., *Systematische Pädagogik*, Heidelberg 1966
Baseheart, Mary Catherine, „Edith Stein's Philosophy of Person", in: *Edith Stein Symposium, Carmelite Studies* 4 (1987) 34–49
– Dies., *Person in the World: Introduction to the Philosphiy of Edith Stein*. Boston 1997
Beekman, Thomas, „Das kritische Potential phänomenologisch orientierter Pädagogik", in: *Utrechtse Pedagogische Verhandelingen*, Utrecht 1985, 109 ff.

Bernberg, Josef, *Umriß der katholischen Pädagogik*, Regensburg 1923

Birkenbeil, Edward, *Pädagogik in ihrem christlichem Ursprung*, Freiburg 1978

– Ders., „Ganzheitliches Leben – Ziel und Weg der Pädagogik Edith Steins", in: *Katholische Bildung* 91, 5 (1990) 272–289

Böhm, Franz J., „Rezension: Eugen Herrigel, ‚Die metaphysische Form'", in: *Logos* XX/2, (1931) 314–318

Bollnow, Otto Friedrich, *Das Wesen der Stimmungen*, Frankfurt a. M. 1941

– Ders., *Existenzphilosophie und Pädagogik*, Stuttgart 1959

Borden, Sarah R., *The Relation of Individual and Universal Form: an Issue in Edith Stein's Philosophy of the Person in Endliches und ewiges Sein*, Fordham University Dissertation, New York 2001

Brugsch, Theodor, *Die Biologie der Person*, Berlin 1926

– Ders., *Die Soziologie der Person*, Berlin 1931

Brunner, August, *Der Stufenbau der Welt: ontologische Untersuchungen über Person, Leben, Stoff*, München 1950

Brunner, Emil, *Gott und Mensch: vier Untersuchungen über das personhafte Sein*, Tübingen 1930

Bryk, Dariusz, *Die Person als Träger des Ethos*, Diplomarbeit, Würzburg 1994

Buber, Martin, *Ich und Du*, Leipzig 1923

Buytendijk, Frederik Jakobus Johannes, *Das Menschliche*, Stuttgart 1958

Byrnes, James Thomas, *John Paul II & Educating for Life: Moving Toward a Renewal of Catholic Educational Philosophy*, New York 2002

Chesterton, Gilbert Keith, *The Man who was Orthodox: A Selection from the Uncollected Writings of G. K. Chesterton*, eingeleitet von A. L. Maylock, London 1963

Celms, Theodor, „Rezension: Eugen Herrigel, ‚Die metaphysische Form'", in: *Deutsche Literaturzeitung* 26 (1930) 25–28

Conrad-Martius, Hedwig, „Bemerkungen über Metaphysik und ihre methodische Stelle", in: *Philosophische Hefte*, Bd. III, 3 / 4, Berlin 1932/33, 101–124

Denzinger, Heinrich / Bannwart, Clemens, *Enchiridion symbolorum, definitionum et declarationum de rebus fidei et morum*, Freiburg 1928

Dursch, Georg Martin, *Pädagogik oder Wissenschaft der christlichen Erziehung*, Freiburg 1916

Erlinghagen, Karl, *Konfessionalität und Erziehungswissenschaft*, Freiburg 1965

Eucken, Rudolf, *Menschen und Welt: eine Philosophie des Lebens*, Leipzig 1918

Fetz, Reto Luzius, „Ich, Seele, Selbst. Edith Steins Theorie personaler Identität", in: Ders. / Rath, Matthias / Schulz, Peter (Hg.), *Studien zur Philosophie von Edith Stein*, Freiburg 1993, 286–319

Fink, Eugen, *Studien zur Phänomenologie 1930–39*, Den Haag 1966
- Ders., *Erziehungswissenschaft und Lebenslehre*, Freiburg 1970
Fischer, Aloysius, *Deskriptive Pädagogik*, München 1950
Garcia, Laura, „The Primacy of Persons: Edith Stein and Pope John Paul II", in: *Logos: A Journal of Catholic Thought and Culture* 1 / 2 (1997) 90–99
Gehlen, Arnold, *Der Mensch: seine Natur und seine Stellung in der Welt*, Berlin 1940
Gelber, Lucy, „Einleitung", in: Stein, Edith, *Der Aufbau der menschlichen Person*, ESW XVI, Freiburg 1994, 17–22
Görres, Ida Friederike (Coudenhove-Kalergi), *Von der Last Gottes. Ein Gespräch über den Menschen und den Christen*, Frankfurt am Main 1932
Gredt, Joseph, *Elementa philosophiae Aristotelico-Thomisticae*, 5. erweit. Aufl., Freiburg 1929
Groothoff, Hans-Hermann, „Phänomenologie und Pädagogik", in: Biemel, Walter (Hg.), *Phänomenologie Heute. Festschrift für Ludwig Landgrebe*, Den Haag 1972, 204–222
- Ders., „Zur Phänomenologie der Erziehung", in: Ellwein, Thomas u. a. (Hg.), *Erziehungswissenschaftliches Handbuch*, Bd. 4, Berlin 1975, 205 ff.
Guardini, Romano, *Welt und Person*, Würzburg 1939
- Ders., *Grundlegung der Bildungslehre*, Würzburg 1950
Guilead, Reuben, „Essence et personne. Contribution à la connaissance d'Edith Stein", in: *Freiburger Zeitschrift für Philosophie und Theologie* 26 (1979) 33–45
Haecker, Theodor, „Was ist der Mensch?", in: *Hochland* 30, 1 (1932 / 1933) 289–308
*Handbuch der Erziehungswissenschaft*, hg. v. Ettlinger, Max / Eggersdorfer, Franz Xaver u. a., Münster 1928 ff.
Hartmann, Hans, *Mensch sein heißt Kämpfer sein*, Chemnitz 1931
Hauser, Otto, *Der blonde Mensch*, Danzig 1930
Herrigel, Eugen, *Die metaphysische Form. Eine Auseinandersetzung mit Kant*, Tübingen 1929
- Ders., *Urstoff und Urform. Ein Beitrag zur philosophischen Strukturlehre*, Tübingen 1926
- Ders., *Zen in der Kunst des Bogenschießens*, Konstanz 1948
Herrmann, Maria Adele, *Die Speyerer Jahre von Edith Stein*, Speyer 1990
Husserl, Edmund, *Ideen zu einer reinen Phänomenologie und phänomenologischen Philosophie. Zweites Buch. Phänomenologische Untersuchungen zur Konstitution*, Hua IV, hg. v. Marly Biemel, Dordrecht 1991
- Ders., *Zur Phänomenologie der Intersubjektivität. Texte aus dem Nachlaß. Erster Teil 1905–1920*, Hua XIII, hg. v. Iso Kern, Den Haag 1973

Ingarden, Roman, „Zu Edith Steins Analyse der Einfühlung und des Aufbaus der menschlichen Person", in: Herbstrith, Waltraud (Hg.), *Denken im Dialog. Zur Philosophie Edith Steins. Symposium*, Tübingen 1991, 72–82

Kalinowski, Georges, „Edith Stein et Karol Wojtyla sur la personne", in: *Revue Philosophique de Louvain* 82, 4 (1984), 545–561

Klages, Ludwig, *Mensch und Erde*, München 1920

Klienke, V. C., *La struttura della persona umana nella concezione di E. Stein*, Roma 1967 (Tesi di laurea dell'Istituto Universitario di Magistero Maria SS. Assunta)

Knapp, Otto, *Der katholische Mensch*, Paderborn 1932

Knoche, Eva-Maria, *Philosophisch-theologische Anthropologie bei Edith Stein mit dem Schwerpunkt auf „Endliches und ewiges Sein – Versuch eines Aufstiegs zum Sinn des Seins"*, Diplomarbeit, Tübingen 1988/89

Konrad, Franz-Michael, *Kindergarten oder Kinderhaus? Montessori-Rezeption und pädagogischer Diskurs in Deutschland bis 1939*, Freiburg 1997

Kreis, Otto, *Das deutsche Institut für wissenschaftliche Pädagogik*, Münster 1989

Krieck, Ernst, *Menschenformung – Grundzüge der vergleichenden Erziehungswissenschaft*, Leipzig 1925

Lammers, Elisabeth, *Als die Zukunft noch offen war: Edith Stein – das entscheidende Jahr in Münster*, Münster 2003

Lersch, Philipp, *Aufbau der Person*, München 1951 (4. neu bearbeitete Ausgabe; Orig. *Aufbau des Charakters*, Leipzig 1938)

*Lexikon der Pädagogik der Gegenwart*, hg. v. J. Spieler, Münster 1930/32

Lippitz, Wilfried, „Phänomenologie als Methode? Zur Geschichte und Aktualität des phänomenologischen Denkens in der Pädagogik", in: Lippitz, Wilfried / Meyer-Drawe, Käte (Hg.), *Leiblichkeit und Sozialität. Phänomenologische Beiträge zu einer pädagogischen Theorie der Inter-Subjektivität*, München 1984, 101 ff.

– Ders., „Überlegungen zu einer phänomenologisch-hermeneutisch begründeten Pädagogik", in: Danner, Helmut / Lippitz, Wilfried (Hg.), *Beschreiben – Verstehen – Handeln*, München 1984, 81 ff.

– Ders., „„Zurück zu den Sachen selbst!' – Konzepte und Prospekte phänomenologisch orientierter Forschungen in der Erziehungswissenschaft", in: Huppertz, Norbert (Hg.), *Zu den Sachen selbst. Phänomenologie in Pädagogik und Sozialpädagogik*, Oberried b. Freiburg i. Br. 1997, 27–54

– Ders., *Differenz und Fremdheit. Phänomenologische Studien in der Erziehungswissenschaft*, Frankfurt a. M. 2003

Loch, Werner, „Phänomenologische Pädagogik", in: *Enzyklopädie Erziehungswissenschaft, Handbuch und Lexikon der Erziehung*, hg. v. Dieter Lenzen, Bd. 1: *Theorien und Grundbegriffe der Erziehung und Bildung*, Stuttgart [2]1992, 155–173

- Ders., „Zur Konstitution der Erziehung im Horizont der genetischen Phänomenologie E. Husserls", in: *Bildung und Erziehung* 34 (1981) 408 ff.

März, Fritz, *Klassiker christlicher Erziehung*, München 1988

Maier, Friederike, *Den Menschen denken. Die Seele im Werk Edith Steins*, Diplomarbeit, Freiburg 1995

Mann, Heinrich, *Mensch und Macht*, München 1920

Maritain, Jacques, *Der Thomismus und der Mensch in der Zeit*, Köln 1931 *(Le thomisme et la civilisation)*

- Ders., *Distinguer pour unir ou Les degrés du savoir*, Paris 1932
- Ders. / Maritain, Raïssa, *De la vie d'oraison*, Paris 1933 (Orig. Paris 1925)

Matthias, Ursula, *Die menschliche Freiheit im Werk Edith Steins*, Thesis ad Doctoratum in Philosophia, Pontificium Athenaeum Sanctae Crucis Facultas Philosophiae, Rom 1997

Meinberg, Eckhard, „Zur Diskussion: die Phänomenologische Pädagogik", in: *Forum Pädagogik* 3 (1989) 140–149

Menze, Clemens, *„Katholische Pädagogik" oder „katholische Christen als Pädagogen"?*, Münster 1989

Merleau-Ponty, Maurice, *Phänomenologie der Wahrnehmung*, Berlin 1966

Neyer, Maria Amata / Müller, Andreas Uwe, *Edith Stein. Das Leben einer ungewöhnlichen Frau*, Düsseldorf 1998

Otto, Elisabeth, *Welt – Person – Gott. Eine Untersuchung zur theologischen Grundlage der Mystik bei Edith Stein*, Vallendar-Schönstatt 1990

Penner, Lothar, *Eine Pädagogik des Katholischen*, Vallendar 1983

Pfänder, Alexander, *Die Seele des Menschen*, Halle 1933

Plessner, Helmuth, *Die Stufen des Organischen und der Mensch. Einführung in die Philosophische Anthropologie*, Berlin 1928

Plöger, Wilfried, *Phänomenologie und ihre Bedeutung für die Pädagogik*, Paderborn / München 1986

- Ders., „Zum Sinnbegriff in der Phänomenologie", in: *Vierteljahrsschrift für wissenschaftliche Pädagogik* 63, 1 (1987) 17 ff.

Plügge, Herbert, *Der Mensch und sein Leib*, Tübingen 1962

Pöggeler, Franz, *Das Wagnis der Schule: Ideen und Grundsätze der modernen katholischen Schulbewegung*, Freiburg 1963

Przywara, Erich, *Kant heute. Eine Sichtung*, München u. Berlin 1930
- Ders., *Analogia entis*, München 1932

Reifenrath, Bruno H., *Erziehung im Lichte des Ewigen. Die Pädagogik Edith Steins*, Frankfurt 1985

Rimmel, Thomas Maria, „Zum Begriff der Person bei Edith Stein", in: Dobisch, Hubert (Hg.), *Natur und Gnade. Die christozentrisch-pneumatische Grundgestalt der christlichen Sittlichkeitslehre*, St. Ottilien 1990, 229–249

Rombach, Heinrich, „Phänomenologische Erziehungswissenschaft und Strukturpädagogik", in: Schaller, Klaus (Hg.), *Erziehungswissenschaft in der Gegenwart. Prinzipien und Perspektiven moderner Pädagogik*, Bochum 1979, 136 ff.

Rosenmöller, Bernhard, *Das katholische Bildungsideal und die Bildungskrise*, München 1926

Roßmann, Wilhelm, *Der faustische Mensch*, Bremen 1930

Salmen, Josef, *Personverständnis bei E. Stein*, Rom 1968 (Excerpta ex dissertatione ad lauream in Facultate Philosophica Pontificae Universitatis Gregorianae)

Schaller, Klaus, *Die Krise der humanistischen Pädagogik und der kirchliche Unterricht*, Heidelberg 1961

Scharl, Wolfgang / Pöggeler, Franz, *Gegenwart und Zukunft christlicher Erziehung*, Würzburg 1994

Schröteler, Josef, „Die katholische Pädagogik", in: *Pädagogisches Zentralblatt* 13 (1933) 365–382

– Ders., „Erziehungswerte im Katholizismus", in: *Stimmen der Zeit* 51 (1921) 320- 334

– Ders., „Ist eine Zusammenarbeit der Pädagogen verschiedener Weltanschauungen möglich?", in: *Internationale Zeitschrift für Erziehungswissenschaft* 1 (1931) 650–654

– Ders., *Die Montessori-Methode und die deutschen Katholiken*, Düsseldorf 1929

Schuhmann, Karl, „Stein und Pfänder", in: Beckmann, Beate / Gerl-Falkovitz, Hanna-Barbara (Hg.), *Edith Stein – Themen, Bezüge, Dokumente*, Würzburg 2003, 25–36

Schulz, Peter, *Edith Steins Theorie der Person. Von der Bewußtseinsmetaphysik zur Geistmetaphysik*, Freiburg / München 1994

Schwarte, Hergard, „Wahres Menschentum in sich und anderen zur Entfaltung bringen – Edith Stein als Pädagogin", in: *Katholische Bildung* 99, 9 (1998) 341–355

Schweighöfer, Rudolf, *Erziehung im Sinne Edith Steins*, Erfurt 2001

Secretan, Philibert, „Personne, individu et responsabilité chez E. Stein", in: *Analecta Husserliana. Yearbook of Phenomenological Research* 5 (1976) 247–258

– Ders., „Essence et personne. Contribution à la connaissance d'Edith Stein", in: *Freiburger Zeitschrift für Philosophie und Theologie* 26 (1979) 481–504

Stern, William, *Person und Sache: System der philosophischen Weltanschauung. System des kritischen Personalismus*, Bd. 1–3, Leipzig 1906–1924

Strasser, Stephan, *Erziehungswissenschaft – Erziehungsweisheit*, München 1965

Tapken, Andreas, *Der notwendige Andere. Eine interdisziplinäre Studie im Dialog mit Heinz Kohus und Edith Stein*, Mainz 2003

Theunissen, Michael, *Der Andere*, Berlin 1965

*Vierteljahrsschrift für wissenschaftliche Pädagogik*, hg. v. Deutschen Institut für wissenschaftliche Pädagogik, 1926 ff.

Vonhögen, Roderick, „Die menschliche Person bei Edith Stein", in: Börsig-Hover, Lina, *Ein Leben für die Wahrheit: zur geistigen Gestalt Edith Steins*, Fridingen 1991, 176–197

Weinhandl, Ferdinand, *Person, Weltbild und Deutung*, Erfurt 1926

Wulf, Claudia Mariéle, *Freiheit und Grenze: Edith Steins Anthropologie und ihre erkenntnistheoretischen Implikationen; eine kontextuelle Darstellung*, Vallendar-Schönstatt 2002

– Dies., „Rekonstruktion und Neudatierung einiger früher Werke Edith Steins", in: Beckmann, Beate / Gerl-Falkovitz, Hanna-Barbara, *Edith Stein – Themen, Bezüge, Dokumente*, Würzburg 2003, 249–267

# Abkürzungen

| | |
|---|---|
| a. | articulus (lat.) / Artikel |
| a. a. O. | am angegebenen Ort |
| ad | (lat.) zu |
| Anm. | Anmerkung |
| AT | Altes Testament |
| Aufl. | Auflage |
| Bd. | Band |
| bzw. | beziehungsweise |
| c. | corp. = corpus (lat.) = Haupttext |
| ca. | circa |
| d. h. | das heißt |
| d. i. | das ist |
| ders. | derselbe |
| dies. | dieselbe |
| eingel. | eingeleitet |
| erweit. | erweiterte |
| ESAK | Edith Stein Archiv Köln |
| ESGA | Edith Stein Gesamtausgabe |
| ESW | Edith Steins Werke |
| etc. | et cetera |
| evtl. | eventuell |
| f. | folgend |
| ff. | folgende |
| frz. | französisch |
| Gen | Genesis |
| griech. | griechisch |
| Herv. d. Bearb. | Hervorhebung durch Bearbeiterin |
| hg. v. | herausgegeben von |
| hl. | heilige/r |
| Joh | Johannes(-Evangelium) |
| Jh. | Jahrhundert |
| Kap. | Kapitel |
| Kor | (Brief an die) Korinther |
| lat. | lateinisch |
| Mt | Matthäus(-Evangelium) |

| | |
|---|---|
| N.B. | Nota bene (lat.) / wohl gemerkt |
| OP | Ordo Fratrum Praedicatorum – Dominikaner |
| Orig. | Original |
| PL | Patrologiae Cursus completus, Series Latina (Migne, Jacques-Paul) |
| q. | quaestio (lat.) / Frage |
| Röm | (Brief an die) Römer |
| S. | Seite |
| sic! | (lat.) so |
| St. | Sankt (lat.) / Heilige/r |
| u. a. | und andere // unter anderem |
| u. dgl. | und dergleichen |
| usw. | und so weiter |
| vgl. | vergleiche |
| v. | von |
| z. B. | zum Beispiel |
| z. gr. T | zum großen Teil |

# Siglen

## 1. Allgemein

| | |
|---|---|
| *Hua* | *Husserliana*, Gesammelte Schriften Edmund Husserls |
| *JPPF* | *Jahrbuch für Philosophie und phänomenologische Forschung*, Halle 1913 ff. |
| *PL* | *Patrologiae Series Latina*, hg. v. Migne, J.-P., Paris 1857 ff. |

## 2. Edith Stein
(ESGA-Bände in eckigen Klammern derzeit in Vorbereitung)

| | |
|---|---|
| *BEI* | *Bildung und Entfaltung der Individualität*, ESGA 16, Freiburg 2001 |
| *EPh* | *Einführung in die Philosophie* (ESW XIII), Freiburg 1991 [ESGA 8] |
| *IG* | *Individuum und Gemeinschaft*, Tübingen ²1970 [ESGA 6] |
| *KW* | *Kreuzeswissenschaft*, ESGA 18, Freiburg 2003 |
| *PA* | *Potenz und Akt* (ESW XVIII), Freiburg 1998 [ESGA 10] |
| *PE* | *Zum Problem der Einfühlung*, München 1980 [ESGA 5] |
| *PK* | *Psychische Kausalität*, Tübingen ²1970 [ESGA 6] |
| *QDV* | *Quaestiones disputatae de veritate – Des Hl. Thomas von Aquino Untersuchungen über die Wahrheit* (ESW III/IV), Freiburg 1952/1954 [ESGA 23/24] |
| *SBB I* | *Selbstbildnis in Briefen I (1916–1933)*, ESGA 2, Freiburg 2000 |
| *BRI* | *Selbstbildnis in Briefen III, Briefe an Roman Ingarden*, ESGA 4, Freiburg 2001 |
| *US* | *Eine Untersuchung über den Staat*, Tübingen ²1970 [ESGA 7] |

## 3. Thomas von Aquin

| | |
|---|---|
| *S. Th.* | *Summa Theologica* |
| *Ver.* | *Quaestiones disputatae de veritate* |

# Editorische Hinweise

Die ausführliche Gliederung des Inhalts, die Edith Stein nachträglich an den Beginn des Dokumentes plazierte, wurde von der Bearbeiterin in den Textfluß eingearbeitet. Dabei wurden die eingefügten Überschriften nicht mit spitzen Klammern versehen, um den Lesefluß nicht zu stören. Stein selbst gliederte den Text nur nach den Kapitel-Überschriften (I–IX). Die einzelne Kapitel-Seitenzählung beginnt im Manuskript jedes Mal wieder bei Seite 1 (Kap. I-1 ff., Kap. II-1 ff. usw.). Die ausführlichen Untergliederungen wurden von Stein im handschriftlichen Inhaltsverzeichnis mit Seitenzahlen ausgewiesen, so daß exakt an den Stellen, die im Manuskript von Stein durch deutliche Absätze gekennzeichnet wurden, die Untergliederungen eingefügt werden konnten. An manchen Stellen verwendet Stein in ihrer Gliederung Zeichen „+" oder „=", die zu „und" bzw. „ist gleich" für den Lesefluß übersetzt wurden.

Zeichensetzung und Rechtschreibung wurden stillschweigend bereinigt. Allerdings wurde in wichtigen Fällen Steins spezifische Schreibweise übernommen, z. B. „Species" statt Spezies (wie in ESW). Abweichungen wurden gekennzeichnet.

Mit spitzen Klammern ⟨ ⟩ versehene Einfügungen im Text wie in den Fußnoten kennzeichnen editorische Hinweise, Ergänzungen oder Verdeutlichungen. Eckige Klammern [ ] entstammen dem Originalmanuskript.

Die Manuskript-Auszeichnungen des Originalmanuskripts mittels Wellenlinien wurden als Kursivschrift wiedergegeben.

Edith Steins ersatzlose Manuskript-Durchstreichungen, korrigierende Formulierungen über oder hinter durchgestrichenen Passagen sowie nachträgliche Einfügungen wurden in den Drucktext übernommen, signifikante Ausnahmen wurden gekennzeichnet.

Lucy Gelber prüfte für die Erstausgabe in ESW XVI das rekonstruierte Manuskript auf Vollständigkeit und Gliederung, indem sie einen Vergleich mit den Vorlesungsmitschriften zweier Münsteraner Studentinnen Edith Steins, Frau Caroline Barlage und Frau Anna Hendken, vornahm. Es handelt sich demnach tatsächlich um den Wortlaut der in Münster gehaltenen Vorlesung.

Für die unerläßlichen Hilfen bei der Erstellung des Textes gilt der Dank Evi Hofmann, Christoph Richter, beide Dresden, und Sr. Maria Amata Neyer OCD, Köln.

# Der Aufbau der menschlichen Person
# Vorlesung zur philosophischen Anthropologie

(Münster 1932/33)

# I.
## Die Idee des Menschen als Grundlage der Erziehungswissenschaft und Erziehungsarbeit

*A. Theorie und Praxis –*
*Metaphysik, Erziehungswissenschaft, Erziehungsarbeit*

Hinter allem Tun des Menschen steht ein *Logos*, der es leitet. Wie schwer es ist, in einem deutschen Wort das wiederzugeben, was der Name „Logos" umschließt, das hat uns Fausts Bemühen um eine treffende Übersetzung anschaulich klar gemacht.[1] Es bezeichnet einmal eine *objektive Ordnung* des Seienden, in die auch das menschliche Tun eingefügt ist. Es bedeutet sodann eine im Menschen *lebendige Auffassung* dieser Ordnung, die es ihm möglich macht, in seiner Praxis dieser Ordnung gemäß (ist gleich „sinngemäß") zu verfahren. Der Schuster muß mit der Natur des Leders vertraut sein und mit den Mitteln, mit denen es zu behandeln ist, und muß wissen, was von brauchbaren Schuhen zu verlangen ist, um sachgemäß arbeiten zu können. Aber diese lebendige Auffassung, die der Arbeit zugrunde liegt, braucht nicht immer zu einem klaren geistigen Bild, d. h. zu einer „Idee" der Sache, und erst recht nicht zu einer begrifflichen Fassung vorgedrungen zu sein. Alles, was wir mit den Worten auf „-logie" oder „-ik" bezeichnen, sind Versuche, den Logos eines Sachgebiets in ein auf klare Erkenntnis gebautes begriffliches System, in eine *Theorie* einzufangen. – Alle *Erziehungsarbeit*, die sich bemüht, Menschen zu formen, ist geleitet von einer bestimmten Auffassung des Menschen, seiner Stellung in der Welt, seiner Aufgaben im Leben, sowie der Möglichkeiten praktischer Menschenbehandlung und Formung. Die Theorie der Menschenformung, die wir *Erziehungswissenschaft* nennen, gehört organisch in den Zusammenhang eines Gesamtbildes der Welt hinein, d. h. in eine *Metaphysik*, und die *Idee des Menschen* ist der Teil

---

[1] ⟨Stein bezieht sich hier auf Johann Wolfgang von Goethes *Faust*, der den Johannes-Prolog (Joh 1, 1) übersetzt:
„Geschrieben steht: ‚Im Anfang war das Wort!'
Hier stock ich schon! Wer hilft mir weiter fort?
Ich kann das Wort so hoch unmöglich schätzen,
ich muß es anders übersetzen." (Faust I, 1224 ff.)
Die Übersetzungen „Sinn" und „Kraft" befriedigen nicht, so daß Faust zur letzten Lösung kommt:
„Mir hilft der Geist! Auf einmal seh ich Rat
Und schreib getrost: Im Anfang war die Tat!" (Faust I, 1236 f.)⟩

des Gesamtbildes, an den sie am unmittelbarsten gebunden ist.[2] Es ist sehr wohl möglich, daß jemand Erziehungsarbeit leistet, ohne eine Metaphysik als durchgedachtes System und ohne eine entfaltete Idee des Menschen zu haben. Aber irgendeine Auffassung der Welt und des Menschen liegt seinem Tun zugrunde. Und es ist möglich, von seinem Tun her zu der Idee vorzudringen, die ihm objektiv entspricht. Ebenso ist es möglich, daß pädagogische Theorien in metaphysische Zusammenhänge hineingehören, über die sich die Vertreter dieser Theorien, evtl. selbst ihre Urheber nicht klar sind. Es kann auch vorkommen, daß jemand eine Metaphysik „hat" und zugleich eine pädagogische Theorie aufbaut, die einer ganz andern Metaphysik entspricht. Und es kann jemand in der Erziehungspraxis ganz anders verfahren, als es seiner pädagogischen Theorie und seiner Metaphysik entspricht. Dieser Mangel an Logik und Konsequenz hat auch eine gute Seite: Er ist ein gewisser Schutz gegen die radikale Auswirkung verfehlter Theorien. Ganz unwirksam aber werden Ideen oder Theorien, die man hat, niemals sein. Wer sie vertritt, wird sich bemühen, nach seinen Ideen zu handeln, oder auch unwillkürlich von ihnen beeinflußt sein, wenn auch tieferliegende und nicht klar bewußte gegensätzliche Auffassungen seine Praxis mitbestimmen.

Man könnte nun, um die Bedeutung der Idee des Menschen für Erziehungswissenschaft und Erziehungsarbeit umfassend zu zeigen, von den Haupttypen pädagogischer Theorien und pädagogischen Verfahrens in Vergangenheit und Gegenwart ausgehen und die metaphysischen Zusammenhänge aufdecken, in die sie hineingehören. Dazu würde aber viel mehr Zeit gehören als uns zur Verfügung steht. Es können hier nur einige anregende Hinweise gegeben werden, und das möchte ich auf dem umgekehrten Wege versuchen: von einigen Typen der Menschenauffassung ausgehen, die für unsere Zeit bedeutsam sind, und sie in ihre pädagogischen Konsequenzen verfolgen.

*I. Pädagogisch wirksame Menschenbilder der Gegenwart*

1. Das Menschenbild des deutschen Idealismus (Humanitätsideal)
und seine pädagogische Bedeutung

Als einen wesentlichen und charakteristischen Vorgang im deutschen Geistesleben der Gegenwart betrachte ich den *Zusammenbruch des deutschen Idealismus,* der in der Mitte des 19. Jahrhunderts durch materialistische

---

[2] (Vgl. hierzu Steins Vortrags- und Aufsatzsammlung *Bildung und Entfaltung der Individualität*, ESGA 16 (im folgenden: *BEI*), Freiburg 2001.)

und positivistische Strömungen zurückgedrängt war, aber in den letzten Jahrzehnten des vorigen Jahrhunderts eine Renaissance erlebte und noch einmal siegreich vordrang; etwa von der Jahrhundertwende an setzten die Strömungen ein, die ihn allmählich zurückdrängten, bis er im Krieg sein großes Fiasko erlebte. In der Pädagogik wirkt er bis heute noch mächtig nach. Es kann hier nicht die Aufgabe sein, ihn in seinem allgemeinen philosophischen Charakter zu zeichnen. Nur einige Züge aus seinem Menschenbild sollen hervorgehoben werden, dem Menschenbild, das uns allen aus unsern klassischen Dichtern vertraut ist.

Der Mensch, wie ihn Lessing[3], Herder[4], Schiller[5] und Goethe[6] (ungeachtet aller Verschiedenheiten, die sich bei ihnen aufweisen lassen) übereinstimmend sehen, ist *frei*, er ist berufen zur *Vollkommenheit* (die sie „Humanität" nennen), er ist *Glied in der Kette des gesamten Menschengeschlechtes*, das sich fortschreitend dem Vollkommenheitsideal annähert; jeder *Einzelne* und jedes *Volk* hat kraft seiner *Eigenart* eine besondere Aufgabe im Gang der Menschheitsentwicklung zu erfüllen. (Diese eigentlich schon über den Klassizismus hinausgehende Idee ist Herders spezieller Beitrag zum Humanitätsideal.[7]) Diese Auffassung des Menschen enthält starke Impulse zu einem freudigen pädagogischen *Optimismus* und *Aktivismus*, wie er sich in den lebhaften pädagogischen Reformbewegungen um die Wende des 18. ebenso wie seit der Wende des 19. Jahrhunderts tatsächlich zeigt. Das Humanitätsideal bedeutet für den Erzieher ein hohes Ziel, zu dem er den Zögling heranbilden muß. Die Freiheit macht es möglich und nötig, den Zögling zur Arbeit auf das Ziel hin aufzurufen. Seine Selbsttätigkeit und seine individuellen Kräfte müssen geweckt und entfaltet werden, damit er seinen Platz in seinem Volk und in der Menschheit ausfüllen, seinen Beitrag zur großen Schöpfung des Menschengeistes, zur Kultur, leisten könne. Daß die Erziehungsarbeit einen Kampf mit der „niederen Natur" bedeutet, weiß man wohl. Aber das Vertrauen auf die Güte der menschlichen Natur und die Kraft der Vernunft (das Erbe Rousseaus[8] und des Rationalismus) ist so stark, daß an ihrem Sieg nicht gezweifelt wird. Es entspricht dem Intellektualismus dieser Philosophie, nur das in Betracht zu ziehen, was für den Intellekt faßbar ist. Auch von den irrationalen Restbeständen, die man gelten lassen muß

---

[3] ⟨Gotthold Ephraim Lessing (1729–1781), Dichter und Schriftsteller der Aufklärung.⟩
[4] ⟨Johann Gottfried Herder (1744–1803), Theologe, Philosoph und Pädagoge der deutschen Klassik.⟩
[5] ⟨Friedrich Schiller (1759–1805), Dichter und Schriftsteller der deutschen Klassik.⟩
[6] ⟨Johann Wolfgang von Goethe (1749–1832), Dichter und Schriftsteller der deutschen Klassik.⟩
[7] ⟨Stein bezieht sich hier wohl auf Johann Gottfried Herders Werk *Ideen zur Philosophie der Geschichte der Menschheit*, Riga / Leipzig 1784–1791, *Werke*, Vierter Teil. Vgl. dazu auch Steins „Rezension: Zum Kampf um den katholischen Lehrer", in: *BEI* (ESGA 16), S. 115.⟩
[8] ⟨Jean-Jacques Rousseau (1712–1778), Schweizer Sozialphilosoph der Aufklärung.⟩

(Empfindungen, Trieben usw.), kommt nur das in Frage, was ins Licht des Bewußtseins fällt. (Nur so ist das Entstehen jener Oberflächenpsychologie zu erklären, die eine bloße Kette von Bewußtseinsdaten zu ihrem Objekt hat.)

## 2. Das tiefenpsychologische Bild und seine pädagogische Auswirkung

Die *Romantik* entdeckte die Gewalten der Tiefe, die Abgründe des Menschendaseins. Aber gegenüber der stärkeren Zeitströmung vermochte sie nicht durchzudringen. Heute, wo man von andern Seiten her wieder auf ihre Ideen gestoßen ist, hat man sich auch auf diese Vorläufer wieder besonnen.

Wenn der klare Spiegel des Bewußtseins oder auch des wohlgeordneten äußeren Lebens (sei es des privaten oder des öffentlichen) von merkwürdigen Wallungen getrübt wird, die sich aus den vorausgehenden Wellen des Oberflächenlebens nicht begreifen lassen, dann merkt man, daß man es eben mit einer bloßen *Oberfläche* zu tun hat, daß eine *Tiefe* darunter verborgen ist und daß in dieser Tiefe dunkle Gewalten am Werk sind. Vielen von uns sind sie zuerst eindringlich entgegengetreten in den großen *russischen* Romanen. Tolstoi[9] und Dostojewski[10] waren die Seelenkenner und Seelenkünder, die vor uns die Abgründe des Menschendaseins enthüllten. Andere sind durch die Tatsachen des Lebens darauf gestoßen worden: die rätselhaften Durchbrechungen des „normalen" Seelenlebens, vor die der Psychiater und vielleicht nicht weniger häufig der Seelsorger gestellt wird, haben den Blick auf die verborgenen Tiefen gelenkt. Die *Psychoanalyse* war ein erster großer Durchbruch von dieser Seite her. Die russische Literatur und die Psychoanalyse haben immer breitere Kreise von Intellektuellen, aber doch fast ausschließlich diese, erfaßt. Für alle Welt sichtbar aufgebrochen sind die Gewalten der Tiefe im Krieg und in den Nachkriegswirren. Vernunft, Humanität, Kultur enthüllten immer wieder aufs neue eine erschütternde Ohnmacht. So hat sich mehr und mehr ein anderes Menschenbild an die Stelle des humanistischen geschoben oder besser: andere Menschenbilder, denn es kann von einer Einheitlichkeit nicht die Rede sein. Einheitlich ist nur bei allen, deren Blick auf die Tiefen der Seele gelenkt wurde, daß sie diese Tiefen, die dem naiven Menschen verborgen bleiben, als das Wesentliche und Wirksame ansehen, das Oberflächenleben aber – die klar bewußten Gedanken, Gefühle, Willensregungen etc. – als Auswirkungen dessen, was in der Tiefe geschieht, darum zugleich als Zeichen, die für den Seelenanalytiker und -denker die Tiefen erschließen. In der Auffassung der Tiefen aber scheiden sich die Geister. Für den Begründer der Psychoanalyse[11] und auch für große Gruppen,

---

[9] ⟨Leo Tolstoi (1828–1910), russischer Schriftsteller.⟩
[10] ⟨Fjodor Michailowitsch Dostojewski (1821–1881), russischer Schriftsteller.⟩
[11] ⟨Sigmund Freud (1856–1939).⟩

die – ursprünglich von ihm angeregt – doch in wichtigen Punkten heute gegensätzlich zu ihm stehen,[12] sind die Gewalten der Tiefe, die als unüberwindliche Mächte das Leben bestimmen, die menschlichen Triebe. Es scheiden sich nun verschiedene Richtungen je nachdem, *welche* Triebe sie als die beherrschenden ansehen. Ferner danach, ob sie noch eine Einheit der Seele anerkennen, der sich die Triebe einordnen (wie es die Individualpsychologie schon in ihrem Namen zum Ausdruck bringt) oder ob ihnen das Seelenleben, das Oberflächenerleben wie das in der Tiefe, zu einem Chaos wird, das sich nicht mehr auf den Grundnenner der personalen Einheit bringen läßt. Im Vergleich zur idealistischen Auffassung wird an diesem neuen Menschenbild deutlich die Entthronung des Intellekts und des frei herrschenden Willens, das Entfallen der Einstellung auf ein objektives, der Erkenntnis zugängliches und für den Willen erreichbares Ziel. Es zerfällt auch die geistige Einheit der Menschheit und der objektive Sinn ihres Kulturschaffens. Ist bei solcher Auffassung des Menschen überhaupt noch ein pädagogisches Bemühen sinnvoll? Als Ziel bleibt im Grunde nur der Mensch, bei dem die Triebe „normal" funktionieren, als Aufgabe die Heilung oder Verhütung seelischer Störungen, als Mittel die Analyse des Oberflächenlebens, die Aufdeckung der wirksamen Triebe, die Anbahnung ihrer Befriedigung oder gesunden Abreaktion.

Wir können Folgen dieser Auffassung in weitesten Kreisen von Eltern und Lehrern und auch bei der Jugend selbst beobachten, auch bei solchen, die nicht bewußt auf dem Boden einer psychoanalytischen oder ihr verwandten Anthropologie und Pädagogik stehen. Ich sehe eine erste Auswirkung in einer gegen früher enorm gesteigerten *Bewertung der Triebe.* Ihnen praktisch Rechnung zu tragen ist den jungen Menschen selbst und vielfach auch ihren Erziehern eine Selbstverständlichkeit geworden. Und „ihnen Rechnung tragen" bedeutet weitgehend: sie befriedigen und ihre Bekämpfung als eine sinnlose, ja schädliche Auflehnung gegen die Natur zurückweisen. Als eine zweite Auswirkung der Analyse sehe ich es an, daß bei Eltern und Erziehern die Aufgabe zu führen und zu bilden zurücktritt hinter dem *Bemühen zu verstehen.* Wenn aber als Mittel zum Verstehen die Psychoanalyse angewendet wird – und das geschieht heute weitgehend, und zwar nicht nur von seiten der Erzieher, sondern auch von der Jugend ihren Erziehern gegenüber –, dann besteht die große Gefahr, daß das lebendige Band von Seele zu Seele durchschnitten wird, das Voraussetzung für alle pädagogische Einwirkung und auch schon für alles echte Verstehen ist. (Darum ist die laienhaft geübte Psychoanalyse nicht nur eine pädagogische Gefahr, sondern eine

---

[12] (Alfred Adler (1870–1937), Begründer der Individualpsychologie; Carl Gustav Jung (1875–1961), Begründer der Analytischen bzw. Komplexen Psychologie.)

Edith Stein

Gefahr für das gesamte soziale Leben, eine ganz besonders auch in der Seel-
sorge).

### 3. Das menschliche Dasein
### nach der Auffassung von Heideggers Existentialphilosophie

Neben die psychoanalytische Auffassung des Menschen möchte ich eine andere stellen, die heute in den höchsten intellektuellen Kreisen wirksam ist.
Sie rechnet auch mit dem Gegensatz von Oberfläche und Tiefe, aber ihre
Auffassung der Tiefe und ihr Weg zur Tiefe sind wesentlich anders. Ich denke an die Metaphysik unserer Tage, und zwar an ihre eindrucksvollste Form,
wie sie uns in den Schriften Martin *Heideggers* entgegentritt.[13] Die große
Frage der Metaphysik ist die Frage nach dem *Sein*. Sie stellt sich uns von
unserm eigenen Menschendasein her und ist – nach Heideggers Überzeugung – auch nur von hier aus lösbar. Der Mensch in seinem alltäglichen
Dasein ist ganz erfüllt von allerhand praktischen Sorgen und Bestrebungen.
Er lebt in der Welt und sucht sich seinen Platz in der Welt zu sichern, bewegt
sich in den traditionellen Formen des sozialen Lebens, steht in Beziehungen
zu andern, spricht, denkt, fühlt, wie „man" spricht, denkt, fühlt usw. Aber
diese ganze, festgefügte Welt, in der er sich vorfindet und in der er „mit-
macht", sein ganzes geschäftiges Tun ist nur ein großer Apparat, der ihm
die wesentlichen Fragen übertäuben ⟨sic⟩ soll, die mit seinem Dasein unlöslich verknüpft sind, die Fragen: „Was bin ich?" und „Was ist das Sein?" Und
doch gelingt es ihm nicht, sich dauernd diesen Fragen zu entziehen. Es lebt
unter allen Sorgen um dies und das die Sorge um sein eigenes Sein und
etwas, was ihn unablässig daran mahnt und doch immer wieder treibt, sich
davor in die Welt zu flüchten: Das ist die *Angst*, die unaufhebbar mit seinem
Dasein selbst verknüpft ist. In ihr kündigt sich ihm an, was sein Dasein ist,
und wenn er sich der Frage stellt, dann wird ihm auch die Antwort, denn das
Sein ist offenbar für den, der sich entschließt, es sehen zu wollen. Die Tatsache, vor der der Mensch ausbiegen ⟨sic⟩ will, ist, daß er ins Dasein „gewor-
fen" ist, um *sein* Leben zu leben. Zu seiner Existenz gehören Möglichkeiten,
die er frei ergreifen, zwischen denen er sich entscheiden soll. Das Äußerste

---

[13] ⟨Stein bezieht sich hier vor allem auf Heideggers Werke, die sie später in ihrem Aufsatz
„Martin Heideggers Existenzphilosophie" (1936) als Anhang für *Endliches und ewiges
Sein* [ESGA 11/12] eingehend besprach, in: *Welt und Person*, ESGA 11/12, Freiburg
2006, S. 445–499: *Sein und Zeit, JPPF* VII u. VIII, Halle 1927 / 1928; *Vom Wesen des
Grundes*, in: *Festschrift. Edmund Husserl zum 70. Geburtstag gewidmet*, Ergänzungsband
zum Bd. X des *JPPF.* Hg. v. Edmund Husserl, Halle 1929 (Tübingen ²1974) S. 71 ff.; *Kant
und das Problem der Metaphysik*, Bonn 1929; *Was ist Metaphysik?* Antrittsvorlesung vom
24. 7. 1929 in Freiburg, Bonn 1930.⟩

aber, dem er entgegengeht und das unaufhebbar zum Menschendasein gehört, ist der Tod: Sein Leben ist mit dem Tode gezeichnet; aus dem Nichts kommt er und unaufhaltsam geht er dem Nichts entgegen. Wer in der Wahrheit leben will, muß es ertragen, dem Nichts ins Auge zu sehen, ohne sich davor in Selbstvergessenheit und trügerische Formen der Sicherung zu flüchten. Das Tiefenleben Heideggers ist ein *geistiges* Leben. Der Mensch ist *frei*, sofern er sich zum wahren Sein entschließen kann und soll. Aber es ist ihm kein anderes Ziel gesteckt, als er selbst zu sein und in der Nichtigkeit seines Seins auszuharren. – Heidegger hat keine pädagogische Theorie aufgebaut, und es kann nicht unsere Aufgabe sein nachzuprüfen, wie weit seine Metaphysik sich in seiner pädagogischen Praxis auswirkt oder wie weit darin eine heilsame Inkonsequenz waltet. Wir müssen nur erwägen, welche pädagogischen Konsequenzen in der Richtung dieser Idee des Menschen liegen. Wenn der Mensch zum wahren Sein aufgerufen ist (man wird sich allerdings fragen müssen, welchen Sinn ein solcher Aufruf einem Dasein gegenüber haben kann, das aus dem Nichts ins Nichts geht) – dann wird es Aufgabe des Erziehers sein, sich der Jugend gegenüber zum Sachwalter dieses Aufrufs zu machen, ihr die trügerischen Formen und Idole zu zerstören. Aber wer wird sich zu diesem traurigen Geschäft entschließen, und wer könnte es verantworten? Denn wer wäre gewiß, daß ein anderer diesem Dasein Auge in Auge mit dem Nichts gewachsen wäre, daß er es nicht vorziehen würde, in die Welt zurück oder gar statt dessen lieber aus dem Dasein ins Nichts zu flüchten?

## II. Das Menschenbild der christlichen Metaphysik[14]

Dem pädagogischen Nihilismus zu entgehen, der in der Konsequenz des metaphysischen Nihilismus liegt, ist nur möglich, wenn der metaphysische Nihilismus überwunden wird durch eine positive Metaphysik, die dem Nichts und den Abgründen des menschlichen Daseins selbst gerecht wird.

---

[14] (Auf einer kleinen Notiz im ESAK befindet sich eine Skizze des folgenden Abschnitts: „Idee des Menschen
A. Abhängigkeit der Erziehungsarbeit und Erziehungswissenschaft vom Weltbild Christliche Metaphysik:
1. Die geschaffene Natur
   Das Gottesbild
   Scheidung der Geschlechter
   Individualität
2. Die gefallene Natur
3. Die erlöste Natur
4. Die Berufung zur Glorie
Die pädagogischen Konsequenzen" (vgl. Lucy Gelbers Einleitung in ESW XVI, S. 21 f.).)

Edith Stein

So möchte ich an letzter Stelle die Idee des Menschen skizzieren, die einer *christlichen Metaphysik* entspricht, und ihre pädagogischen Konsequenzen entwickeln. Auch hier wird es nicht möglich sein, geschichtlich vorzugehen und die Unterschiede zu berücksichtigen, die sich bei den großen christlichen Denkern finden; es kann nur versucht werden, einige gemeinsame Linien hervorzuheben. Es wird nicht möglich sein, dogmatische Unterschiede der Konfessionen gänzlich auszuschalten, weil sonst die Idee des Menschen nicht dargestellt werden könnte. D. h. es ist nicht meine Absicht, dogmatische Unterscheidungslehren zu behandeln. Aber da ich unter christlicher Metaphysik eine solche verstehe, die von den Glaubenswahrheiten Gebrauch macht, muß ich mich für eine bestimmte dogmatische Grundlage entscheiden.

## 1. Sein Verhältnis zu den dargestellten Ideen

### a) zum Humanitätsideal

Die christliche Anthropologie teilt mit der des idealistischen Humanismus die Überzeugung von der Güte der menschlichen Natur, von der Freiheit des Menschen, von seiner Berufung zur Vollkommenheit, von seiner verantwortlichen Stellung in dem einheitlichen Ganzen des Menschengeschlechts. Aber sie hat dafür eine andere Grundlage. Gut ist der Mensch, sofern er von Gott geschaffen ist, nach seinem Bilde geschaffen ist, und das in einem ihn vor allen andern irdischen Geschöpfen auszeichnenden Sinn. Seinem Geist ist das Bild der Trinität eingeprägt. Augustin hat mit äußerster Schärfe verschiedene Möglichkeiten herausgearbeitet, das Gottesbild im Menschengeist zu fassen.[15] Es ist nicht möglich, das hier bis ins Einzelne zu verfolgen. Ich möchte nur soviel andeuten, wie für unsern Zusammenhang wichtig ist. Der Menschengeist liebt sich selbst. Er muß sich erkennen, um sich lieben zu können. Erkenntnis und Liebe sind im Geist, sind also eins mit ihm, sind sein Leben. Und doch sind sie von ihm und voneinander unterscheidbar. Die Erkenntnis wird aus dem Geist geboren, und aus dem erkennenden Geist geht die Liebe hervor. So kann man Geist, Erkenntnis und Liebe als Abbild des Vaters, des Sohnes und des Hl. Geistes ansehen. Und das ist kein bloßes Gleichnis, sondern hat eine sehr reale Bedeutung. Der Mensch *ist* nur durch Gott, und ist, *was* er ist, durch Gott. Weil er Geist ist und weil er als

---

[15] ⟨Aurelius Augustinus,⟩ *De Trinitate*, IX/X ⟨, *Über die Dreieinigkeit:* „Noch nicht sprechen wir von den höheren Dingen, noch nicht von Gott Vater, Sohn und Heiligem Geist, sondern von diesem ungleichen Bild, aber immerhin vom Bild, das ist dem Menschen." *De Trinitate* IX, 2.2, 55, neu übersetzt und eingeleitet von Johann Kreuzer, Hamburg 2001.⟩

Geist mit dem Licht der Vernunft, d.h. mit dem Abbild des göttlichen Logos, ausgerüstet ist, kann er erkennen.[16] Weil der Geist Wille ist, wird er durch die Güte – die reine Güte und ihre irdischen Abbilder – angezogen, liebt er und kann sich mit dem göttlichen Willen vereinigen und dadurch erst die wahre Freiheit finden. Den eigenen Willen dem göttlichen Willen gleichförmig machen – das ist der Weg, der zur Vollendung des Menschen in der Glorie führt. Und da wird wiederum ein radikaler Unterschied sichtbar, der die christliche Auffassung des Menschen von der humanistischen trennt. Das Vollkommenheitsideal ist für diese ein irdisches Ziel, das Ziel, dem die natürliche Menschheitsentwicklung zustrebt. Nach christlicher Auffassung ist es ein jenseitiges Ziel, zu dem der Mensch wohl mitwirken kann und muß, das er aber nicht allein durch seine natürlichen Kräfte erreichen kann.

b) zur Tiefenpsychologie

Damit kommen wir zu dem, was die christliche Anthropologie mit jenen modernen Auffassungen gemein hat, die den Oberflächencharakter des Bewußtseins erkannt haben. Auch sie kennt die Tiefen der Seele und die Nachtseiten des menschlichen Daseins. Sie sind für sie keine neuen Entdeckungen, sondern Tatsachen, mit denen sie immer gerechnet hat, weil sie sie aus ihrer Wurzel begreift. Der Mensch *war* ursprünglich gut, kraft seiner Vernunft Herr seiner Triebe, frei dem Guten zugewendet. Aber durch die Abwendung des ersten Menschen von Gott ist die menschliche Natur aus dem Urstand gefallen: die Triebe in Empörung gegen den Geist, der Verstand verdunkelt, der Wille geschwächt. Vom ersten Menschen hat sich die verderbte Natur auf das ganze Menschengeschlecht, das von ihm ausging, vererbt. Sich selbst überlassen, ist der Mensch zwar den dunklen Gewalten nicht völlig ausgeliefert: Das Licht der Vernunft ist in ihm nicht gänzlich erloschen und die Freiheit ist ihm geblieben; so hat jeder die Möglichkeit, den Kampf mit seiner niederen Natur aufzunehmen, aber er ist immer in Gefahr, überwältigt zu werden, und der Sieg auf der ganzen Linie wird ihm aus eigener Kraft niemals gelingen: einmal, weil er es weitgehend mit unsichtbaren Feinden zu tun hat (wenn er gelernt hat, der Oberfläche zu mißtrauen, ist er noch lange nicht versichert, daß es ihm gelingen wird, die Tiefe

---

[16] Thomas von Aquin ⟨sic⟩, der in der Lehre von der imago Trinitatis ⟨lat.: vom Bild der Dreieinigkeit⟩ stark von Augustin angeregt ist, hat doch in wesentlichen Punkten sich von ihm entfernt: so in der Deutung der göttlichen Wahrheit im Menschengeist (*de Ver⟨itate⟩*, q⟨uaestio⟩ 10 ⟨Stein, Edith, *Des Hl. Thomas von Aquino Untersuchungen über die Wahrheit (Quaestiones disputatae de veritate)*, Bd. I, ESGA 23, Freiburg 2008 (Orig. Breslau 1931), S. 259–306)⟩) und in der Freiheitslehre (*de Ver⟨itate⟩*, q⟨uestio⟩ 24 ⟨*Des Hl. Thomas von Aquino Untersuchungen über die Wahrheit (Quaestiones disputatae de veritate)*, Bd. II, ESGA 24, Freiburg 2008 (Orig. Breslau 1932), S. 643–701)⟩).

wirklich zu entschleiern); sodann weil er den Verräter im eigenen Lager hat: den Willen, der so leicht zur Kapitulation zu bringen ist. So haben wir auf der einen Seite Menschen, die sich im Kampf aufreiben; auf der andern solche, die den Kampf aufgeben oder niemals aufgenommen haben: die dem Chaos preisgegeben sind, evtl. bis zu dem Grade, daß keine Einheit der Persönlichkeit mehr sichtbar ist (*vorhanden* ist die Einheit trotz dieses Aspektes, da die Seele *eine* ist, jede einzelne von Gott geschaffen, zur Unsterblichkeit berufen und dafür verantwortlich, wenn sie sich selbst verliert, weil sie jederzeit in die Tiefe gehen kann, in der sie sich selbst findet). Wohl gibt es natürlich-gute und edle Menschen, solche, bei denen die Richtung auf das Gute, die der menschlichen Natur eingeprägt und auch durch den Fall nicht ganz verloren ist, besonders stark hervortritt und die auf rein natürlichem Boden einen hohen Grad von Harmonie erreichen. Aber der Riß geht auch durch ihre Natur. Wir wissen nicht, wieviel sie im Verborgenen davon zu spüren bekommen und wann er einmal so aufbricht, daß die Abgründe sichtbar werden.

Der Mensch hat keine Macht über die Gewalten der Tiefe und kann von sich aus den Weg zur Höhe nicht finden. Aber es ist ein Weg für ihn bereitet. Um seine Natur zu heilen und ihm die Erhebung über die Natur, die ihm von Ewigkeit her zugedacht war, zurückzugeben, ist Gott selbst Mensch geworden. Der Sohn des ewigen Vaters wurde das neue Haupt des Menschengeschlechts; jeder, der mit ihm verbunden ist in der Einheit des mystischen Leibes, hat Teil an seiner Gotteskindschaft, trägt einen Quell göttlichen Lebens in sich, der fortströmt ins ewige Leben und zugleich ein Heilquell für die Gebrechen der gefallenen Natur ist: Das natürliche Licht seines Verstandes ist gestärkt durch das Gnadenlicht und ist besser geschützt gegen Irrtümer, wenn auch nicht dagegen versichert, vor allem ist sein geistiges Auge geöffnet für alles, was in dieser Welt uns von einer andern Welt Kunde gibt; der Wille ist dem ewigen Gut zugewendet und nicht leicht davon abzulenken, er besitzt mehr Kraft zum Kampf gegen die niederen Gewalten. Immerhin bleibt er während dieses Lebens dem Kampf ausgesetzt. Er selbst muß dafür Sorge tragen, daß das Gnadenleben in ihm erhalten und beständig genährt wird; erst als Lohn für die Bewährung im Kampf steht ihm der status termini[17] in Aussicht, das Glorienleben, in dem er die ewige Wahrheit schauen und ihr unabwendbar in Liebe anhängen wird. Diesem Ziel unbeirrt zuzusteuern, das muß die Richtschnur für sein ganzes Leben sein, alle Angelegenheiten dieses irdischen Lebens müssen auf ihre Bedeutung für das ewige Ziel hin geprüft, danach bewertet und behandelt werden.

---

[17] ⟨Lat.: Endzustand.⟩

## c) zur Existenzphilosophie

So wird für den Christen eine kritische Haltung gegenüber der Welt, in der er sich als geistig erwachender Mensch vorfindet, und gegenüber dem eigenen Ich erforderlich. Der Appell zur Besinnung auf das wahre Sein, wie er uns in Heideggers Metaphysik mit radikaler Schärfe entgegentritt, ist ein ur-christlicher Appell, ein Widerhall jenes Μετανοεῖτε[18], mit dem der Täufer dazu aufrief, die Wege des Herrn zu bereiten.[19] Unter allen christlichen Denkern hat keiner mit leidenschaftlicherer Energie diesem Ruf entsprochen als St. Augustin. „Noli foras ire, in te redi, in interiore homine habitat veritas."[20] Tiefer ist wohl niemand ins eigene Innere vorgedrungen als Augustin in seinen „Bekenntnissen".[21] Schärfer und radikaler hat aber auch niemand an der menschlichen Lebenswelt Kritik geübt als Augustin in seinem „Gottesstaat".[22] Aber das Ergebnis ist ein völlig anderes: „Im Innern des Menschen wohnt die Wahrheit": Diese Wahrheit ist nicht die nackte Tatsache des eigenen Daseins in seiner Endlichkeit. So unumstößlich gewiß für Augustin die Tatsache des eigenen Seins ist: Noch gewisser ist die Tatsache des ewigen Seins, das hinter diesem gebrechlichen eigenen Sein steht. *Das* ist die Wahrheit, auf die man stößt, wenn man im eigenen Innern bis auf den Grund geht. Erkennt die Seele sich selbst, so erkennt sie Gott in sich.[23] Und zu erkennen, *was* sie selbst ist und was *in ihr* ist, das ist ihr nur durch das göttliche Licht möglich. „Der Du mich kennst, ich möchte mich erkennen, so wie auch ich erkannt bin."[24] „Was wäre Dir, Herr, vor dessen Augen der Abgrund des menschlichen Gewissens bloß liegt, in mir verborgen, auch wenn ich es Dir nicht bekennen wollte? Ich würde Dich mir verbergen und nicht mich Dir … Darum vollzieht sich mein Bekenntnis, mein Gott, schweigend von Deinem Angesicht … Ich sage den Menschen nichts Richtiges, was Du nicht zuerst von mir gehört hast; und Du hörst nichts dergleichen von mir, was nicht Du mir zuerst gesagt hättest."[25] Daraus spricht eine

---

[18] ⟨Griech.: „Kehrt um!" Vgl. Mt 4, 17.⟩
[19] ⟨Vgl. Mt 3, 2 f.⟩
[20] ⟨„Geh nicht nach draußen, kehr wieder ein bei dir selbst! Im inneren Menschen wohnt die Wahrheit." *De vera religione / Über die wahre Religion*, 39. 72, 121⟩
[21] ⟨Aurelius Augustinus, *Confessiones / Bekenntnisse*.⟩
[22] ⟨Aurelius Augustinus, *De civitate Dei / Vom Gottesstaat*.⟩
[23] *De Trinitate*, ⟨*Über die Dreieinigkeit*⟩, X, 5.⟨7.⟩ ⟨„Er sieht nämlich in seinem Innern manches Schöne in der über alles erhabenen Natur, die Gott ist. Während er aber dabei stehen bleiben sollte, um dies zu genießen, wendet er sich, da er das Schöne sich selbst zuschreiben und nicht von Gott her Gott ähnlich sein, sondern aus sich selbst heraus sein will, was jener ist, von ihm ab, wird fortgetrieben und gleitet in das Weniger und Weniger, das er für ein Mehr und Mehr hält, immer tiefer ab, da ja weder er noch irgend etwas ihm genügen kann, wenn er sich von dem entfernt, der allein genügt."⟩
[24] *Confessiones* ⟨*Bekenntnisse*⟩, X, 1. ⟨„Erkennen werde ich Dich, Du mein Erkenner, Dich erkennen, wie ich selber erkannt bin."⟩
[25] *Confessiones* ⟨*Bekenntnisse*⟩, X, 2.

tiefe Skepsis gegenüber einer rein natürlichen Selbsterkenntnis. Da aber nach Augustin die Selbsterkenntnis die ursprünglichste ist und gewisser als alle Erkenntnis äußerer Dinge, so muß es von hier aus als ein ganz vermessenes Unterfangen erscheinen, mit bloß natürlichen Mitteln die verborgenen Tiefen fremder Seelen aufdecken zu wollen.

### d) Zusammenfassung

Zusammenfassend können wir sagen: Von der christlichen Anthropologie her gesehen enthüllt sich *das humanistische Idealbild* als Bild des integren Menschen, des Menschen vor dem Fall, aber sein Ursprung und sein Ziel sind außer Acht gelassen, die Tatsache der Erbsünde bleibt ausgeschaltet. Das *Menschenbild der Tiefenpsychologie* ist das Bild des gefallenen Menschen, ebenfalls statisch und ungeschichtlich gesehen: Seine Vergangenheit und seine Zukunftsmöglichkeiten, die Tatsache der Erlösung bleiben unberücksichtigt. Die *Existenzphilosophie* zeigt uns den Menschen in der Endlichkeit und Nichtigkeit seines Daseins. Sie fixiert das, was er nicht ist, und wird dadurch abgelenkt von dem, was er immerhin positiv ist, und von dem Absoluten, das hinter diesem bedingten Sein auftaucht.

### 2. Pädagogische Konsequenzen

### a) Die Offenbarung als Quelle für die Pädagogik
    (für die menschliche Natur, das Erziehungsziel, Bedingungen und
    Grenzen des pädagogischen Aktes)

Ich versuche nun, einige Konsequenzen für eine christliche Pädagogik zu ziehen. Sie wird, ohne die Mittel natürlicher Menschenkenntnis und Wissenschaft zu verschmähen, eifrig bemüht sein, sich des Menschenbildes zu versichern, wie es uns die offenbarte Wahrheit zeichnet. Sie wird die Quellen der Offenbarung dafür heranziehen, wird sich aber auch Rat holen bei den christlichen Denkern, d. h. bei denen, die in der Offenbarung eine Quelle der Wahrheit sahen und eine Sicherung gegen die Irrtümer, denen die natürliche Vernunft ausgesetzt ist. Sie wird sich ferner aus der Offenbarung Aufschluß holen über das Ziel des Menschen, weil alle pädagogische Zielsetzung am letzten Ziel orientiert sein muß. Und auch über den Sinn alles pädagogischen Tuns und seine Grenzen wird sie hier Klarheit bekommen. – Was das Menschenbild angeht, so sollen zu den Andeutungen, die in der Gegenüberstellung zu den früher gezeichneten gegeben wurden, noch einige hinzugefügt werden. Um die Idee des vollkommenen Menschentums zu gewinnen, stehen verschiedene Wege zur Verfügung. Die Spuren der Trinität im Menschengeist sind nur *ein* Ausgangspunkt. Es ist uns diese Idee in doppelter Gestalt konkret vor Augen gestellt: im ersten Menschen vor dem Fall und in der Menschheit Christi. So sind die Lehren vom Urstand und von der menschlichen Natur des Erlösers besonders wichtig für das Idealbild der menschlichen Natur. Es ist ferner zu beachten, daß die Offenbarung nicht nur ein allgemeines Bild des Menschen zeichnet, sondern die Differenzen der Geschlechter berücksichtigt und auch der Individualität Rechnung trägt. Entsprechend kennt sie außer dem allgemeinen, für alle Menschen gemeinsamen Ziel eine Differenzierung der Ziele, der geschlechtlichen und individuellen Eigenart entsprechend. – Für das Verständnis des pädagogischen Tuns ist grundlegend die Lehre von der Einheit des Menschengeschlechts, der Vererbung der menschlichen Natur von den Stammeltern auf alle folgenden Geschlechter, die Einordnung der Eltern als Werkzeuge der göttlichen Schöpfertätigkeit in der Erzeugung und der göttlichen Führung in der Erziehung: Das ergibt eine (von den Eltern auf die jeweils ältere Generation auszudehnende) Erzieherpflicht auf der einen, eine Erziehungsbedürftigkeit auf der andern Seite. Die Geistnatur des Menschen – Vernunft und Freiheit – verlangen Geistigkeit des pädagogischen Aktes: ein dem stufenweisen Erwachen der geistigen Aktivität Rechnung tragendes Miteinanderwirken von Erzieher und Zögling, bei dem die *führende Tätigkeit* des Erziehers mehr und mehr der *Eigentätigkeit* des Zöglings Raum gibt, um ihn schließlich ganz zur Selbsttätigkeit und Selbsterziehung übergehen zu lassen. *Grenzen* seiner Tätigkeit, deren sich jeder Erzieher bewußt sein muß, sind einmal die *Natur* des Zöglings, aus der nicht alles und jedes „gemacht" werden kann, seine *Freiheit*, die sich der Erziehung widersetzen und ihr Bemühen vereiteln kann, schließlich die *eigene Unzulänglichkeit:* die Beschränktheit der Erkenntnis, die sich z. B. über die Natur des Zöglings, auch bei bestem Willen, nicht restlos Aufschluß verschaffen kann. (Dabei ist besonders daran zu denken, daß die *Individualität* etwas Geheimnisvolles ist, und ferner, daß mit jeder *Generation* etwas Neues aufbricht, was der älteren nicht restlos faßbar ist.) Das alles mahnt daran, daß der eigentliche Erzieher Gott ist,[26] der allein jeden einzelnen Menschen bis ins Innerste kennt, der allein das Ziel jedes einzelnen zweifellos vor Augen hat und weiß, welche Mittel dazu dienen, ihn ans Ziel zu führen. Menschliche Erzieher sind nur Werkzeuge in der Hand Gottes.

---

[26] ⟨Vgl. „Wahrheit und Klarheit im Unterricht und in der Erziehung", in: *BEI* (ESGA 16), S. 7, „Zur Idee der Bildung", in: ebd., S. 47 ff.⟩

b) Die Grundhaltung des katholischen Erziehers
(ehrfürchtige Scheu vor der gegebenen Natur u⟨nd⟩ ihrem Bildungsgesetz; ungebrochen-vertrauensvolle gegenseitige Zuwendung als
Bedingung des Verstehens; Verantwortung vor Gott und Gottvertrauen;
Hinführung des Kindes zu dieser Einstellung)

Es ist klar, welche Grundhaltung sich daraus für den katholischen Erzieher
ergibt. Zunächst eine tiefe Ehrfurcht und heilige Scheu vor den jungen Menschen, die ihm anvertraut sind. Sie sind von Gott geschaffen und tragen eine
göttliche Bestimmung in sich. Jedes willkürliche Eingreifen wäre ein Hinein-
pfuschen in Gottes Plan. In der menschlichen Natur und in der individuellen Natur jedes einzelnen liegt ein Bildungsgesetz, dem der Erzieher sich
anpassen muß. Zur Kenntnis der menschlichen Natur, auch zur Kenntnis
des jugendlichen Menschen als solchen, liefert ihm die Wissenschaft (Psychologie, Anthropologie, Soziologie) wichtige Hilfsmittel. Aber der individuellen Eigenart kann er nur durch lebendigen seelischen Kontakt nahe
kommen: Der eigentümliche Akt des Verstehens, der die Sprache der Seele
in ihren verschiedenen Ausdrucksformen (Blick, Miene und Gebärde, Wort
und Schrift, praktisches und schöpferisches Tun) zu deuten weiß, kann in
die Tiefen eindringen. Aber der Weg ist für ihn nur frei, wenn die Seele sich
ungehemmt ausspricht, wenn der ursprüngliche Entfaltungs- und Gestaltungsprozeß von innen nach außen nicht durchbrochen ist. Beim völlig unbefangenen Kind haben wir dieses ungebrochene Strömen des Lebens. Bei
ihm sind Auge und Mienenspiel und unbekümmertes Wort der ungetrübte
Spiegel der Seele. Aber heute sind schon die Kleinsten, die wir in die Schule
bekommen, keineswegs alle mehr solche unbefangenen Kinder. Viele sind
schon in sich selbst zurückgescheucht, nach außen abgekapselt; sie können
oder wollen sich nicht mehr frei entfalten und äußern; der Blick des Erziehers prallt an einer Wand ab. Hier muß er erst wieder aufschließen, was
verschlossen ist. Keine Willkür wird das erreichen. Nur der Blick der Liebe
– der heiligen, verantwortungsbewußten, echten Erzieherliebe –, der das
Kind nicht aus den Augen läßt, wird schließlich einmal eine Bresche entdek-
ken, durch die er eindringen und am Ende die Mauern zum Einstürzen
bringen kann. Aber vielleicht geschieht es häufiger, daß der Erzieher durch
ungeeignetes Vorgehen solche Abkapselung selbst verschuldet. Wenn die
Seele, die sich in selbstverständlichem Vertrauen geöffnet hat, auf Mißdeu-
tung und Mißverstehen oder auch auf kalte Gleichgültigkeit stößt, dann
schließt sie sich zu. Aber auch da, wo sie statt unbefangener Zuwendung
bewußte Beobachtung spürt, ein planmäßiges Eindringenwollen. Oder wo
sie Eingriffe in ihr Inneres wittert, vor denen sie sich schützen möchte. Der
Erzieher braucht die Kenntnis der Kindesseele. Aber nur Liebe und ehr-

fürchtige Scheu, die nicht gewaltsam aufzubrechen sucht, was verschlossen ist, kann sie ihm öffnen.

Das Kind kennen heißt auch etwas von der Zielrichtung spüren, die in seine Natur gelegt ist. Man kann Menschen nicht zu einem für alle gleichen Ziel, nach einem allgemeinen Schema bilden. Der Eigentümlichkeit des Kindes Raum zu geben ist ein wesentliches Mittel, um der inneren Zielrichtung auf die Spur zu kommen. Aber die Tätigkeit des Erziehers wird dadurch nicht ausgeschaltet. Wenn er nur „wachsen läßt", wird er seiner Aufgabe nicht gerecht. Wenn der Keim sich zum vollendeten Gebilde, zu seiner Vollgestalt entfalten soll, dann müssen Anlagen gepflegt und gestützt, es müssen aber so manche auch gebunden und beschnitten werden. Überaktivität und Passivität sind gleich große Gefahren in der Erziehungsarbeit. Es ist ein Weg zwischen zwei Abgründen, den der Erzieher gehen muß, und er ist vor Gott dafür verantwortlich, daß er weder nach rechts noch nach links abirrt. Und er kann ihn nur vorsichtig tastend gehen. Was ihn bei dieser gefahrvollen Aufgabe stärken muß, ist eben der Gedanke, der die Aufgabe so gefahrvoll macht: daß es Gottes Werk ist, an dem er mitzuarbeiten hat. Er ist dafür verantwortlich, daß er das Seine tut. Aber wenn er das Seine tut, dann darf er auch darauf vertrauen, daß seine Unzulänglichkeit nichts verderben wird, und daß das, was er selbst nicht vollbringen kann, auf andere Weise geschieht.

Wenn er davon durchdrungen ist, daß Erziehung letzten Endes Gottes Sache ist, so wird er schließlich darauf hinarbeiten, diesen Glauben auch im Kinde zu wecken. Nur so ist die letzte Aufgabe aller Erziehungsarbeit, von der Erziehung zur Selbsterziehung überzuleiten, richtig zu lösen. Daß er in Gottes Hände gezeichnet ist und eine gottgegebene Bestimmung hat, dieser Glaube muß auch in dem jungen Menschen jene Verbindung von Verantwortung und Vertrauen hervorbringen, wie sie die rechte Einstellung des Erziehers ist. Verantwortung: sich zu dem zu bilden, was er werden soll. Vertrauen: daß er dieser Aufgabe nicht allein gegenübersteht, sondern erwarten darf, daß die Gnade vollenden wird, was über seine Kraft geht. Wenn in beiden, im Erzieher und im Zögling, dieser Glaube lebendig ist, dann ist erst die vollkommene objektive Grundlage für das richtige Verhältnis beider da: jenes reine und freudige, über alle menschliche Zuneigung erhabene Vertrauen, daß beide zusammen an einem Werk arbeiten, das nicht des einen oder des andern persönliche Angelegenheit, sondern Gottes Sache ist.

## B. Objektiver Zusammenhang von Menschentum und Erziehung

Von hier aus eröffnet sich auch das Verständnis für den objektiven Zusammenhang zwischen Menschentum und Erziehung, die Seinsgrundlage für den Zusammenhang der Idee des Menschen und der pädagogischen Theorie und Praxis. Die Menschheit ist ein großes Ganzes: *einer* Wurzel entstammend, auf *ein* Ziel hingerichtet, in *ein* Schicksal verflochten. Eine solche Einheit bilden die Engel nicht. Sie stehen jeder für sich vor Gott. Aber auch die Exemplare einer Tierspecies sind nicht so verbunden. Es gibt hier Lebensgemeinschaften (Familien, Rudel), aber keine Zusammengehörigkeit über Raum und Zeit hinweg. Das hängt zusammen mit der Geistesnatur des Menschen: Sie ermöglicht gemeinsamen Vollzug von Akten; diese Gemeinschaftsakte können verschiedenen Typus haben; *ein* Typus ist der, bei dem die beteiligten Personen verschiedene Stellung im Akt haben; und dieser Akt ist der pädagogische Akt, der wesentlich Akt des Erziehers und des Zöglings ist und von beiden einen verschiedenen Anteil verlangt. Die Geistnatur macht auch gemeinsamen Besitz objektiver Geistesgüter möglich und Erschließung geistiger Güter durch eine Person für andere. Dieser objektive Besitz ist wesentlich für die Verbindung über Raum und Zeit hinweg. Bedingung der Möglichkeit für Erziehung ist ferner der *Entwicklungs*charakter der Menschen: daß sie nicht fertig ins Dasein treten wie die reinen Geister, andererseits in ihrer Entwicklung nicht festgelegt sind wie die Tiere, sondern einen Spielraum von Möglichkeiten vor sich haben und eine freie Mitwirkung bei der Entscheidung zwischen diesen Möglichkeiten; das macht Selbstgestaltung, aber auch Führung und Nachfolge möglich und nötig. Nötig, weil die Schicksalsgemeinschaft der Menschen eine solche ist, in der sie als Glied zu Glied zueinanderstehen, Funktionen füreinander haben und in wechselseitiger Verantwortung vor Gott stehen. Diese Funktionen bedeuten einmal eine natürlich-geistige Mittlerschaft, sie bedeuten aber auch Gnadenvermittlung je nach dem verschiedenen Verhältnis, in dem die Glieder zu ihrem Haupt Christus stehen. Der ewige Logos ist die Seinsgrundlage für die Einheit der Menschheit, die Erziehung sinnvoll und möglich macht. Wenn die Ideen der Menschen an ihm orientiert sind, dann sind sie eine zuverlässige Grundlage für Erziehungswissenschaft und Erziehungsarbeit.

# II.
# Anthropologie als Grundlage der Pädagogik

*I. Verschiedene Anthropologien und ihre pädagogische Bedeutung*

Wenn die Idee des Menschen von entscheidender Bedeutung sowohl für den Aufbau der Erziehungswissenschaft als für die Erziehungsarbeit ist, so ist es dringendes Erfordernis für die Pädagogik, sich ihrer zu versichern. Sie baut in die Luft, wenn sie keine Antwort auf die Frage hat: „Was ist der Mensch?" Eine Antwort auf diese Frage zu finden, ist die Aufgabe einer Lehre vom Menschen, einer *Anthropologie*. Was darunter zu verstehen ist, ist nicht eindeutig.

## 1. Naturwissenschaftliche Anthropologie

Bis vor einigen Jahren dachte man, wenn man das Wort hörte, an eine *Naturwissenschaft*, die sehr nahe mit der Zoologie verwandt ist und zugleich als Hilfswissenschaft der Medizin gepflegt wird: eine Wissenschaft, die den Menschen als Species erforscht so wie die Zoologie die Tierspecies. Die Forscher, die sie betreiben, stehen vielfach auf dem Boden der Entwicklungstheorie und nehmen den „homo sapiens" tatsächlich als eine Tierspecies, die bisher höchste Stufe in der Entwicklungsreihe. So wird untersucht, worin sich Bau und Funktionen des menschlichen Körpers vom tierischen Körper unterscheiden. Wird Seelisches mit einbezogen, so geschieht es nicht anders, als auch die Zoologie die seelische Eigenart der Tiere in ihre Beschreibung mit aufnimmt. So wird auf empirischem Wege, durch Beobachtung und Beschreibung, ein Bild des Menschen als solchen gewonnen. Dann geht es an die Unterschiede innerhalb dieser Einheit. Man untersucht die Vielheit der Menschen, die jetzt tatsächlich auf der Erde leben, stellt eine Reihe von morphologischen Typen fest und gelangt, indem man den Ursachen dieser Differenzierung nachgeht, zur Abgrenzung von Rassen, Stämmen usw.

Die Aufsuchung der Ursachen leitet von der morphologischen zur geschichtlichen und entwicklungstheoretischen Betrachtung über: Man untersucht die Entwicklung des Einzelmenschen in ihrer Gesetzlichkeit – die Abfolge ihrer Stadien, ihre Bedingtheit durch Vererbung usw. Ferner sucht man durch Verfolgung von Spuren und Überresten festzustellen, seit welcher Zeit

Menschen auf der Erde leben, welche Merkmale die Menschen verschiedener Zeiten kennzeichnen, sucht sie in eine Entwicklungsreihe zu bringen und die Gesetze zu ergründen, nach denen die Entwicklung vor sich geht.

Ist diese morphologisch-beschreibende und kausal-erklärende Naturwissenschaft *die* Anthropologie, die wir als Grundlage der Erziehungswissenschaft suchen, hat sie überhaupt pädagogische Bedeutung und welche? Um die letzte Frage zuerst zu beantworten: Da Bildung und Erziehung den ganzen Menschen, Leib und Seele, erfassen soll, ist es für den Erzieher wichtig, Bau, Funktionen und Entwicklungsgesetze des menschlichen Körpers zu kennen, um zu wissen, was für seine naturgemäße Entwicklung förderlich und schädlich sein kann. Ebenso wie es wichtig ist, die allgemeinen Gesetze des menschlichen Seelenlebens zu kennen, um ihnen in der Erziehungsarbeit Rechnung zu tragen.[27] Auch die Kenntnis der Menschenrassen, Völker etc. in ihrer typischen Eigenart ist pädagogisch bedeutsam: einmal, weil die einzelnen Menschen Exemplare solcher Typen sind und die Kenntnis der Typen darum als Hilfsmittel, um sie zu verstehen, in Betracht kommt; sodann, weil der Einzelne ja kein isoliertes Individuum ist, weil er als Glied solchen überpersönlichen Gebilden, wie es Volk und Rasse sind, angehört, und weil es Aufgabe des Erziehers ist, ihn nicht nur als Individuum, sondern auch als Glied des Ganzen heranzubilden. Von beiden Seiten her ergibt sich aber die Unzulänglichkeit einer solchen rein naturwissenschaftlich verfahrenden Anthropologie als Grundlage für Erziehungswissenschaft und Erziehungsarbeit.

1.) Der Erzieher hat es mit menschlichen Individuen zu tun. *Sofern* sie Exemplare eines Typus sind, kann ihm die Kenntnis des Typus zum Verständnis des Individuums verhelfen. Aber Exemplar eines Typus sein heißt niemals: restlos aus dem Typus ableitbar und erklärbar sein. Denn Typen sind nicht mathematisch exakt faßbar, und ihre Exemplare entsprechen ihnen nicht wie Abdrucke einem Cliché, sondern verkörpern den Typus mehr oder weniger rein. Und auch die reinste Verkörperung ist nicht *bloß* Exemplar eines Typus, sondern zeigt ihn in einer individuellen Ausprägung. Darum müßte es immer zu einer Verkennung des Individuums führen, wenn man es nur vom Typus her fassen wollte. Es wäre aber auch eine gefährliche Durchbrechung der Einheit des pädagogischen Aktes, wenn der Erzieher nicht unmittelbar dem Zögling zugewendet wäre, sondern zwischen ihm und einem allgemeinen Schema gleichsam hin- und herblicken würde. Für den Zögling, der diese Brechung spürt und der doch nach der unmittelbaren Zuwendung verlangt, und zwar nach der Zuwendung zu ihm als Individuum, als *diesem* Menschen mit seiner unwiederholbaren Eigenart,

---

[27] Vgl. dafür die *Pädagogische Anthropologie* von Albert Huth (Klinkhardt, Leipzig 1932), die ganz naturwissenschaftlich eingestellt ist.

der nicht als Exemplar eines Typus behandelt werden mag – für ihn wäre die Einstellung des Erziehers ein Motiv, sich zu verschließen und dem verstehenden Blick wie der Beeinflussung zu entziehen. –

2.) Die Tatsache, daß es Rassen und Völker gibt und daß die einzelnen Menschen ihnen angehören, stellt den Pädagogen vor die Frage, wie er ihr Rechnung tragen soll, ob Erziehung nicht nur dem einzelnen Menschen, sondern diesen überpersönlichen Einheiten verpflichtet sei, welche Bedeutung ihnen im Verhältnis zum einzelnen Menschen und zur ganzen Menschheit zukomme. Das alles sind Fragen, auf die eine naturwissenschaftlich verfahrende Anthropologie keine Antwort zu geben vermag. Denn um zu entscheiden, welche Berücksichtigung Individuum, Rasse und Menschheit im Verhältnis zueinander verdienen, bedarf es eines Wertmaßstabes. Den gibt es aber in der Naturwissenschaft nicht. Darum kann sie keine Bedeutung für die pädagogische Zielstellung haben.

## 2. Geisteswissenschaftliche Erforschung individuellen menschlichen Seins

Von den beiden Punkten her, an denen wir ein Versagen der naturwissenschaftlichen Anthropologie als Grundlage der Pädagogik feststellen mußten: von dem Unvermögen, das Verständnis des konkreten Menschen zu erschließen und eine Rangordnung der Ziele zu geben, müssen wir nun die Frage stellen: Gibt es überhaupt eine Anthropologie, die diesen Ansprüchen genügen kann? Zunächst: Gibt es eine Anthropologie, die zum Verständnis der Individualität verhelfen kann? Und dazu wiederum als Vorfrage: Gibt es überhaupt Wissenschaften, die das Individuum in seiner Individualität zum Gegenstand haben? Diese Frage hat vor einigen Jahrzehnten die Wissenschaftstheorie lebhaft bewegt. Die badische Schule (Windelband[28] – Rikkert[29]) ist zu einer Scheidung von *nomothetischen* Wissenschaften (die auf allgemeine Gesetze ausgehen) und *idiographischen* (die sich die Beschreibung individueller Gebilde und Zusammenhänge als Ziel setzen), oder: *generalisierenden* und *individuierenden* gelangt. Diese Einteilung und die von anderer Seite bevorzugte in *Natur-* und *Geisteswissenschaften* durchschneiden einander. Man darf wohl die Naturwissenschaften als nomothetische in Anspruch nehmen, weil sie – selbst dort, wo sie beschreibend verfahren –

[28] ⟨Wilhelm Windelband (1848–1915), Philosophie-Professuren in Zürich, Freiburg, Straßburg, Heidelberg, mit Rickert Begründer der südwestdeutschen (badischen) Schule des Neukantianismus.⟩

[29] ⟨Heinrich Rickert (1863–1936), Philosophie-Professuren in Freiburg und Heidelberg. Stein besuchte seine Heidelberger Vorlesungen im Sommersemester 1925 mit einer ehemaligen Schülerin gemeinsam von Speyer aus. Vgl. Herrmann, Maria Adele, *Die Speyerer Jahre von Edith Stein*, Speyer 1990, S. 183 f. (Erinnerungen vom 8. 2. 1964).⟩

doch nach einem allgemeinen Bildungsgesetz suchen und das Individuum immer nur als Exemplar, niemals auf seine Individualität hin untersuchen. Dagegen ist es nicht möglich, idiographische und Geisteswissenschaften gleichzusetzen. Es gibt Geisteswissenschaften, denen es um etwas Einmaliges zu tun ist: Die Geschichtswissenschaft will den Gang der Menschheitsgeschichte, wie er sich einmalig und unwiederholbar vollzogen hat, in konkreten menschlichen Individuen, Völkern etc., erforschen und darstellen. Aber es hat immer wieder Forscher gegeben, die etwas anderes als dies aus den geschichtlichen Verläufen herauslesen zu können glaubten: allgemeine Gesetze, nach denen das historische Geschehen verläuft, typische Gebilde und Verläufe, die sich immer wiederholen. Hier haben wir Ansätze zu einer allgemeinen Geisteswissenschaft. Gewöhnlich bezeichnete man sie als Geschichtsphilosophie. Das führt auf die Fragen: was Geisteswissenschaft sei, wie sie zur Philosophie stehe und wie sich beide zu einer Anthropologie, wie wir sie suchen, verhalten. Aber wir brauchen diesen ganzen Komplex schwieriger Fragen vorläufig nicht anzuschneiden, sondern können uns zunächst an die Wissenschaften halten, die sich tatsächlich mit Individuen beschäftigen, und prüfen, ob sie dem Erzieher zum Verständnis *der* Individuen, mit denen er es zu tun hat, verhelfen können.

Die Geschichte sucht das Individuell-Konkrete zu erfassen, die Biographie einen einzelnen Menschen und seinen Lebensgang, und das Erfaßte durch ihre Darstellung andern zugänglich zu machen. Gibt es tatsächlich einen Erkenntnisweg, der zur Erfassung der Individualität führt, und gibt es eine Möglichkeit, durch sprachliche Darstellung solche Erkenntnis andern zu vermitteln? Man hat es bestritten mit der Begründung, daß Erkennen ein Fassen der Gegenstände in Begriffe und Darstellen ein Vermitteln durch Begriffe sei; Begriffe aber seien allgemein. Die Individualität aber könne nur durch allgemeine Begriffe annäherungsweise bestimmt und durch viele Begriffe immer näher eingekreist, aber niemals ganz erfaßt werden. (Diese Auffassung liegt auch der Ausarbeitung des psychographischen Schemas in der Schule William Sterns[30] zugrunde, das durch eine möglichst große An-

---

[30] ⟨1871–1938, Professuren in Breslau, Hamburg, USA, lehrte philosophisch fundierte allgemeine Psychologie auf personaler Grundlage. Stein nahm in Breslau an seinen Seminaren teil und arbeitete ihm wissenschaftlich zu: „Stern lud mich immer noch mit dem engsten Schülerkreis zusammen ein und zog mich heran, um eine große pädagogische Tagung und eine damit verbundene psychologische Ausstellung vorzubereiten." (Stein, Edith, *Aus dem Leben einer jüdischen Familie*, ESGA 1, Freiburg 2002, S. 193) – Die von Stein erwähnte Ausstellung fand im Oktober 1913 in Breslau parallel zum 3. „Kongreß für Jugendbildung und Jugendkunde" (unter der Leitung von William Stern) statt. In der Ausstellung sollte eine Gegenüberstellung von psychologisch-pädagogischen Phänomenen bei Jungen und Mädchen sichtbar werden (Stern, William, *Führer zur Ausstellung zur vergleichenden Jugendkunde der Geschlechter*, Leipzig / Berlin 1913). Es sollte zudem die Frage nach der Fruchtbarkeit der Koedukation mit psychologischen Mitteln beantwortet

zahl von Merkmalen die individuelle Eigenart von möglichst vielen Seiten her fassen möchte.) Es scheint mir hier eine unzulässige Festlegung der Erkenntnis auf einen bestimmten Typus vorzuliegen, die an der Erkenntnis der materiellen Welt und ihrer allgemeinen Gesetzmäßigkeit orientiert ist und der Eigentümlichkeit des Geistigen nicht gerecht werden kann. Wenn Erkennen das geistige Aufnehmen eines Seienden ist, so dürfen wir sagen, daß wir die Eigenart eines Menschen erkennen: Sie spricht zu uns durch die mannigfachen Ausdrucksformen, in denen „Inneres" sich „äußert", und wir verstehen diese Sprache. Allerdings gibt es in diesem Verständnis wie in allen seelischen Funktionen Unterschiede nach Begabung und Übung. Die individuelle Eigenart einer Person spricht sich auch in Formen aus, die losgelöst von ihr fortexistieren können: in ihrer Handschrift, in ihrem Sprachstil, der in Briefen oder andern literarischen Äußerungen niedergelegt sein kann, in sonstigen Werken, auch in den Wirkungen, die sie in andern Menschen hervorgerufen hat. Solche Quellen und Überreste möglichst vollkommen zu sammeln ist die *Vor*arbeit des Historikers. Seine Hauptarbeit ist es, sie zu *verstehen:* durch die Sprache dieser Zeichen zur Individualität vorzudringen. (Es gibt Historiker, die ausgezeichnet Material sammeln können, aber in der Deutung durchaus versagen.) Dann schließt sich die weitere Aufgabe an, die erfaßte Individualität andern zu erschließen. Das kann nicht geschehen, indem er sie mit einem allgemeinen Namen nennt oder möglichst viele (selbst allgemein faßbare) Eigenschaften aufzählt oder sie als Schnittpunkt verschiedener Typen darstellt. All das sind nur Hilfsmittel, die evtl. mit in Betracht kommen. Das, worauf es ankommt, wenn man jemand zum Erfassen einer Individualität bringen will und keine lebendige Begegnung herbeiführen kann, ist, ihn den Weg zu führen, auf dem man selbst ans Ziel gelangt ist: Man muß die besonders „sprechenden Züge" erzählen, vor allem, soweit möglich, originale Äußerungen jenes Menschen darbieten, damit der Akt des Verstehens mit vollzogen werden kann. Dieses Mitvollziehen anzuregen, darin besteht die Kunst der Darstellung, in der sich – wie schon oft hervorgehoben wurde – Historiker und Künstler begegnen, wie auch die Kunst der Interpretation, des Deutens von persönlichen Äußerungen, beiden gemeinsam ist. Wer sich durch solche Darstellungen mit Menschen bekanntmachen läßt, der macht eine *Schule des Verstehens* durch. Und dadurch werden geschichtliche Meisterwerke ebenso wie Meisterwerke einer seelenerschließenden Kunst von höchster Bedeutung als Einführung und Übung für das Erfassen individueller Eigenart, das eine unentbehrliche pädagogische Funktion ist. Sie sind nicht minder wichtig für ihn als das Studium der wissenschaftlichen Psychologie und können ihn vor dem schweren pädago-

werden. Dahinter stand des weiteren die Problematik, ob die Geschlechter psychologisch gleich- oder verschiedengeartet seien.)

gischen Fehler bewahren, den individuellen Menschen nur als „Fall" eines allgemeinen Gesetzes oder Exemplar allgemeiner Typen zu fassen. Aus Tolstoi[31] und Dostojewski[32], aus Sigrid Undset[33] und Gertrud von le Fort[34] kann man lernen, welchen verschlungenen Wegen der verstehende Blick zu folgen und in welche Tiefen er vorzudringen vermag. Und allen diesen Meistern einer seelenerschließenden Kunst ist noch etwas Besonderes eigen: Indem sie in die konkret-individuelle Wirklichkeit eindringen und den seelischen Zusammenhängen bis in die letzten Tiefen, die dem menschlichen Blick erreichbar sind, verstehend folgen, gelangen sie alle an Punkte, wo der seelische Zusammenhang nicht mehr aus sich selbst und auch nicht aus der Verflechtung in die umgebende Welt verständlich ist, sondern wo das Wirken geistiger Mächte sichtbar wird. Auch das sind Bezirke, an die die zünftige wissenschaftliche Psychologie noch kaum gerührt hat, die aber für den Pädagogen von größter Wichtigkeit sind.

### 3. Allgemeine geisteswissenschaftliche Erforschung des Menschen als Teil einer allgemeinen Geisteswissenschaft; Geisteswissenschaft und Wertlehre als Teile einer allgemeinen Ontologie; Anthropologie als philosophische Disziplin

Wie stehen nun solche Darstellungen, die individuelles Menschenwesen und Menschenleben erschließen, zur Anthropologie? Jede solche Darstellung ist ein Stück „Anthropo*graphie*", Beschreibung des menschlichen Seins, wie es wirklich ist. Ja, mit demselben Recht wie die Zoo*logie*, sofern diese auch beschreibend vorgeht, dürfte sie sich auch Anthropo*logie* nennen. Wenn in einem Fall Species, im andern Individuen dargestellt werden, so bedeutet das keinen Unterschied der Wissenschaftlichkeit, da dieses Gebiet das eine, jenes das andere sachlich verlangt. Denn zum Menschen gehört Individualität, und man hat ihn nicht erfaßt, wenn man ihrer nicht habhaft geworden ist. Dieser Satz geht aber über das hinaus, was eine Beschreibung individuellen Menschentums sagen kann. Er gibt sich als Aussage über den „Menschen als solchen" und damit als Satz einer Wissenschaft, die sich mit höherem Recht Anthropo*logie* nennen kann. Das konkrete Menschentum, wie es uns in der Lebenswirklichkeit entgegentritt und wie es uns Meister der

---

[31] ⟨Vgl. Anm. 9.⟩
[32] ⟨Vgl. Anm. 10.⟩
[33] ⟨1882–1949, norwegische Schriftstellerin, die 1926 von der protestantischen zur katholischen Konfession konvertierte und 1928 den Nobelpreis für Literatur erhielt.⟩
[34] ⟨1876–1971, deutsche Schriftstellerin, die 1926 von der protestantischen zur katholischen Konfession konvertierte und 1932 mit Stein in München persönlich bekannt wurde, vgl. ESGA 2, Br. 191 an Elly Dursy (20.3.1932), Anm. 3.⟩

Interpretationskunst darstellen, hat einen „Logos", ein Gesetz des Aufbaus oder eine allgemein faßbare Seinsstruktur, die an dem konkreten Material zur Abhebung gebracht werden kann. Indem sie von der konkreten Lebenswirklichkeit und von geschichtlichen Gestalten ausgeht, faßt sie den Menschen als *Geist* und mit dem, was ihm als geistige Person wesentlich ist; alles Äußere aber, das in Betracht gezogen wird, ist Sprache des Geistes oder sinnvolles Sein, das zum Geist spricht. So kommen wir zu einer Anthropologie, die – im Unterschied zur Geschichte und den ihr verwandten Wissenschaften – eine *allgemeine* Geisteswissenschaft ist, Wissenschaft vom Menschen als geistiger Person, Teil einer umfassenden Geisteswissenschaft, die den Aufbau aller geistigen Gebilde – wie Gemeinschaft, Staat, Sprache, Recht usw. – zum Gegenstand hat. *Diese* Anthropologie ist von wesentlich anderem Charakter als die naturwissenschaftliche, von der wir ausgingen. Man wird sich nicht dabei beruhigen können, beide einfach nebeneinander zu stellen, sondern wird Klarheit darüber suchen müssen, in welchem Verhältnis sie zueinander stehen.

Es ist aber zuvor noch eine andere Frage zu erwägen: Die naturwissenschaftliche Anthropologie versagte gegenüber der Individualität, und dafür haben wir in der geisteswissenschaftlichen eine Ergänzung gefunden, die für die Pädagogik bedeutungsvoll ist. Sie versagte noch in einem andern Punkte: Sie gab uns keinen Maßstab in die Hand, um zu entscheiden, welche Bedeutung im Erziehungswerk den überindividuellen Gebilden, wie Rasse und Menschheit, gebührt. Kann auch hierin die geisteswissenschaftliche Anthropologie oder vielleicht die allgemeine Geisteswissenschaft ergänzend eintreten? Es ist keine Aufgabe der empirischen und als solchen auf das Konkret-Individuelle gerichteten Geisteswissenschaft, die Rassen, Stämme, Völker auf ihre Eigenart hin vom *Geistigen* her zu fassen. Im Zusammenhang damit ist auch zu untersuchen, in welchem Verhältnis der einzelne Mensch zu den Gebilden steht, denen er angehört. Es ist nicht gesagt, daß sich dieses Verhältnis überall als ein geistiges fassen läßt. Wenn nicht nur äußere Merkmale Kennzeichen der Zugehörigkeit sind, wenn ein erlebter Zusammenhang das Glied an das Ganze bindet, dann kann von *Gemeinschaft* gesprochen werden und dann stößt man in der Regel auch auf eine *wertende Einstellung* der Individuen zu dem Ganzen, als dessen Glied sie sich wissen. Das Bewußtsein der Gliedschaft und die Wertantwort, die das Ganze und die Zugehörigkeit zu ihm findet, sind nicht bei allen Individuen und zu allen Zeiten die gleiche; verschiedene Individuen und ganze Menschengruppen, auch verschiedene Zeitalter räumen diesem oder jenem Gebilde eine Vorzugsstellung ein. Es ist z. B. für die heute junge Generation charakteristisch, daß die Bedeutung der Familie stark zurücktritt gegenüber der Jugendgemeinschaft (als Wunschbild für die Zukunft allerdings beginnt sie wieder eine große Rolle zu spielen), daß Volk, Nation und Rasse in viel höherer Geltung stehen als unmittelbar nach dem Krieg[35], wo die Menschheit als Einheit stärker im Blickpunkt stand. Wo solche Einstellungen herrschend sind, da ist es für den Erzieher schwer, sich ihrem Einfluß zu entziehen und sie nicht in seiner Arbeit richtunggebend werden zu lassen. Er muß aber doch prüfen, ob es nicht eine *objektive Rangordnung* unter diesen Gebilden gibt, die unabhängig von Zeitanschauungen in der Pädagogik berücksichtigt werden sollte. Eine empirische Geisteswissenschaft, die nur den tatsächlich vorliegenden Geistesgebilden und Geisteshaltungen nachgeht, kann darüber keinen Aufschluß geben. Anders steht es schon mit einer allgemeinen Geisteswissenschaft, die das geistige Sein als solches und die möglichen Formen geistiger Gebilde auf ihren allgemeinen Aufbau hin untersucht. Zu ihren Aufgaben gehört es zu erforschen, welchen sozialen Gebilden die menschliche Person ihrem Aufbau nach sich einordnen *kann*, ob es etwa solche gibt, denen sie notwendig und unaufhebbar angehört und welche das sind. Sie muß auch untersuchen, wieweit Dasein und Beschaffenheit jener Gebilde durch Beschaffenheit und Verhalten der Individuen bedingt sind. Mit dieser Frage hängt die der Verantwortung der Individuen für die sozialen Gebilde und damit deren pädagogische Bedeutsamkeit zusammen. Aber zu ermessen ist diese Verantwortung doch nur unter Berücksichtigung des Wertgesichtspunktes: Wenn man sich nicht nur darüber klar ist, daß und wie die Einzelperson am Aufbau der größeren Gebilde unvermeidlich mitwirkt und frei mitwirken kann, sondern auch, in welcher Weise sie es *soll*. Man pflegt die Frage des Wertes und des Sollens der *Ethik* zuzuweisen, und die Ethik gilt als eine philosophische Disziplin. Das, was ein Gegenstand *wert* ist, das ist er auf Grund dessen, was er *ist*. Die Wertrangordnung ist eine Ordnung des Seienden. Dann ist die Wertlehre, aus der erst die Normen des praktischen Verhaltens folgen, Teil einer allgemeinen *Seinslehre* oder *Ontologie*, in der wir die philosophische Grundlehre, die „erste Philosophie" zu sehen haben. Ein Teil dieser Ontologie ist aber auch die allgemeine Geisteswissenschaft, als deren Teilgebiet wir wiederum die allgemeine geisteswissenschaftliche Anthropologie erkannt haben. So wird also die Anthropologie, die wir als Grundlage der Pädagogik fordern, eine philosophische sein müssen, die im lebendigen Zusammenhang mit der gesamten philosophischen Problematik den Aufbau des Menschen und seine Eingliederung in die Seinsgebilde und Seinsgebiete untersucht, denen er angehört. Sie wird auch die Frage zu beantworten haben, warum verschiedene empirische Wissenschaften, naturwissenschaftliche und geisteswissenschaftliche Anthropologie, mit ganz verschiedenen Methoden den Menschen erforschen. Sinn und Berechtigung dieses Verfahrens muß aus der Zugehörigkeit des Menschen zu den verschie-

---

[35] ⟨I. Weltkrieg 1914–1918.⟩

denen Seinsbereichen, die man mit den Namen „Natur" und „Geist" bezeichnet, verständlich werden.

## 4. Theologische Anthropologie – christliche Metaphysik

Damit sind wir aber noch nicht am Ende. Eine allgemeine Seinslehre darf sich nicht auf das geschaffene Sein beschränken, sondern muß den Unterschied von geschaffenem und ungeschaffenem Sein und das Verhältnis beider berücksichtigen. So wäre auch eine Anthropologie unvollständig und als Grundlage der Pädagogik nicht zureichend, die das Verhältnis des Menschen zu Gott nicht in Betracht zöge. Das wird zunächst geschehen müssen, soweit es mit philosophischen Mitteln, d. h. mit natürlicher Erkenntnis, möglich ist. Wir dürfen aber auch bei dieser Grenze nicht Halt machen. Wenn es für die Pädagogik darauf ankommt, den *ganzen* Menschen zu erfassen, so wird sie auf keine Quelle verzichten, aus der sie Aufschluß über ihn bekommen kann, und der gläubige Pädagoge wird gewiß nicht die offenbarte Wahrheit unberücksichtigt lassen. So bedarf die philosophische Anthropologie der Ergänzung durch eine *theologische*. Aus Philosophie und Theologie ist das Gebäude der *christlichen Metaphysik* errichtet, die ein Gesamtbild der realen Welt entwirft. Den imponierendsten Bau solcher Art haben wir im System des *Hl. Thomas von Aquin*[36] vor uns. In diesem System nimmt die Anthropologie eine zentrale Stellung ein, wie der Mensch im Kosmos eine einzigartige Stellung einnimmt: Er ist ein Mikrokosmos, der alle Reiche der geschaffenen Welt in sich vereinigt. Darum laufen in der Anthropologie alle metaphysischen, philosophischen, theologischen Fragen zusammen, und von hier aus führen die Wege nach allen Seiten.

## II. Wahl der Methode

### 1. Entscheidung zwischen philosophischer und theologischer, historischer und systematischer Methode

Wir werden uns nun entscheiden müssen, welchen Weg wir einschlagen wollen, um eine Idee des Menschen zu gewinnen. Wenn zum Aufbau einer Metaphysik Philosophie und Theologie zusammenwirken, so ist doch ihr Verfahren ein prinzipiell verschiedenes, und es liegt nicht nur in ihrem eigenen Interesse, sondern auch in dem der Metaphysik, daß beide ihre Wege

---

[36] (Ausnahmsweise verwendet Stein hier nicht den Beinamen „Aquino", vgl. Anm. 16 u. 56.)

so lange getrennt verfolgen, bis sie zusammenstoßen und die eine von sich aus nach der Ergänzung durch die andere verlangt. Thomas hat den Unterschied und die selbständige Berechtigung beider Wissenschaften in vollendeter Klarheit im Prolog seiner theologischen Summa entwickelt.[37] Sie unterscheiden sich nach Gegenstand und Methode. Gegenstand der Theologie ist Gott; sie handelt von der Welt nur, sofern Gottes Eigenschaft als Schöpfer und Erlöser es notwendig macht, den Ausgang der Dinge von Gott und die Rückkehr zu ihm in die Darstellung einzubeziehen. Gegenstand der Philosophie ist die geschaffene Welt; sie handelt von Gott nur, sofern sie in den Geschöpfen Hinweise auf Gott vorfindet. Mit dem Unterschied der Gegenstände hängt der Unterschied der Erkenntnismittel und Methoden zusammen. Die Theologie schöpft aus der Offenbarung. Sie bedient sich des natürlichen Verstandes nur, um die Glaubenswahrheiten den Menschen, soweit möglich, verständlich zu machen („fides quaerens intellectum"[38]), sie zu ordnen und in ihre ⟨sic!⟩ Konsequenzen zu entwickeln. Die Philosophie schöpft aus natürlicher Erkenntnis. Sie berücksichtigt die Glaubenswahrheiten als Maßstab, der es ihr ermöglicht, an ihren eigenen Ergebnissen Kritik zu üben: Da es nur eine Wahrheit gibt, kann nichts wahr sein, was zur offenbarten Wahrheit in Widerspruch steht. Sie dient ferner der Theologie, indem sie ihr den begrifflich-methodischen Apparat zur Verfügung stellt, dessen sie zur Darstellung der Glaubenswahrheiten bedarf.[39] Sie findet in ihr schließlich die Ergänzung, nach der sie verlangt: die Antwort auf die Fragen, denen gegenüber ihre eigenen Erkenntnismittel versagen.

Unser Weg wird zunächst der philosophische sein. Auch hier bestehen noch verschiedene Möglichkeiten. Wir könnten philosophiegeschichtlich vorgehen und durch die Jahrhunderte verfolgen, welche Beantwortung die anthropologischen Fragen in den großen philosophischen Systemen gefunden haben.[40] Diesen Weg wähle ich nicht, weil es zuviel kritischer Arbeit bedürfte, um aus den verschiedenen Systemen das herauszuschälen, was wir annehmen können. Und dadurch würde der Blick von dem abgelenkt, worauf es hier ankommt: die Idee des Menschen in ihrer pädagogischen Bedeutsamkeit zu sehen. Dafür empfiehlt sich ein einfacherer Weg.

---

[37] ⟨Es ist nicht der Prolog, sondern der erste Artikel in der ersten Frage, in dem Thomas die Aufgaben von Theologie und Philosophie differenziert. Vgl. Thomas von Aquin, *Summa Theologica* (im folgenden *S. Th.*) I, q 1 a 1.⟩

[38] ⟨Lat.: „Der Glaube sucht den Intellekt/die Einsicht".⟩

[39] Es ist allerdings eine grundlegende Methodenfrage der Theologie, wie weit der logische Apparat der Philosophie für sie verwendbar ist, ob und wie weit sie über eine eigene Begriffsbildung verfügt.

[40] Diesen Weg geht ⟨Bernhard⟩ Groethuysen in seiner *Philosophischen Anthropologie* in Oldenbourg ⟨Verlag⟩: *Handbuch der Philosophie*, Abteilung III *(Mensch und Charakter)*, ⟨München u. a. ²⟩ 1931 ⟨Orig. 1928⟩. ⟨Vgl. dazu das ausführliche Exzerpt Steins im Notizheft von 1932 (P / A II P, ESAK), S. 5–18a.⟩

Eine andere Möglichkeit wäre, sich an ein bestimmtes System anzuschließen, also etwa die Anthropologie des hl. Thomas darzustellen. Daran habe ich ernstlich gedacht, habe mich aber nicht dazu entschließen können. Einmal wohl, weil eine solche Darstellung auf erhebliche Schwierigkeiten stößt: Wir haben kein Spezialwerk von Thomas, in dem seine Anthropologie zusammengefaßt wäre, sondern müssen sie uns aus seinem Gesamtwerk zusammentragen.[41] Das ist aber kaum möglich, ohne allgemeinere philosophische Probleme, in die sie verflochten ist, mit zur Sprache zu bringen. Das wäre an sich eine große und schöne Aufgabe, sie würde sich aber für mich erheblich komplizieren, weil ich nicht in der Lage bin, einfach den Lehren des hl. Thomas zu folgen, sondern in einigen wesentlichen Punkten andere Auffassungen habe. Dadurch würde wiederum der klare sachliche Aufbau verdunkelt.

## 2. Phänomenologische Methode

So wird unser Weg der systematische sein: Wir werden die Sachen selbst ins Auge fassen und aufbauen, so weit wir können. Das muß natürlich nach bestimmter Methode geschehen. In der Wahl der Probleme werde ich mich weitgehend von Thomas leiten lassen, weil darin ein Schutz vor Einseitigkeiten liegt und eine gewisse Gewähr, daß man nicht an wesentlichen Punkten vorbeigeht. Die Methode, mit der ich eine Lösung der Probleme suche, ist die phänomenologische, d. h. die Methode, wie sie E. Husserl[42] ausgebildet und im II. Band seiner *Logischen Untersuchungen*[43] zuerst angewendet hat, die aber nach meiner Überzeugung von den großen Philosophen aller Zeiten bereits angewendet wurde, wenn auch nicht ausschließlich und nicht mit reflektiver Klarheit über das eigene Verfahren. – Das elementarste Prinzip der phänomenologischen Methode habe ich eben schon einmal angesprochen: *die Sachen selbst* ins Auge fassen.[44] Nicht Theorien über die Dinge befragen; möglichst alles ausschalten, was man gehört, gelesen, sich selbst schon zurechtkonstruiert hat, sondern mit unbefangenem Blick an sie herantreten und aus der unmittelbaren Anschauung schöpfen. Wenn wir wissen wollen, was der Mensch ist, so müssen wir uns möglichst lebendig in die

---

[41]  Der offizielle Katalog der authentischen Schriften verzeichnet 61 größere und kleinere Werke, die von Thomas selbst herstammen; dazu noch einige, die nach seinen Predigten und Vorlesungen von andern herausgegeben wurden.
[42]  (Edmund Husserl (1859–1938), Begründer der Phänomenologie, Steins Lehrer (1913–16) und Arbeitgeber (1916–18).)
[43]  (Husserl, Edmund, *Logische Untersuchungen*, 2. Band, 1. Teil, Husserliana = Hua XIX/1; 2. Teil, Hua XIX/2, hg. v. Ursula Panzer, Den Haag 1984 (Original: Halle 1900/01).)
[44]  (Leitspruch der Phänomenologen: Hua XIX/1, S. 10.)

Situation versetzen, in der wir menschliches Dasein erfahren: d. h. das, was wir in uns selbst erfahren, und das, was wir in der Begegnung mit andern Menschen erfahren. Das klingt stark nach Empirismus, ist aber durchaus keiner, wenn man unter Empirie nur die Wahrnehmung und Erfahrung von Einzeldingen versteht. Denn das zweite Prinzip lautet: den Blick auf das *Wesentliche* richten. Anschauung ist nicht nur sinnliche Wahrnehmung eines bestimmten, einzelnen Dinges, wie es hier und jetzt ist; es gibt eine Anschauung dessen, was es seinem Wesen nach ist, und das kann wiederum ein Doppeltes heißen: was es seinem *eigentlichen Sein* nach ist und was es seinem *allgemeinen Wesen* nach ist. (Ob dies beides sachlich Verschiedenes besagt und ob auf allen Gebieten oder nur auf manchen, das bedürfte längerer Erörterung.) Der Akt, in dem das Wesen erfaßt wird, ist eine *geistige Anschauung*, die Husserl *Intuition* genannt hat.[45] Sie steckt in jeder Einzelerfahrung als ein unentbehrlicher Faktor – wir könnten nicht von Menschen, Tieren, Pflanzen sprechen, wenn wir nicht in jedem Dies, das wir hier und jetzt wahrnehmen, ein Allgemeines erfassen würden, das wir mit dem allgemeinen Namen bezeichnen –, kann aber davon losgelöst und für sich vollzogen werden. – Diese kurzen Bemerkungen sollen als erste Kennzeichnung der phänomenologischen Methode genügen. Wir werden sie näher kennenlernen, indem wir sie üben.

## III. *Erste vorbereitende Analyse des Menschen*

### 1. Der Mensch als materieller Körper, als Lebewesen, Seelenwesen, Geistwesen – Mikrokosmos

Das Ausgangsmaterial für unsere Untersuchung des Menschen ist also das, was wir in lebendiger Erfahrung vor Augen haben. Das ist nun ein recht Mannigfaches. Einmal erfahren wir andere Menschen anders als uns selbst. Aber auch in der Begegnung mit andern ist es unter verschiedenen Umständen ganz Verschiedenes, was sich jeweils vornehmlich aufdrängt. An fremden Menschen beschäftigt uns vielleicht zuerst stark das Äußere: ob sie groß oder klein sind, hell oder dunkel usw. Gestalt, Größe, Farbe – das alles sind Eigenschaften, wie sie jedem materiellen Ding eigen sind. In der Tat ist der Mensch seiner körperlichen Beschaffenheit nach ein *materielles Ding* wie andere, denselben Gesetzen wie sie unterworfen, in den Zusammenhang

---

[45] (Vgl. Hua XVIII, *Logische Untersuchungen, 1. Band*. Hg. v. Elmar Holenstein. Den Haag 1975, S. 246; Hua XIX/1, S. 512; Hua XIX/2, S. 539, 567 usw.; Hua III/1, *Ideen zu einer reinen Phänomenologie und phänomenologischen Philosophie, Erstes Buch*. Hg. v. Karl Schuhmann, Den Haag (2. Aufl.) 1976 (Original: Halle 1913) S. 46 f., 51, 53 usw.)

der materiellen Natur eingeordnet. Aber es bedarf für uns einer besonderen Blickwendung, um uns das klar zu machen. Denn in der natürlichen Erfahrung sehen wir ihn niemals *nur* als materiellen Körper. Wenn ein Mensch sich bewegt, so gehört das selbstverständlich zu seinem Bilde. Wenn ein Stein oder eine Wachsfigur ohne äußeren Anstoß anfinge sich zu bewegen, so würden wir uns entsetzen. In einem Fall haben wir von vornherein etwas Lebendiges, im andern etwas „Totes" aufgefaßt. Und zum Lebendigen gehört es, daß es sich von sich aus bewegen kann. Der Mensch ist also mehr als ein materieller Körper, er ist etwas *Lebendiges*. – Wenn eine blühende Blume zum Pressen in ein Buch gelegt wird, so kann das ein gewisses Bedauern in uns wecken, weil lebendige Schönheit vor der Zeit verstört ⟨sic⟩ wird. Wollte aber jemand mit einem menschlichen Glied oder auch mit einem Tier ähnlich verfahren, so würden wir empört eingreifen, um es zu verhindern. Wir sehen dann gleichsam den Schmerz des Mißhandelten und empfinden ihn förmlich mit. Menschen und Tiere (Tiere allerdings nicht alle im gleichen Maße) sind für unsere Auffassung von vornherein nicht bloß lebendige, sondern zugleich *empfindende Wesen: animalia*. Wir könnten das vielleicht besser noch mit „*Seelenwesen*" wiedergeben. Was „Seele" ist und mit welchem besonderen Recht gerade hier davon gesprochen werden kann, das ist hier noch nicht zu erörtern. Der Name soll nur sagen, daß, wo wir ein solches Wesen erfassen, zugleich eine innere Berührung mit ihm stattfindet, daß man es nie bloß von außen erfaßt, sondern in es hineinschaut und sich – in einem gewissen Sinn – mit ihm versteht. Nur in einem gewissen Sinn – noch nicht „eigentlich". Denn wenn der Hund uns nicht bloß bittend oder erwartungsvoll ansehen, sondern anfangen würde zu reden, dann wären wir nicht minder verblüfft als über eine empfindende Pflanze oder einen lebendigen Stein. Mit dem Menschen aber stehen wir von vornherein in Gedankenaustausch, in geistigem Verkehr.

## 2. Der Mensch als geistige Person: in seiner sozialen Stellung, seiner Individualität; als geschichtliches, Gemeinschafts-, Kulturwesen

So enthüllt uns schon die einfachste Analyse der alltäglichen Erfahrung etwas vom Aufbau des Kosmos und von der eigentümlichen Stellung des Menschen darin.[46] Wir bekommen einen ersten Einblick in das Stufenreich des Seienden und sehen den Menschen als Mikrokosmos, in dem sich alle Stufen vereinigen: Er ist materielles Ding, er ist Lebewesen, Seelenwesen und geisti-

---

[46] ⟨Es könnte sich hier um eine Anspielung auf Max Schelers anthropologisches Spätwerk handeln, *Die Stellung des Menschen im Kosmos*, Darmstadt 1928, das Stein allerdings an keiner Stelle explizit erwähnt.⟩

ge Person. Was das alles heißt, dafür werden wir ein tieferes Verständnis gewinnen, wenn wir alle diese Stufen näher untersuchen. Zunächst lassen sich aber noch einige andere Fäden herauspräparieren, die in der schlichten Erfahrung beschlossen liegen und nach verschiedenen Richtungen weisen. Die Kleidung des Menschen, seine Art zu sprechen und sich zu bewegen usw. verraten uns oft auf den ersten Blick seinen Stand, seinen Beruf, kurz: seine *soziale Stellung*. All das ist uns in manchen Fällen ohne jedes Nachdenken klar und wir richten unwillkürlich unser Verhalten danach ein. Die Welt der Menschen ist eine soziale Welt, in der jeder seine bestimmte Rolle – oft auch mehrere Rollen – spielt. Wir sehen den Menschen aber nicht nur als *Menschen*, nicht nur mit dem, was er mit allen Menschen gemeinsam hat, und auch nicht nur mit dem Platz, den er in der sozialen Ordnung einnimmt – stärker oder schwächer spricht zu uns auch oft schon bei der ersten Begegnung das, was er selbst als individuelle Person ist und wie er ist, sein Wesen, sein Charakter. Es spricht zu uns aus seinen Gesichtszügen, aus seinem Blick und Mienenspiel, aus dem Klang seiner Stimme, aus vielem, dessen wir uns gar nicht bewußt sind. Und indem es zu uns spricht, rührt es uns innerlich an, stößt uns ab oder zieht uns an. Menschen sind Personen von *individueller Eigenart;* und die Auffassung, die sie voneinander haben, ist keine reine Verstandessache, es ist meist eine mehr oder minder tiefgehende innere Auseinandersetzung, mindestens liegt ein Ansatz dazu in jeder lebendigen Begegnung. – Gehen wir von der isolierten Begegnung über zum dauernden Zusammenleben, so tritt das Äußere und das Allgemeine meist mehr und mehr zurück hinter dem Inneren und Persönlichen. Die Auseinandersetzung vollzieht sich ausdrücklicher und geht allmählich über in ein dauerndes, selbstverständliches Miteinander, evtl. auch Neben- oder Gegeneinander in verschiedenen Gemeinschaftsformen. In die Auffassung geht nach und nach immer mehr von der „Geschichte" des Menschen, von seinem „Schicksal" ein und im Zusammenhang damit ein Bewußtsein wechselseitiger Verantwortung. Menschenleben ist *Gemeinschaftsleben* und ist *Werdegang in Wechselbedingtheit.* – Mit Menschen in Gemeinschaft leben heißt z. gr. T. sie wirken sehen und mit ihnen zusammenwirken; unter Menschenwerken leben, Menschenwerke entstehen und vergehen sehen, von ihnen gebildet werden und andere durch sie bilden helfen: Menschliches Leben ist *Kulturleben*. Die Menschenwelt ist eine vielgestaltige geistige Welt von individuellen Personen und Gemeinschaften, von sozialen Formen und Geisteswerken. In ihr steht er, in ihr lebt er, in sie schaut er hinein, in ihr begegnet ihm Menschendasein und Menschentum.

## 3. ⟨Der Mensch als geistige Person:⟩
### in seiner Erschlossenheit nach innen und nach außen

Er erfährt Menschendasein und Menschentum an andern, er erfährt es aber auch in sich selbst. Und darüber ist noch ein vorläufiges Wort zu sagen. Bei allem, was der Mensch erfährt, ist er für sich selbst spürbar dabei. Die Erfahrung, die er von sich selbst hat, ist eine gänzlich andere, als die er von allem andern hat. Die äußere Wahrnehmung des eigenen Körpers ist nicht die Brücke zur Erfahrung des eigenen Selbst. Der Körper wird wohl auch äußerlich wahrgenommen, aber das ist nicht die grundlegende Erfahrung und verschmilzt mit der Wahrnehmung von innen her, mit der ich den Leib spüre und mich in ihm. Es gehört dazu, daß ich meiner selbst, nicht bloß des Leibes, sondern des ganzen leiblich-seelisch-geistigen Ichs inne bin. Menschendasein ist nach innen aufgebrochenes, *für sich selbst* erschlossenes Dasein, eben damit aber auch *nach außen* aufgebrochenes und *erschlossenes Dasein*, das eine Welt in sich aufnehmen kann. Was das alles besagt: in sich selbst sein, für sich und anderes aufgeschlossen sein, wie die Erfahrung seiner selbst und die Erfahrung äußeren Seins, vor allem andern menschlichen Seins, ineinandergreifen, das sind Themen für große Untersuchungen.

## 4. ⟨Der Mensch als geistige Person:⟩ als Gottsucher

Zum Abschluß dieser ersten vorbereitenden Analyse soll nur noch eines angedeutet werden: In seinem Inneren wie in der äußeren Welt findet der Mensch Hinweise auf etwas, was über ihm und allem ist, wovon er und wovon alles abhängt. Die Frage nach diesem Sein, das Suchen nach Gott gehört zum menschlichen Sein. Zu erforschen, wie weit er mit seinen natürlichen Mitteln in diesem Suchen gelangen kann, ist noch Aufgabe der Philosophie, eine Aufgabe, in der sich Anthropologie und Erkenntnistheorie begegnen. Ihre Lösung muß zur Absteckung der Grenzen der natürlichen Erkenntnis führen.

Edith Stein

# III.
# Der Mensch als materielles Ding und als Organismus

## I. Der Körper als materielles Ding

Versuchen wir einmal, den Menschen rein auf seine Körperlichkeit ⟨hin⟩ zu betrachten. Das ist eine abstrakte Betrachtung, in der wir künstlich von vielem absehen, was zum Vollphänomen des Menschen unaufhebbar gehört: von allem, was an Leben, Seele, Geist durch sein Äußeres zu uns spricht. Sie soll uns dazu verhelfen, ihn zunächst einmal in seiner körperlichen Eigenart zu erfassen. Denn dieser Körper ist ja schon rein als solcher von andern spezifisch verschieden.

1. *Die Gestalt:* Geschlossenheit ist gleich „Individualität"; gesetzliche und symmetrische Gliederung; Aufrichtung; Nacktheit; Doppelform: männlich-weiblich; Abfolge von Gestalttypen

Vergleichen wir ihn mit den „*Stoffen*", die uns die niederste Stufe „geformter Materie" darstellen, so sehen wir auf der einen Seite „Stücke" einer „Masse", für die es außerwesentlich ist, daß sie gerade diese Größe und Gestalt haben, die eine Vereinigung mit andern Stücken desselben Stoffs und ebenso eine weitere Teilung in Stücke zulassen, auf der andern Seite Gebilde, denen ihre *bestimmte* und *in sich geschlossene Gestalt* wesenhaft zugehört, die nicht Stücke, sondern *Exemplare* der Species Mensch sind und ebensowenig Zer-stückung wie Vereinigung mit andern zu einer homogenen Masse zulassen. Wir können diese Eigentümlichkeit des menschlichen Körpers, bestimmte, in sich geschlossene, unteilbare und mit andern unvereinbare Gestalt zu sein, *Individualität* nennen. (Wir nehmen dann diesen Ausdruck in einem Sinn, der seiner ursprünglichen Wortbedeutung entspricht, müssen uns aber vorbehalten, ihn später noch in anderer Bedeutung zu verwenden.) Diese Eigentümlichkeit teilt der menschliche Körper mit allen Organismen. Es gibt etwas Analoges auch schon im Bereich des rein Materiellen: Die *Kristalle* sind Gebilde von in sich geschlossener und bestimmter Gestalt. Sie können nicht zerschlagen werden, ohne ihr Eigenwesen zu verlieren, dagegen lassen sie Vereinigung mit andern zu größeren Stücken zu.[47] – Gehen wir der Eigentümlichkeit der menschlichen Gestalt weiter nach, so finden wir als charakteristisch ihre *streng gesetzliche, mannigfaltige* und *symmetrische Gliederung*. Strenge Gesetzlichkeit des Aufbaus ist allen Organismen eigen; der Mannigfaltigkeit nach ist im Pflanzen- wie im Tierreich eine Stufenreihe zu beobachten: Es gibt hier wie dort einfache Organismen, deren Gestalt sich den einfachen geometrischen Körpern annähert. Das Gesetz der Symmetrie ist für das ganze Gebiet des Organischen von Bedeutung, aber nicht überall für das Ganze der Gestalt Aufbaugesetz wie beim Menschen und den höheren Tieren. Für die menschliche gegenüber der tierischen Gestalt ist wesentlich die *vertikale Aufrichtung*, die *Nacktheit* als relative Unverhülltheit der Grundgestalt und relative Sichtbarkeit der Innenstruktur des Körpers durch die Oberflächengestalt. – Diese Gesetzmäßigkeit der Gestalt beim Menschen wie bei allen Organismen ist nicht die völlig gleicher Exemplare einer Species, sondern größere oder geringere Annäherung an eine *Normalgestalt*.[48] Und diese Normalgestalt ist nicht *eine* für die ganze Species Mensch: Wir haben einmal die *Doppelform* des Männlichen und Weiblichen; sodann einen *gesetzmäßigen Gestaltwandel*: Das Individuum durchläuft in seiner Entwicklung eine Abfolge von Normalgestalten. (Die Kindesgestalt hat ein anderes Aufbaugesetz als die des jugendlichen und des reifen Menschen.)[49]

### 2. *Materielle Beschaffenheit:*
### Mannigfaltigkeit der Aufbaustoffe; Glieder, Organe

Die Oberflächengestalt steht bei allen materiellen Körpern in Zusammenhang (wenn auch nicht in eindeutiger Abhängigkeit) mit der *materiellen Beschaffenheit*. Für den menschlichen Körper ist charakteristisch eine Mannigfaltigkeit von verschiedenen materiellen Bestandteilen, die im Aufbau der Gestalt eine verschiedene Rolle spielen, in der Oberflächengestalt und durch sie hindurch sichtbar werden. Die Anatomie, die den materiellen Aufbau des menschlichen Körpers systematisch erforscht, berücksichtigt diese materiellen Bestandteile und untersucht sie auf ihre chemische Zusammensetzung; andererseits ist sie orientiert an dem Aufbau des menschlichen Körpers aus Gliedern und Organen, der mit dem Aufbau aus verschiedenen materiellen Bestandteilen nicht zusammenfällt: Die einzelnen materiellen Bestandteile zeigen selbst Gliederung; die Glieder und Organe sind aus verschiedenen

---

[47] (Am Rand: „Atomistik". Vertreter dieser antiken philosophischen Richtung, die auf die Physik einwirkte, waren Leukipp, Demokrit, Epikur und Lukrez. Vgl. Anm. 75)

[48] (Durchgestrichen: „einen Normaltypus".)

[49] Um die *sichtbare Erscheinung* zu charakterisieren, müßten außer der Gestalt *Größe* und *Farbe* analysiert werden.

materiellen Bestandteilen aufgebaut. Die Glieder sind relativ geschlossene morphologische Einheiten und als solche Leitfaden für die weitere Untersuchung. Der Begriff *Organ* geht über die rein morphologische Betrachtung hinaus und über die Abstraktion, die nur das Materielle ins Auge faßt. Er ist orientiert am *Funktionieren* der Körperteile, das nicht mehr Sache der Anatomie, sondern der Physiologie ist. Es gibt aber dafür noch eine morphologische Unterlage in der *Bewegung* und *Veränderung* des Körpers und der Körperteile.

### 3. *Bewegung:* eigengesetzliche, außengesetzliche, „unnatürliche"; Bewegung der Glieder; Kopf und Antlitz

Vielleicht fällt uns dem bewegten Körper gegenüber die Abstraktion, die sich auf das rein Körperliche beschränkt, noch schwerer als dem ruhenden gegenüber, weil aus Bewegung und Veränderung beständig Leben, Seele, Geist zu uns spricht.[50] Aber möglich ist auch hier die Abstraktion, die rein die äußere Gestalt der menschlichen Bewegungen ins Auge faßt. Betrachten wir zunächst die Bewegung des ganzen Körpers, so tritt darin eine eigentümliche Gegensätzlichkeit hervor. Wir finden Bewegungen, mit denen der Körper anscheinend seiner eigenen Gesetzlichkeit folgt, und solche, mit denen er einer äußeren Gesetzlichkeit unterliegt. Der Unterschied wird deutlich, wenn der normale Gang eines Menschen durch ein Straucheln unterbrochen wird. Das normale Gehen ist eine Bewegung nach eigener Gesetzlichkeit, aus einem (zunächst rein körperlich zu verstehenden) Zentrum heraus. Der Strauchelnde unterliegt einer Bewegung bzw. Bewegungshemmung, die ihm (phänomenal) von außen aufgenötigt wird, sucht aber seine eigene Bewegung zu behalten: Wir haben hier eine vorübergehende Durchkreuzung zweier verschiedener Bewegungen, die phänomenal unterschieden ist von der Kreuzung zweier Bewegungen bloß materieller Körper. Es gibt noch eine andere Abwandlung der normalen Bewegung des menschlichen Körpers: Wenn der Gang des Menschen „affektiert", „geziert" oder in einer andern Weise „unnatürlich" ist, so wird mit all dem auch etwas bezeichnet, was nicht der ungestörten Eigengesetzmäßigkeit des Körpers entspricht. (Die Ausdrücke „affektiert" und „geziert" gehen über das Körperliche hinaus und lenken den Blick in eine Richtung, der wir jetzt nicht nachgehen wollen. Es sollen die reinen Bewegungsphänomene genommen werden, die darin mitbezeichnet sind.) Die Durchbrechung der Eigengesetzmäßigkeit erfolgt

---

[50] (Vgl. dazu Steins Bearbeitung der „Bewegungs-Arbeit" Reinachs in: Reinach, Adolf, *Sämtliche Werke*, Band I und II, hg. v. Karl Schuhmann und Barry Smith, München 1989 (im folgenden Reinach I bzw. II), hier Reinach I, S. 551–558, Kommentar: Reinach II, S. 775–785.)

aber hier phänomenal nicht von außen, sondern von innen. Eine Eigengesetzmäßigkeit der Bewegung und eine Durchbrechung von außen ist auch bei den Tieren zu finden. (Auf die Möglichkeit einer Durchbrechung von innen bei den Tieren möchte ich hier nicht eingehen. Die Beantwortung würde eine weiter differenzierende Analyse dieser Durchbrechungen erfordern.)[51] – Eine Eigengesetzmäßigkeit der Bewegung scheint mir phänomenal auch bei den Pflanzen vorzuliegen, obwohl ⟨es⟩ keine freie Bewegung im Raum ⟨ist⟩.

Wie für den ganzen Körper, so ist auch für die einzelnen Glieder eine Eigengesetzlichkeit der Bewegung und eine phänomenale Abwandlung dieser eigengesetzlichen Bewegungen festzustellen. Das Zentrum ist für die Glieder nicht dasselbe wie für den ganzen Körper. Für ihre Sonderbewegungen haben sie ihr eigenes Zentrum. Voneinander unterscheiden sie sich durch Maß und Art ihrer Beweglichkeit. Eine besonders hohe und differenzierte Beweglichkeit haben die Hände. Alle andern Körperteile übertrifft an Leichtigkeit und Mannigfaltigkeit der Bewegungen das Gesicht; wir haben hier eine fast beständige Bewegung der Teile, die vielfach nicht so sehr als solche wie als Veränderungen des Ganzen ins Auge fallen. Dazu kommen andere Veränderungen: Wechsel der Gesichtsfarbe, Veränderungen in Farbe, Größe, Glanz der Augen. Wenn der Kopf schon durch seine Stellung die beherrschende Rolle im Gesamtaufbau des menschlichen Körpers hat, so gewinnt er durch dieses mannigfache Wechselspiel erst recht an Bedeutung.

### 4. *Akustische Gegebenheit:* eigengesetzliches und fremdgesetzliches Lautmaterial

Wir haben versucht, einiges hervorzuheben, was in der *sichtbaren Erscheinung* des menschlichen Körpers als charakteristisch hervortritt. Wir haben aber Zugänge zur Körperwelt auch durch die andern Sinne. Als Unterlage für das geistige Eindringen in die Dinge ist nächst dem Sichtbaren vor allem bedeutsam das *Hörbare*. Töne und Geräusche sind nicht im selben Maße dinglich gebunden wie Farbe und Gestalt. Sie werden leichter losgelöst und auf ihren eigenen Gehalt hin betrachtet statt auf das, was sie uns vom tönenden Dinge sagen. Immerhin ist mit dem Ton oder Geräusch auch immer etwas Dingliches gegeben: der ratternde Wagen, die tönende Glocke; und es sind die Töne und Geräusche nicht nur als solche für das Ding charakteristisch, sondern sagen uns zugleich – ähnlich wie seine sichtbaren Qualitäten – etwas von seiner materiellen Beschaffenheit. Das Ding wird aber nur

---

[51] ⟨Am Rand mit Bleistift hinzugefügt: „Dressur, Willkür, Unnatürliches auf natürliche Weise?"⟩

laut, wenn ihm etwas widerfährt. Sich selbst überlassen, schweigt es, so wie es, sich selbst überlassen, ruht und nur durch einen Anstoß in Bewegung kommt. Darin unterscheidet sich der Mensch (und auch das Tier) von den bloß materiellen Dingen. Wie bei ihm eine Bewegung aus eigener Gesetzmäßigkeit im Gegensatz zu der äußerlich aufgenötigten begegnet, so auch ein Lautwerden von innen heraus. Vielleicht wird es uns noch schwerer als bei den sichtbaren Qualitäten, am menschlichen Sprechen, Singen, am Schreien oder Lachen das bloß Sinnenfällige für sich herauszuheben und es neben die Geräusche zu stellen, die rein materielle Einwirkungen, wie ein Schlag oder Stoß, dem Körper entlocken. Es ist aber wiederum möglich, das rein akustische Material für sich zu nehmen. Es wird sich bei der näheren Analyse als ein sehr mannigfaltiges herausstellen: Geräusche und Töne, die von denen der materiellen Dinge nicht prinzipiell unterschieden sind (und dazu gehören auch solche im Körperinnern, z. B. die Rasselgeräusche, die der Arzt beim Abhorchen der Atmungsorgane wahrnimmt); andererseits Laute, die – ähnlich wie die eigengesetzlichen Bewegungen – aus einem inneren Zentrum herkommen und darum stärker im Zusammenhang des ganzen Realen stehen, viel weniger einer isolierten Auffassung zugänglich sind als andere akustische Gegebenheiten. Innerhalb dieses von innen heraustönenden Lautmaterials gibt es noch wesentliche Unterschiede: auf der einen Seite stark modulierte Laute und Lautfolgen ohne strenge rhythmische Gliederung, und demgegenüber ein akustisches Material von streng gesetzlichem tonalen und rhythmischen Aufbau. Es wären hier sehr umfassende Analysen des rein akustisch Gegebenen notwendig. Ich kann sie in diesem Zusammenhang nicht durchführen und möchte auch darauf verzichten, die sinnliche Erscheinung des menschlichen Körpers noch durch die andern Sinnesgebiete zu verfolgen.

Es kam mir nur darauf an, sichtbar zu machen, daß der menschliche Körper wie andere Körper durch ein mannigfaches sinnenfälliges Material gegeben ist, daß er aber schon in seiner sinnenfälligen Erscheinung eigentümlich charakterisiert und von andern materiellen Körpern abgehoben ist. Alles dies, was ihn unterscheidend charakterisiert, ist eine Brücke für unsere Auffassung, die über das rein sinnfällig Gegebene hinausgeht und immer mehr wahrnimmt als einen bloßen materiellen Körper. Diesem Mehr wollen wir nun stufenweise nachgehen an der Hand der Hinweise, die wir in der Erscheinung des Körpers selbst gefunden haben.

## II. Der Mensch als lebendiger Organismus

### 1. Gestaltung von innen her: Innere Form, Lebensseele; Entelechie: Species und Kraft; Materie

Der Körper mit seiner bestimmten, in sich geschlossenen und regelmäßig gegliederten Gestalt wird von uns als ein *innerlich Zusammenhängendes* genommen. Seine äußere Gestalt ist *von innen heraus gestaltet.* Er trägt etwas in sich, was ihn zu dem macht, was er jeweils ist, und zwar geschieht das in einem fortschreitenden Gestaltungsprozeß: Wir sahen ja, daß der Körper einen Gestaltwandel durchmacht. Dieses Sichgestalten von innen her ist eine eigentümliche Seinsweise, die *Seinsweise des Lebendigen.* Das von innen her Gestaltende wird von Thomas von Aquino als *innere Form* bezeichnet. Er nennt es im Anschluß an Aristoteles auch *Seele,* und zwar hier, wo es nur Prinzip des Lebens ist, *Lebensseele* (anima vegetativa[52]). Aristoteles hat schließlich dafür noch den Namen *Entelechie*[53]. Und wir verstehen das daraus, daß der Gestaltungsprozeß ein τέλος[54] hat, daß er auf eine bestimmte Gestalt abzielt. Dieses Ziel ist das voll ausgestaltete und durchgegliederte Gebilde, das von innen her tätig ist, um sich in dieser Vollgestalt zu erhalten – und zwar in der Weise tätig ist, daß jedes Glied eine besondere Aufgabe im Zusammenhang des Ganzen erfüllt, d. h. *Organ* ist, darum das Ganze *Organismus* –, überdies aber über sich hinauszielt, aus sich andere Gebilde der gleichen Art hervorbringt. Die innere Form ist als das Ganze qualifizierend etwas *qualitativ Bestimmtes:* eine *Species;* sie ist zugleich als das die Gestaltung Leistende *lebendige Kraft.* Sie leistet die Formung an einem Stoff, einer *Materie.* Alles, was wir in der Welt wahrnehmen, ist geformte Materie. Was die Organismen vor andern materiellen Dingen („toten" Dingen) auszeichnet, ist, daß die Formung Lebensprozeß ist. Materie ist ohne Form realiter unmöglich, sie gewinnt nur durch die Form Dasein. Aber die lebendige Form beginnt ihr Wirken in einer schon geformten Materie, die durch sie Leben gewinnt, und ist darauf angewiesen, fortschreitend neue Stoffe sich einzuorganisieren, um den Organismus fortschreitend aufzubauen und durchzuformen. Es hängt mit von den materiellen Bedingungen ab, ob die Form sich rein und ungehemmt auswirken kann, ob es gelingt, den Organismus zu seiner Vollgestalt zu führen, ihn zum vollkommenen Exemplar der Species zu gestalten. Außerdem verbraucht sich die Lebenskraft, die rein in sich selbst genommen eine endliche ist, in ihrer formenden Arbeit. Dar-

---

[52] ⟨Lat.: pflanzliche Seele. Vgl. Aristoteles, *Über die Seele,* II, 4–5. Thomas, *Ver,* q 10 a 1 c; q 13 a 4 c; a 16 a 1 ad 13; Stein, *QDV* I, S. 240, 343; *QDV* II, S. 69.⟩
[53] ⟨Griech.: Etwas, das sein Ziel in sich selbst trägt; die sich im Stoff verwirklichende Form; Kraft, die die Entwicklung des Organismus bewirkt.⟩
[54] ⟨Griech.: Ziel.⟩

um gibt es für den Organismus einen Entwicklungshöhepunkt, von dem an die volle Durchformung nicht mehr geleistet werden kann, und einen Verfall, d. h. ein allmähliches Versagen der formenden Kraft und ein entsprechendes Überhandnehmen nicht mehr lebendig geformter Materie bis zum völligen Aufhören des Lebens. Die lebendige Form, die „Seele", macht den menschlichen Körper zum *Organismus*. Wenn kein Leben mehr in ihm ist, ist er nur noch ein materielles Ding wie andere.

## 2. *Organische Bewegung*

Wir haben versucht zu fassen, was dem menschlichen Körper als Organismus eigen ist: die Formung der Materie durch die lebendige innere Form, die Aneignung der nötigen Aufbaustoffe, das Zusammenwirken der Teile im Ganzen, das Erzeugen von andern seiner Art. Dieser ganze Prozeß, den wir *Leben* nennen, ist *Tätigsein*, und Tätigsein ist *Bewegung*. Der Organismus ist in ständiger Bewegung, in innerer Bewegung und in einer Bewegung von innen nach außen. So verstehen wir das Bewegungsphänomen, das ihn kennzeichnet und das wir eigengesetzliche Bewegung nannten. Er folgt mit seiner Bewegung dem Gesetz seiner inneren Form. Zur Durchformung des Körpers gehört es, daß Zentren in ihm geschaffen werden, von denen aus er sich selbst hält und trägt und bewegt und von denen aus er dem begegnet, was ihm von außen geschieht. In dem Maß, in dem die Durchformung geleistet ist, hat er die Herrschaft über sich. Aber niemals hört er auf, materieller Körper zu sein und den Bedingungen des materiellen Geschehens zu unterstehen.

## 3. *Der Schnitt zwischen Organischem und Animalischem:*
Stufenreich des Kosmos nach Thomas von Aquino; Eigenwesen der Pflanzen (anima forma corporis[55]; Unbewußtheit, Selbstlosigkeit, Offenheit – Beschlossenheit in sich; Fixierung im Raum, Emporwachsen)

Wir sind mit der Charakteristik der lebendigen Bewegung bis an die Grenze dessen gekommen, was dem Menschen rein als Organismus eigen ist. Im allgemeinen pflegt man als unterscheidende Merkmale des Tieres gegenüber der Pflanze anzugeben, daß es Empfindung und freie Bewegung im Raume hat. Wir sind an diese Definition nicht gebunden, wenn sie sich nicht als eine wesensmäßige erweisen läßt. Sie muß aber beachtet und auf ihre We-

---

[55] ⟨Lat.: Die Seele ist die Form bzw. die Gestaltung des Leibes; Thomas, *Ver,* q 13 a 4 c (Stein, *QDV* II, S. 343) u. a.⟩

sensmäßigkeit geprüft werden. Voraus liegt die noch grundsätzlichere Frage, ob überhaupt der scharfe Schnitt zwischen Pflanze und Tier sachlich berechtigt ist. Sie ist von Bedeutung, um den Aufbau des Menschen zu verstehen. In der Kosmologie, wie sie Thomas von Aquin[56] im Anschluß an Aristoteles entworfen hat, erscheint die geschaffene Welt als ein Stufenreich von Gebilden: materielle Dinge, Pflanzen, Tiere, Menschen, reine Geister. Die Stufen sind prinzipiell gegeneinander abgegrenzt, sodaß mit jeder etwas Neues gegeben ist. Aber sie stehen nicht zusammenhanglos nebeneinander: Einmal ist in der jeweils höheren das bewahrt, was der niederen eigen ist (nur für die reinen Geister gilt das, wegen ihrer Freiheit von Materie, nicht von dem, was den irdischen Geschöpfen auf Grund ihrer Materialität eigen ist). Sodann waltet durch alle Stufen hindurch ein Gesetz der Kontinuität. Jedes Gebiet umfaßt selbst eine Reihe von niederen und höheren Formen. Und in jedem einzelnen Gebilde gibt es Niederes und Höheres. Und jedes Gebilde und jedes Gebiet berührt mit dem Höchsten in ihm die Grenze des nächsthöheren. Wir brauchen uns zwar diese ganze Kosmologie nicht ohne weiteres zu eigen zu machen. Sie zeigt uns aber, wie die Problematik des Menschen mit der Problematik der ganzen realen Welt und der Scheidung der Realitätsbereiche zusammenhängt. Mensch sein heißt danach: zugleich materielles Ding, Pflanze, Tier und Geist sein, dies alles aber in einheitlicher Weise. Thomas hat mit größter Energie die Einheit der substanzialen Form[57] verfochten (es ist eine der Thesen, die im 13. Jh. am heißesten umstritten worden sind): Der Mensch ist alles, was er ist, durch *eine* innere Form, durch seine Menschenseele, die Vernunftseele ist und dadurch von der Pflanzen- und Tierseele unterschieden, aber das der Pflanzen- und Tierseele Eigene als niedere Teile in sich enthält. Wir wollen in diese Problematik von der Einheit der substanzialen Form hier nicht eintreten. Auf alle Fälle wird es nötig sein, über die niederen Formen Klarheit zu gewinnen, um die höheren zu begreifen.

Wie sich alles Organische vom bloß Materiellen abhebt, das ist deutlich geworden, wenn auch keineswegs seine ganze Problematik aufgerollt wurde. Nun soll versucht werden, ob es gelingt, ein Eigenwesen der Pflanze zu erfassen und eine Abgrenzung nach oben hin zu gewinnen. Die Rede von der „Pflanzenseele", die von Aristoteles in die scholastische Terminologie übergegangen ist,[58] will der Pflanze keine „Seele" in dem uns vom Menschlichen

---

[56] ⟨Hier verwendet Stein nicht wie sonst den Beinamen „Aquino", vgl. Anm. 16 u. 36.⟩

[57] ⟨Steins Formulierung, die sie allerdings nicht durchgängig verwendet, weicht von der Übersetzung der deutschen Thomas-Ausgabe und ihrer eigenen Verwendung in *QDV* ab: dort heißt es „substanzielle Form". Thomas, *Ver*, q 14 a 5 ad 4 (Stein, *QDV* II, S. 20 f.) u. a.⟩

[58] ⟨Vgl. Anm. 52. Vgl. Stein, Edith, *Potenz und Akt,* ESGA 10, Freiburg 2005, S. 167 f. ⟩

her vertrauten Sinn zusprechen, wie es eine poetisch-sentimentale Naturauffassung tut. Sie meint nicht mehr als ein inneres Lebensprinzip. Und mir scheint das lebendige Von-innen-her-sich-Gestalten recht eigentlich das Wesen der Pflanze zu bezeichnen. Das Gebilde zu werden, das keimhaft in ihr beschlossen ist, das scheint mir den grundlegenden Sinn des pflanzlichen Lebensprozesses zu bezeichnen. Die Materie, die ihr zur Verfügung steht, muß sie in diesem Sinn organisieren, und was ihr an materiellen Aufbaustoffen für ihre Zielgestalt fehlt, das muß sie sich nach Möglichkeit aneignen, was nicht dem Aufbau dient, ausscheiden: Ernährung und Absonderung nicht organisierbarer Stoffe stehen im Dienst der organischen Entfaltung. In der Organisation der Materie scheint mir ganz eigentlich das Leben der Pflanze zu bestehen. Die „Pflanzenseele" ist durchaus „forma corporis"[59] und nichts weiter. Es scheint ihr gerade das, worin wir das Eigentümliche der Seele als Seele zu sehen pflegen – eine innere Aufgeschlossenheit – durchaus zu fehlen. *Unbewußtheit* scheint mir wesenhaft zu ihr zu gehören. Ihr ganzes Sein ist darauf gerichtet, das, was sie ist, in sichtbarer Gestalt zu offenbaren, sie ist nicht nach innen aufgebrochen, ist nicht für sich selbst da und lebt nicht in sich selbst. So ist sie in einem ontischen (nicht ethischen) Sinne *selbst-los* und rückhaltlos *offen*. Und das gibt ihr für uns den Aspekt der Reinheit und Unschuld. Sie will nichts für sich haben, nichts in sich hineinziehen, um es für sich zu behalten. Andererseits wendet sie sich mit der Offenbarung ihres Wesens an niemanden, sie strebt nur zum Licht. So ist sie, unbeschadet der Offenheit, mit der sie sich darlebt ⟨sic⟩, in eigentümlicher Weise *in sich beschlossen*. Das gibt ihr für uns den Charakter des Ruhigen und Friedvollen. Damit steht es im Einklang, daß sie sich nicht frei im Raum bewegt, sondern an ihrem Ort festgewurzelt ist. Dieses Emporwachsen aus der Erde zum Himmel ist symbolisch für ihr eigentümliches Sein, das sich aus der dunklen und in sich verschlossenen Materie nährt und sie so gestaltet, daß sie am Lichte offenbar werden kann. Das Festwurzeln beraubt sie aber nicht der eigengesetzlichen Bewegung: Sie hat jenes Zentrum in sich, von dem aus sie sich hält und trägt, sich in sich selbst bewegt und die Bewegungen aufnimmt, die von außen an sie herangetragen werden.

### 4. *Hinauszielen des Lebensprozesses über das Individuum:* auf Species und „Idee der Pflanze"

Trotz der Beschlossenheit in sich selbst zielt doch das pflanzliche Individuum mit seinem Lebensprozeß noch über sich hinaus. Es ist zwar durchaus

---

[59] ⟨Lat.: Gestaltung des Leibes, vgl. Anm. 55.⟩

„ungesellig": Die Bäume des Waldes bilden nur für den betrachtenden Blick eine Kollektiv-Einheit, ohne innerlich verbunden zu sein. Aber der „Élan vital"[60] zielt über das Individuum hinaus auf die *Species*. Das Individuum will mit seinem Gestaltungsprozeß nicht „es selbst" als ein Einzigartiges werden, sondern es will möglichst vollkommen Eiche, Buche oder Tanne werden. Und so bezeichnet *Species* nicht nur die Form, die im Individuum wirksam ist, sondern die Gesamtheit der realen Gebilde, in denen eben diese Form wirksam ist. (Ob jedes *seine* Form hat oder ob es *eine* für alle Individuen derselben Species ist, das ist ein besonderes Problem.) Die Einheit der Species ist schließlich keine bloß kollektive, sondern eine *genetische*. Das Abzielen des Individuums auf die Species hat nicht nur den Sinn, daß es sich selbst zum Exemplar der Species gestaltet, sondern daß es neue Exemplare der Species aus sich erzeugt.

Wir können aber noch eine andere Tendenz im pflanzlichen Lebensprozeß erkennen: nämlich die Tendenz, möglichst vollkommen das zu sein, was das eigentliche Wesen der Pflanze ist – Entfaltung zum Licht. H. Conrad-Martius[61] hat es als die leitende Idee bezeichnet, die über allen Formen des pflanzlichen Seins steht. Die verschiedenen Pflanzenarten entsprechen ihr keineswegs in gleicher Vollkommenheit. Wir wollen hier nicht die Frage erörtern, ob alle Pflanzenspecies sich in eine Entwicklungsreihe mit fortschreitender Annäherung an diese Idee bringen lassen.[62] Jedenfalls haben wir eine große Mannigfaltigkeit von Manifestationen des pflanzlichen Seins. Manche Arten scheinen überwiegend in den untergeordneten Lebensfunktionen, dem Suchen nach geeigneten Aufbaustoffen und dem Aneignen solcher Stoffe steckenzubleiben und in der Organisation der Materie nicht zu großer Vollendung zu gelangen. Die reinste Entfaltung des pflanzlichen

---

[60] ⟨Frz.: Lebenskraft, Lebensschwung; Grundbegriff bei Henri Bergson (1859–1941), der die Naturwissenschaft mit der Metaphysik des Geistes in seiner metaphysischen Theorie vom „élan vital" in seinem Werk *Évolution créatrice* (Paris 1912, deutsch *Schöpferische Entwicklung*, Jena 1912) zu verbinden suchte und auf Phänomenologen wie Husserl und Ingarden und damit auch auf Stein einwirkte.⟩

[61] ⟨Stein bezieht sich auf die bis dato erschienenen einschlägigen Veröffentlichungen von Hedwig Conrad-Martius (1888–1966): „Von der Seele", in: *Summa* II, Hellerau 1917; *Metaphysische Gespräche*, Halle 1921. Es finden sich Notizen zu Conrad-Martius im ESAK (P / A II H):

8 Zettel: Der Mensch in der heutigen Naturwissenschaft und Philosophie
1 Zettel: Ursprung und Aufbau des lebendigen Kosmos
18 Zettel: *Realontologie. JPPF* VI, 1923.
8 Zettel: Hat die Pflanze eine Seele? (1. III. 33)
1 Zettel: Die „Seele" der Pflanze. (Ebenfalls: Einleitung von Hans André, Breslau 1934.)
4 Zettel: Dasein, Substanzialität, Seele, Paris 1932.
28 Zettel: „Die Zeit", *Philosophischer Anzeiger* (hg. v. Helmuth Plessner) II 2, Bonn 1927, 143–182; II 4, Bonn 1928, 354–390.⟩

[62] Vgl. Goethes ⟨*Versuch, die*⟩ *Metamorphose der Pflanzen* ⟨zu erklären, Gotha 1790⟩.

Seins zeigen die Pflanzen, die frei nach oben emporsteigen und in der vollkommensten Gestalt, der „Spitzenleistung" des pflanzlichen Lebens: in ihrer Blüte sich zum Licht öffnen. Das vertikale Emporsteigen ist der höchste Triumph der Gestaltungskraft über die Materie. Das Sichöffnen ist die reinste Offenbarung.[63]

## 5. *Das Pflanzliche im Menschen:* Unterschiede darin

Wenn es uns gelungen ist, wenigstens in einigen Umrissen das Eigentümliche des pflanzlichen Seins festzuhalten, so ist es nun die nächste Aufgabe, im Menschen aufzusuchen, was er vom pflanzlichen Sein in sich bewahrt hat. Ich möchte an etwas anknüpfen, was ich eben als zur reinen Entfaltung des pflanzlichen Seins gehörig bezeichnete und früher als charakteristisch für den Menschenleib erwähnte: die vertikale Aufrichtung. Es scheint, daß Mensch und Pflanze sich hier in etwas begegnen, was dem Tier fehlt. Liegt wirklich hier und dort dasselbe Phänomen vor? Als Triumph über die Materie erscheint die Aufrichtung auch dort; und man kann im Menschenantlitz wie in der Blüte die vollkommenste Selbstoffenbarung sehen. Darüber hinaus aber erscheint die Stellung des Menschenhauptes noch von anderer Bedeutung: Es ist das den ganzen Körper Beherrschende, von dem er überschaut, zusammengefaßt und regiert wird. Die vertikale Richtung ist hier eine doppelte: eine von unten nach oben – das Emporstreben zum Licht, eine von oben nach unten – ein Sichselbstfassen von oben her. Dadurch ist der menschliche Körper vom pflanzlichen wie vom tierischen unterschieden, unbeschadet der Gemeinsamkeit des organischen Charakters. Diese Gemeinsamkeit liegt wie in der Selbstoffenbarung so in der Gestaltung, der Entfaltung nach einem inneren Bildungsgesetz. Die Entwicklung des menschlichen Leibes von der einfachen Zelle zum komplizierten Organismus ist wohl das wunderbarste Beispiel des organischen Prozesses, in dem sich durch Wachstum und fortschreitende Differenzierung das teleologisch geordnete Ganze mit dem vollendeten Ineinanderspiel der Teile bildet. Vorgreifend dürfen wir schon sagen, daß dieser organische Prozeß, in dem der Leib sich gestaltet, seine Parallele im Seelisch-Geistigen hat; der ganze Mensch ist in den Entwicklungsprozeß einbezogen. Er erschöpft ⟨sich⟩ aber nicht darin, reiner Organismus zu sein; der Entwicklungsprozeß ist kein rein organischer Prozeß, und das gilt auch schon für den Leib. Die Entfaltung von innen her ist hier kein in sich geschlossener, wenn auch von materiellen Bedingungen beeinflußter Verlauf, sondern geschieht in beständiger Ausein-

---

[63] ⟨Mit Bleistift am Rand notiert: „Entgegen der Kontinuität, wonach die Form die höchste sein müßte, die sich der tierischen am meisten nähert."⟩

andersetzung mit dem, was dem Organismus von außen begegnet. Mensch und Tier sind nach innen und außen aufgebrochen. Sofern dies etwas dem Menschen und dem Tier Gemeinsames ist, kann das Menschenwesen durch eine Analyse des tierischen Wesens geklärt werden.

Zuvor aber ist noch festzustellen, daß der Organismuscharakter oder das Pflanzenhafte im Menschen nicht überall gleich ausgeprägt ist. Er tritt reiner hervor beim Kinde als beim Erwachsenen und auch als beim Jugendlichen. Es ist kein bloßes poetisches Bild, wenn man so gern Kinder mit Blumen vergleicht, sondern hat eine sachliche Grundlage: Wir finden hier noch ein relativ ungebrochenes Sichentfalten und Sichoffenbaren, ein Ruhen in sich selbst. Und darum haben wir auch hier den Eindruck des Unschuldsvollen, Friedlichen und Selbstlosen. Der organische Charakter tritt ferner relativ stärker hervor bei der Frau als beim Mann, stärker beim Naturmenschen als beim zivilisierten. Und schließlich gibt es darin starke individuelle Differenzen. All diese Unterschiede werden sich aber erst recht fassen lassen, wenn wir über das spezifisch Tierische und das spezifisch Menschliche einige Klarheit gewonnen haben.

# IV.
## Das Animalische

1. Tierische Bewegung; Triebcharakter

Bei dem Versuch, das spezifisch Pflanzliche zu fassen, sind wir in der Abgrenzung auch schon auf das spezifisch Animalische gestoßen. Die traditionelle Definition des animalischen Wesens als eines, das freie Bewegung im Raum und Empfindung hat, rechtfertigt sich phänomenal, sofern mit seiner äußeren Erscheinung das Spüren dessen, was mit ihm geschieht, und ein inneres Bewegungszentrum (evtl. mehrere) mitgegeben ist. Die Gegebenheit ist aber nicht völlig einheitlich für alle animalischen Wesen, sondern es treten hier charakteristische Unterschiede hervor. Wenn wir von den Grenzgebilden absehen, bei denen man dem puren Phänomen nach im Zweifel sein kann, ob sie noch als Pflanzen oder bereits als Tiere anzusprechen seien, ist die freie Bewegung für alles Animalische charakteristisch. Das „frei" bedeutet einmal, daß keine Bindung an einen bestimmten Ort vorhanden ist wie bei den Pflanzen, sodann daß die Bewegung nicht rein mechanisch von außen aufgenötigt ist wie bei den materiellen Dingen, sondern von innen her erfolgt. Die Freiheit bedeutet nicht Willkür oder Freiwilligkeit. Darin liegt gerade die Scheidung zwischen tierischer und menschlicher Bewegung und im Menschen selbst zwischen Tierischem und spezifisch Menschlichem. Die tierische Bewegung erscheint als eine streng gesetzmäßige, wenn auch nicht durch rein mechanische Gesetzlichkeit bedingte. Wir sprachen von einer Bewegung aus eigener Gesetzmäßigkeit, und daran müssen wir festhalten; es liegt eine andere Gesetzmäßigkeit im Tanz der Mücke als im Flug des Vogels, und wiederum eine andere im Taumelflug der Möwe als im Daherschießen der Schwalbe, im Trott des Bären eine andere als im Schleichen der Hyäne. Entsprechende Eigengesetzmäßigkeit finden wir bei verschiedenen Menschentypen und bei jedem menschlichen Individuum. Die Bewegung ist aber nicht rein von innen her bedingt, sondern ist eine ständige Auseinandersetzung mit Einwirkungen von außen. Dabei ist jetzt nicht an mechanische Bewegungsanstöße und die Kombination mechanischer und lebendiger Bewegung gedacht, von der früher die Rede war. In dem bei aller Gesetzmäßigkeit anscheinend regellosen Wandel und Wechsel in seinen Bewegungen scheint das Tier beständig von außen gezogen und gestoßen, aber nicht mechanisch-körperlich gezogen und gestoßen, sondern auf unsichtbare Weise innerlich getroffen und von innen her darauf reagierend. Wir haben hier phänomenal das Verhältnis von Reiz und Reaktion, wobei mitunter der Reiz mitgegeben ist (etwa, wenn die Katze mit einer rollenden Kugel spielt), mitunter aber nur die Reaktion in ihrem Reaktionscharakter (so häufig beim Flug der Insekten). Das Tier erscheint bei allen seinen Bewegungen von innen her getrieben und von außen gezogen oder abgestoßen. Die Bewegungen sind Auseinandersetzungen von beidem. Und wie für die Pflanze die Ruhe und Beschlossenheit in sich charakteristisch ist und das Festwurzeln im Boden wie ein Symbol ihres Wesens, so scheint für das Tier Ruhelosigkeit wesentlich und Unfixiertheit, zu der die räumliche Ungebundenheit notwendig gehört.

## 2. Empfindsamkeit; Innensein; Tierseele und -leib; Affektleben, Charakter

Das innere Betroffensein, das die reaktive Bewegung auslöst, bezeichnen wir als *Empfindung*, als Spüren dessen, was dem Lebewesen begegnet (in der üblichen psychologischen Terminologie wird schon die Empfindung als Reaktion bezeichnet). Das Tier empfindet das, was ihm begegnet, an und in und mit seinem Leib. Der Leib ist unmittelbar als empfindender aufgefaßt, eben das unterscheidet ihn vom bloßen Organismus. Allerdings ist diese Gegebenheit als lebendiger Leib nicht die gleiche bei allen Tieren. Bei den höheren Tieren, und besonders bei denen, deren Körper nicht durch ein allzu dichtes Haar- oder Federkleid verhüllt ist, wird der Leib unmittelbar als empfindender gesehen, bei andern – etwa bei den fast körperlos erscheinenden Mücken und Spinnen – ist die Auffassung der Empfindsamkeit mehr an die reaktiven Bewegungen gebunden. – Der Leib ist empfindender Leib nicht nur, sofern er äußere Reize spürt, sondern er empfindet sich selbst; er ist sozusagen durch und durch empfindender Leib und kontinuierlich empfindend, nicht nur oberflächenhaft und nur, wenn er von äußeren Reizen getroffen wird. Die Empfindsamkeit für äußere Reize ist ein Aufgebrochensein des animalischen Wesens nach außen, die Empfindsamkeit für sich selbst ist eine Aufgebrochenheit nach innen. Damit stoßen wir auf ein Innensein in einem Sinn, der uns beim bloßen Organismus noch nicht begegnet ist. Wir fanden dort eine innere Form als Lebens- und Gestaltungsprinzip, die traditionell als „Pflanzenseele"[64] bezeichnet wird, aber ihr „Leben" erschöpft sich in dem gestaltenden Wirken. Die Tierseele wird traditionell als *anima sensitiva* bezeichnet, als Sinnenseele.[65] Die empfindungs-

---

[64] ⟨Vgl. Anm. 52.⟩
[65] ⟨Vgl. Aristoteles, *Über die Seele*, II, 5 ff. Vgl. Thomas, *Ver*, q 10 a 1 c (Stein, *QDV* I, S. 240). Vgl. Anm. 52.⟩

mäßige Aufgebrochenheit ist für sie charakteristisch. Sie scheidet sich damit nach unten gegen die Pflanzenseele, die noch nicht sensitive Seele ist, nach oben gegen die Menschenseele, die wohl *auch* sensitive, aber nicht *bloß* sensitiv aufgeschlossene Seele ist. Doch auch die sensitive Seele ist nicht bloß empfindende Seele. Die Empfindsamkeit des Tieres zeigte sich uns im Zusammenhang mit dem reaktiven Charakter seiner Bewegungen. Die Bewegungen und die Triebe, durch die sie bestimmt werden, kommen „von innen her" und sind innerlich gespürt. Und wenn mit dem Inneren des Leibes kein räumliches Innen, sondern ein Inneres in einem unräumlichen Sinn, das wir eben als „Seele" bezeichnen, gemeint ist, so hat alles Leibliche eine seelische Seite. Es wird mit dem Tierleib eine *Tierseele* aufgefaßt, die ein *inneres Leben* hat. Und erst damit haben wir erreicht, was „Seele" in einem eigentlichen Sinne besagt. „Seele haben" heißt ein inneres Zentrum haben, in dem spürbar alles zusammenschlägt ⟨sic⟩, was von außen kommt, aus dem alles hervorbricht, was im Verhalten des Leibes als von innen herkommend erscheint. Es ist die Umschlagstelle, an der die Reize angreifen und von der die Reaktionen ausgehen. Und wenn das tierische Leben ein unruhiges Getrieben- und Bewegtwerden ist, so ist der eigentliche Ort der Unruhe die Seele, die diesem Treiben ausgeliefert ist und sich ihm nicht entziehen kann. Die Tierseele ist dem Leib verhaftet; sie formt ihn, sie gibt ihm Leben, sie lebt in ihm; spürt, was ihm widerfährt, und spürt es in ihm und durch ihn: Seine Organe sind ihre Organe; sie bewegt ihn, und zwar so, wie es ihm nottut, ihre Triebe stehen im Dienst seiner Erhaltung und Entfaltung: als Begehren dessen, was ihm nottut, und Abwehr dessen, was ihn gefährdet. Schließlich noch eins, was bisher unberücksichtigt blieb: Die Seele spricht sich im Leibe aus, er dient ihr als *Ausdruck*, durch den sie selbst und ihr inneres Leben in sinnenfällige Erscheinung tritt. Das, was durch den leiblichen Ausdruck zu Tage tritt, ist ein Inneres noch in einem eigentlicheren Sinn: nicht ein bloßes Spüren dessen, was dem Leib äußerlich begegnet, und das Reagieren nach außen hin, sondern eine innere Befindlichkeit – die tierischen Ausdruckserscheinungen offenbaren uns Freude und Trauer, Zorn und Furcht, eine ganze Skala von *Affekten* oder Gemütsbewegungen, ein aktuelles seelisches Leben, das uns anspricht und mit dem wir in innerem Kontakt stehen. Darüber hinaus aber prägt sich im Äußeren des Tieres etwas Bleibendes aus, sein „Charakter", seine *Eigenart*. Wenn wir dieses Innensein und -leben in Betracht ziehen, so können wir das Verhältnis von Leib und Seele nicht so auffassen, als wäre der Leib das, worauf es eigentlich ankommt, und die Seele etwas, was nur in seinem Dienst steht und nur um seinetwegen da ist. Es ist vielmehr eine gleichgewichtige Einheit da; nicht eine Einheit aus zwei getrennten Substanzen, sondern eine lebendig geformte Materie, deren Form sich zugleich in die Materie gestaltet und sich innerlich, in der Aktualität des seelischen Lebens, ausspricht.

### 3. Species und Individualität beim Menschen und beim Tier

Die Eigenart, die sich in der Körperbildung des Tieres wie in seinem seelischen „Charakter" ausprägt und wohl innerlich in einer eigentümlichen
Grundbefindlichkeit gespürt wird, scheint mir die Eigenart der *Species* zu
sein, keine schlechthin individuelle. Das τέλος [66], auf das die Entwicklung
des Individuums hinzielt, ist wie bei der Pflanze die möglichst vollkommene
Ausprägung der Species und ihre Forterhaltung auf dem Wege der Zeugung.
Es scheint keine Individualität vorhanden, die als solche Bedeutung hätte. Es
sind wohl die Individuen mehr oder minder vollkommene Exemplare der
Species und voneinander verschieden. Aber diese Verschiedenheiten erscheinen als etwas „Zufälliges", d. h. nicht unaufhebbar im Wesen des Tieres begründet. Die Vorstellung einer Mehrheit von völlig gleichen Exemplaren der
Species hat nicht etwas so Abnormes, ja Unheimliches, wie die eines
menschlichen „Doppelgängers". Eine andere Bewertung der Individualität
als beim Menschen scheint jedenfalls unser theoretisches und praktisches
Verhalten den Tieren gegenüber zu beherrschen. Als praktisches Verhalten
dürfen wir hier, wenn wir das Entscheidende erfassen wollen, nicht ein Verhalten nehmen, das die Tiere einfach für menschliche Zwecke ausnützt: Der
Viehzüchter, der die Schweine oder Ochsen zum Verkauf mästet, ist weder
an dem einzelnen Tier noch an der Species als solcher interessiert, sondern
nur an den Eigenschaften, die den Marktwert bestimmen. Wir müssen uns
als Exempel ein „persönliches" Umgehen mit Tieren vergegenwärtigen, das
dem Umgang mit Menschen möglichst nahekommt: Der Hirt kann seine
Schafe voneinander unterscheiden, er kennt jedes einzelne mit seinen Eigentümlichkeiten und jedes ist ihm mit diesen Eigentümlichkeiten lieb oder
vielleicht auch manchmal lästig; der Hund wird im Hause wie ein Mitglied
der Familie behandelt, und man hängt an *diesem* bestimmten Tier. Wenn
diese Einstellung aber so weit geht, daß man das Tier ernstlich wie einen
Menschen betrachtet und behandelt, wenn man seinen Verlust als „unersetz-
lich" betrauert, so erscheint das als Unvernunft, d. h. als Unangemessenheit
an das, was sachlich vorliegt. Umgekehrt erscheint es bei menschlichen Beziehungen als Unangemessenheit, einen Menschen durch einen andern zu
ersetzen: Das ist wohl möglich auf einem Posten, in einem Amt, in irgend-
einer sozialen Stellung – da kann ein Mensch den andern ablösen und seinen
Platz (wenn auch mehr oder minder gut) ausfüllen. Aber in dem, was *dieser*
Mensch mir menschlich bedeutet, ist er nicht mit einem andern vertausch-
bar, wenn auch eine neue menschliche Verbindung über einen Verlust trö-
sten kann. Das sind nur erste Hinweise, die einer tiefer gehenden Analyse als
Ansatzpunkte dienen können. Erst diese tiefere Analyse könnte überzeugend

---

[66] ⟨Griech.: Ziel.⟩

dartun, daß hier eine Wesensgrenze zwischen Tierischem und Menschlichem liegt: daß beim Menschen Individualität einen neuen Sinn bekommt, der bei keinem untermenschlichem Geschöpf zu finden ist.

Von daher würde dann auch der Unterschied in der theoretischen Behandlung von Menschen und Tieren begreiflich: daß wir wohl in der Zoologie und Anthropologie parallele Disziplinen haben, die menschliche und tierische Natur, Menschenrassen und Tierspecies allgemein erforschen, aber keine den individualisierenden Geisteswissenschaften entsprechende Wissenschaft vom Tier. Auch eine „Charakterologie" der Tiere, wie wir sie in poetischer Form seit den ältesten Zeiten in der Fabel vorliegen haben, zeichnet die *spezifischen* Charaktere. Sie tut es meist, um in ihnen bestimmte Menschentypen darzustellen, und gibt sie selbst in vermenschlichter Form. Die Unterlage für die Parallele wie für die Vermenschlichung ist aber die Auffassung gewisser Charaktertypen bei den Tierspecies und ihre Ähnlichkeit mit menschlichen Charaktertypen. Wie weit das Recht einer solchen Parallelisierung geht, das wäre natürlich erst zu entscheiden, wenn man die ontische Struktur hier und dort klar durchschaut hätte. So ist es ein Problem, ob es überhaupt Menschenspecies gibt, die den Tierspecies entsprechen, oder – falls der Mensch als Tierspecies zu fassen wäre – Spielarten der Species Mensch, den Spielarten einer Tierspecies entsprechend. Alle diese Ideen: „Species", „Typus", „Spielart", „Individualität" sind vorläufig nicht geklärt. Ihre Klärung und die Feststellung ihres Verhältnisses zueinander ist dringendes Erfordernis, nicht nur um Tier und Mensch gegeneinander abgrenzen zu können, sondern für das Verständnis aller Bereiche der realen Welt: um die Struktur jedes einzelnen und ihr Verhältnis zueinander zu erkennen. Wir stellen diese Problematik jetzt noch etwas zurück, um rück- und vorblickend den erreichten Standort zu überschauen.

## 4. Rück- und Ausblick

Wir haben einen Zugang zur tierischen Struktur von der sichtbaren Erscheinung her gewonnen. Wir haben das aufgesucht, was über den gemeinsamen Organismuscharakter hinaus als spezifisch Animalisches im Vergleich zum Pflanzlichen festzustellen ist: den Triebcharakter des Tieres, die Empfindsamkeit, das Vorhandensein eines seelischen Seins im Sinne aktuellen inneren Lebens und dauernder seelischer Eigenart. Von der ersten gewonnenen Einsicht ergibt sich die weitere Problematik. Wir haben als Zugangsweg wieder die sichtbare Erscheinung genommen. Es müßte die parallele Analyse für die andern *sinnlichen Zugangswege* durchgeführt werden. Dabei dürfte den tierischen Lauten eine besondere Bedeutung zukommen: einmal als Ausdruck des seelischen Lebens und des spezifischen Charakters, sodann für die Scheidung von Tierischem und Menschlichem. (Innerhalb der Analyse des Menschen könnte das Studium des Lautmaterials bei Stummen oder durch Lähmung der Sprache Beraubten für diese Scheidung bedeutsam sein.) – Nachdem wir ein „Inneres" als zum Aufbau des Tieres notwendig gehörig erkannt haben, wäre der *Bau der Seele* zu untersuchen. Wir stießen schon auf den Gegensatz eines aktuellen seelischen Lebens und eines dauernden Bestandes. Dieses beides ist für sich und es ist außerdem das Verhältnis des dauernden Bestandes zur wechselnden Lebensaktualität zu untersuchen. Solche Untersuchungen sind noch keine empirische *Tierpsychologie*: Es ist damit auf eine *Ontologie der Tierseele* abgesehen, die für die empirische Psychologie vorausgesetzt ist; jede empirische Untersuchung geht schon mit einer bestimmten Auffassung von der Grundstruktur ihres Gegenstandes an die einzelnen Fälle heran, um festzustellen, was hier und dort jeweils vorliegt, und es ist die Aufgabe der philosophischen Begründung der empirischen Wissenschaften, die leitenden Ideen zu klären. – Es wäre schließlich die schon kurz berührte Problematik des Verhältnisses von Individuum und Species im Tierreich noch zu ergänzen durch die Frage nach dem Verhältnis der Species zueinander: einmal die Frage nach einem genetischen Zusammenhang zwischen ihnen; sodann die andere, ob wir, wie von der „Idee der Pflanze", auch von einer das ganze Gebiet beherrschenden „Idee des Tieres" sprechen können und von einer mehr oder minder vollkommenen Realisierung dieser Idee in den verschiedenen Species, schließlich die Frage des Zusammenhangs der verschiedenen Reiche des Seins. Damit könnten die Grundlagen für eine Auseinandersetzung mit der Entwicklungstheorie gewonnen werden. – Abschließend ist dann die Stellung des Tierischen im Aufbau des Menschen zu untersuchen. Es ist unmöglich, in unserem Rahmen alle diese Probleme zur Lösung zu führen. Nur die Anfänge der notwendigen Untersuchungen können wir versuchen.

### 5. Das tierische Lautmaterial im Vergleich zum menschlichen: Affektlaute, Signale, Melodisches

Zunächst einiges über das *Lautmaterial:* Die Laute der Tiere sind einmal ein Zugang zu ihrem spezifischen *Charakter:* Das Gurren der Taube, der Schrei der Möwe, das Zwitschern der Amsel sagen uns etwas von ihrer Eigenart. Die Laute führen uns zugleich in das aktuelle Seelenleben ein: Aus ihnen sprechen Zorn, Angst, Schmerz – die ganze Skala der tierischen *Affekte*. Daneben haben wir Laute ganz anderer Art: Lock- und Warnungsrufe u. dgl. – kurze *Signale*, durch die sich die Tiere untereinander verständigen, die man darum auch gern als „Sprache der Tiere" bezeichnet. Diese Signallaute der Tiere sind in verschiedener Hinsicht bedeutsam: Sie geben uns Einblick in eine *Societät der Tiere*, ein Gemeinschaftsleben. Sie machen ferner den Charakter des *Absichtlichen*, Willkürlichen ⟨aus⟩, so daß hier eine Annäherung an die menschliche Freiheit gegeben scheint. Und es liegt darin ein *Sinn*, der verstanden wird, und damit anscheinend ein Anfang von *Vernunft*. Schließlich verdienen auch die *modulierten Laute*, wie vor allem der Gesang der Vögel, Beachtung als Gebilde, die eine planmäßige Gestaltung zu verraten scheinen. All diese Phänomene sind besonders wichtig für die prinzipielle Abgrenzung von Tierischem und Menschlichem.

Der unwillkürliche Ausdruck der Eigenart und der aktuellen seelischen Verfassung scheint etwas Tieren und Menschen Gemeinsames zu sein und zugleich eine Brücke des Verständnisses, die uns eine Art Gemeinschaftsleben mit den Tieren ermöglicht: Wir bekommen Einblick in ihr Seelenleben und fühlen es mit; und auch sie werden von dem, was in uns vorgeht, affiziert, ähnlich wie kleine Kinder von der seelischen Verfassung ihrer Umgebung mit erfaßt werden, ehe sie sie verstehen können. Mit diesen Phänomenen bleiben wir noch ganz im Bereich des Unwillkürlich-Triebhaften oder Instinktiven, das als das spezifisch Tierische erscheint. Das Tier lebt in seiner Seele, es wird in seiner Seele bewegt, und diese Bewegung bricht sich unwillkürlich und unaufhaltsam nach außen Bahn, das Seelische äußert sich durch den Leib in sinnenfälliger Weise. Es liegt noch nichts darin, was aussieht wie eine Lösung von sich selbst, ein Begreifen seiner selbst, die Aufrichtung eines personal-geistigen Ich. Liegt etwas dergleichen vor in den „Signalen" der Tiere? Können wir darin ernstlich eine „Sprache" sehen? Was zunächst rein dem lautlichen Material nach die menschliche Sprache von bloßen Affektlauten scheidet, ist die Kontinuität der Rede, die Formung des Materials zu festen, gegliederten („artikulierten") Gestalten und eine dieser Formung entsprechende Gesetzlichkeit des Rhythmus und der Tongebung. Nehmen wir das volle Sprachphänomen, so werden die gegliederten Gestalten zu Trägern fester Bedeutungen, der Fluß der Rede zu einem Sinnzusammenhang; dazu kommt das Sprechen als Formen des sprachlichen Ausdrucks in Anpassung an einen lebendig vollzogenen Sinnzusammenhang und als freie Verwendung des sprachlichen Ausdrucks zum Zweck der Verständigung. Stellen wir menschliche Signale – wie Pfiffe oder die Signalrufe der Schiffer – dem gegenüber, so fehlt die Kontinuität, es fehlt die Artikulation, vor allem aber das, was diesen beiden zugrunde liegt: ein sich in den sprachlichen Ausdruck hinein formender Sinnzusammenhang. Die Signale haben eine Bedeutung, aber sie sind ihr äußerlich angeheftet. Gerade das erhöht freilich den Charakter des Willkürlichen, Absichtlichen im Vergleich zur Sprache. Und so müssen wir zusehen, wie es damit bei den tierischen Signallauten steht. Auch hier liegt kein innerer Zusammenhang zwischen dem Signal und dem, was es bedeutet, vor – etwa zwischen dem Warnungsruf und dem Erfassen der Gefahr – wie zwischen Wortlaut und Bedeutung im lebendig ausgedrückten Sprechen. Es liegt ein objektiver Zweckzusammenhang vor: Im Unterschied zu menschlichen Signalen erscheinen die Tiere von Natur aus auf ein bestimmtes Signalsystem festgelegt – die Gemse hat keine Möglichkeit, dieses oder jenes Signal zu wählen, wie sich Banditen auf einen bestimmten Warnungspfiff einigen. Der objektive Zweckzusammenhang erweckt nur den Anschein von Absicht und Willkür, wo eine gesetzmäßige Reaktion vorliegt. Mit dem Mangel eines inneren Sinnzusammenhangs entfällt der Vernunftcharakter, mit der Unmöglichkeit einer Wahl der Freiheitscharakter der tierischen Verständigungsmittel, damit aber der Charakter der Sprache.[67]

## 6. Struktur der Seele: Aktuelles seelisches Leben (äußere und innere Sinne; Gefühle und Triebe; Gesinnungen); Potenzen und Seele

Versuchen wir es nun, auf Grund des Einblicks, den wir in das Innere gewonnen haben, die Grundstruktur der Tierseele zu zeichnen. Das Äußerste sind die wechselnden *sinnlichen Eindrücke*, die von außen empfangen werden. Wir dürfen sie uns nicht nach Analogie unserer Wahrnehmungen denken, in denen Dinge als scharf von uns abgehobene und in sich stehende „Gegen-stände" ⟨sic⟩ erfaßt werden und die als Grundlage einer rationalen Erkenntnis dienen können. Es ist wohl eher an das dumpfe Betroffensein zu denken, wie wir es bei verminderter Wachheit und Bewußtheit kennen, ein Empfindungsmaterial, das nicht in die Form dinglicher Qualitäten eingegangen ist. Solche Erwägungen sind aber analogisierende Konstruktion. Die „Welt des Tieres", der Gehalt seiner Eindrücke ist uns nicht gegeben, wie sein „Inneres" in seinen Affektlauten – so wenig, wie die Wahrnehmungsinhalte anderer Menschen uns gegeben sind. Und es fehlt hier die Möglichkeit, durch sprachliche Verständigung die Gemeinsamkeiten und Unterschiede der eigenen und fremden Wahrnehmungswelten festzustellen. Wir sind nicht einmal berechtigt, dieselben Arten von Sinneseindrücken („5 Sinne") in derselben scharfen Abgrenzung wie bei uns anzunehmen.

Zu den verschiedenen Species äußerer sinnlicher Daten kommt die Empfindungsgegebenheit des eigenen Leibes, das, was man als *„innere Sinnlichkeit"* bezeichnen kann.[68] Diese Innerlichkeit ist aber nicht die einzige. In

---

[67] Ähnlich ließe sich auch die „planmäßige Gestaltung" der Vogel„melodien" als Schein erweisen.

[68] Bei Thomas haben die „inneren Sinne" eine andere Bedeutung: Sie bezeichnen die sinnlichen Potenzen, die ein *Bewahren* von Eindrücken ermöglichen. Es sind 4: der *„sensus communis"* ⟨q 15 a 1 ad 3 (Stein, *QDV* II, S. 45 f.)⟩, der die sinnlichen Species ins „Innere" hineinnimmt, die *imaginatio* ⟨q 1 a 11 c (Stein, *QDV* I, S. 33 ff.); q 1 a 12 c (Stein, *QDV* I, S. 35 f.); q 2 a 6 c (Stein, *QDV* I, S. 62 ff.) u. a.⟩, die sie bewahrt, die *vis aestimativa*, die

nahem Zusammenhang damit steht die innere Befindlichkeit, die durch äußere Eindrücke ausgelöst wird: das, was man als *Gefühlsempfindungen* bezeichnet und unter die *polaren Grundkategorien* von *Lust* und *Unlust* ordnet. Erst hier ist die Umschlagstelle vom Reiz zu den Reaktionen, dem Getrieben-, Gezogen- und Abgestoßenwerden (von Thomas als *appetitus* ist gleich Streben bezeichnet)[69]. Thomas macht noch auf ein anderes „inneres Sein" aufmerksam: ein *Verharren* der einmal aufgenommenen Eindrücke, das sich in dem Suchen nach etwas nicht Gegenwärtigem bekundet, und ein *instinktives Abschätzen* des äußerlich Begegnenden als nützlich und schädlich. Schließlich können wir etwas den menschlichen *Gesinnungen* Entsprechendes feststellen: eine dauernde Einstellung des Gemüts vor allem gegenüber andern Tieren und Menschen. So haben wir eine Reihe von Kategorien, in die sich die Mannigfaltigkeit des aktuellen seelischen Lebens einordnet. Auf eine Vollständigkeit der Übersicht wird dabei kein Anspruch erhoben.

Die Lebensaktualität bezeichnet ein ständiges Kommen und Gehen von äußeren Reizen, inneren Befindlichkeiten, Triebregungen usw. Hinter diesem Kommen und Gehen aber steht ein Dauerndes, das die Aktualität und eine *solche* Aktualität möglich macht. Die Akte sind Bekundungen von *Potenzen* (Vermögen oder Kräften). Sie wurzeln in der Seele, die das Prinzip aller Lebensäußerungen und Lebenstätigkeiten des Lebewesens ist. Gewisse Potenzen hat die Pflanzenseele mit der Tierseele gemeinsam. Thomas nennt als Potenzen der Pflanzenseele Ernährungs-, Wachstums- und Fortpflanzungsvermögen, als die beim Tier neu hinzutretenden die sinnlichen Potenzen (5 äußere und 4 innere Sinne).[70] Wie weit diese Einteilung phänomenal zu rechtfertigen und ob sie ausreichend ist, das wollen wir hier nicht erörtern. Sie soll nur als Beispiel dafür dienen, was unter den Potenzen zu verstehen ist.

### 7. Tierseele und Körper; Problem der substanzialen Form; Charakteristik der Tierseele nach Thomas

Die Psychologie des 19. Jahrhunderts, die sich als Naturwissenschaft in möglichst getreuer Nachbildung der naturwissenschaftlichen Methoden etabliert hat, wollte mit der Seele und den seelischen Vermögen, mit denen noch die rationale Psychologie des 18. Jahrhunderts in Fortführung der scholastischen Tradition arbeitete, nichts zu tun haben. Sie wollte nur die

---

Nützliches und Schädliches unterscheidet ⟨q 25 a 2 c (Stein, *QDV* II, S. 297 ff.), und die *vis memorativa*, die diese „Intentionen" bewahrt. (Vgl. f⟨olgende⟩ S⟨eite⟩.)

[69] ⟨Thomas, *Ver*, q 22 a 1 c (Stein, *QDV* II, S. 172 ff.); q 25 a 1 c (Stein, *QDV* II, S. 293 ff.) u. a.⟩

[70] ⟨Thomas, *Ver*, q 10 a 1 c (Stein, *QDV* I, S. 239 f.).⟩

„psychischen Phänomene" betrachten, und darunter verstand sie die Einzeltatsachen des Bewußtseins. Eine Kritik des Begriffs „psychisches Phänomen" würde uns hier zu weit vom Wege ab führen. Nur soviel soll festgestellt werden, daß mit dieser Isolierung von Einzeltatsachen gerade der Boden der Erfahrung verlassen ist, denn die Erfahrung zeigt uns keine isolierten psychischen Tatsachen, sondern zeigt uns Seelisches immer nur im Lebenszusammenhang eines animalischen Wesens. Wenn man sich damit zu helfen suchte, daß man nur die aktuellen „Bewußtseinserscheinungen" gelten ließ, als dauernden Träger dieser Erscheinungen aber den Körper erklärte, so ist diese Deutung nach den vorausgegangenen Analysen unhaltbar. Wir fanden ja nicht einen Körper wie andere materielle Körper und daran geknüpfte Bewußtseinstatsachen, sondern ein durch und durch von allen materiellen Körpern verschiedenes Gebilde. Was wir einen „Leib" nennen, das ist kein gewöhnlicher materieller Körper, sondern ein durchseelter; es ist zu fragen, ob etwas daran „nur körperlich" ist und wie im Leib die Gesetzlichkeit der materiellen Natur, des Organischen und des Animalischen ineinandergreifen. Das Einheitsgebende, von dem aus das Ganze zusammengefaßt ist, zugleich aber auch, was dieses Ganze zu einem mannigfaltig gegliederten formt, ist nach thomistischer Auffassung die Seele. Man kann die Differenzierung der Sinne z. B. nicht dadurch erklären, daß der Körper verschiedene Sinnesorgane hat, sondern weil verschiedene Sinne da sind (wie Thomas sagt), darum gibt es verschiedene Sinnesorgane.[71] Und das gilt für alle Potenzen. Die Seele gliedert in sich die Potenzen und formt den entsprechend gegliederten Leib. Diese Auffassung ist unausweichlich, wenn man mit Thomas die Einheit der substanzialen Form annimmt. Trotzdem kennt Thomas eine Problematik des Verhältnisses von Körper und Seele.

Die spezifische Eigentümlichkeit der Tierseele charakterisiert er, indem er sie gegenüber den beiden andern, der Pflanzenseele und der Vernunftseele, abgrenzt durch das verschiedene Verhältnis zum Körper. Die Pflanzenseele oder die vegetative Seele ist ganz und gar auf den Organismus, den sie formt, beschränkt. Nur durch das Fortpflanzungsvermögen (das Thomas darum als das höchste Vermögen der vegetativen Seele ansieht), greift sie über sich selbst hinaus, indem sie einen neuen Organismus bildet. Die Tierseele ist auch noch ganz und gar körperlich gebunden, alle ihre Funktionen vollziehen sich mittels körperlicher Organe, ein vom Leib losgelöstes Dasein ist undenkbar. Aber mit den Sinnen greift sie über sich hinaus, sie bekommt dadurch ein Verhältnis zu allen materiellen Körpern. Die Menschenseele ist

---

[71] (Vgl. *S. Th.* I, 78, 3. Vgl. Stein, *PA*, S. 171 ff.) Damit stimmt durchaus überein, was die moderne Tierphysiologie und Psychologie über die Entwicklung der Sinnesorgane bei den Tieren festgestellt hat. (Vgl. Ettlinger, Max, *Beiträge zur Lehre von der Tierseele und ihrer Entwicklung*, Münster 1925.)

mit ihren niederen Teilen, den vegetativen und sensitiven, auch körperlich gebunden; aber ihre geistigen Kräfte sind nicht unmittelbar und unlöslich leibgebunden (nur mittelbar durch die sinnlichen Kräfte, auf deren Funktionen sie aufbauen), und durch diese Kräfte wird ihr prinzipiell alles Seiende zugänglich.

## 8. Verhältnis der gewonnenen Abgrenzung des Animalischen zu Thomas; das Problem von Species – Idee – Individuum im Zusammenhang mit dem Problem der Genesis der Species und der Seinsgebiete

Es ist hier noch nicht der Ort, um zu den Ausführungen über die Menschenseele Stellung zu nehmen. Aber für die Auffassung der Tierseele ist zu fragen, wieweit von den bisher erörterten Phänomenen aus ein Weg zu der eben wiedergegebenen Bestimmung des Animalischen und der niederen Bereiche gewonnen ist.

Es paßt wohl zu den Definitionen des hl. Thomas, wenn wir in der Entfaltung ihrer selbst und Beschlossenheit in sich selbst das Eigentümliche der Pflanze sehen, in dem beständigen Getriebensein und Reagieren das Eigentümliche des Tieres. Weil es durch seine Sinnlichkeit für die Umwelt, in der es lebt und von der es abhängt, aufgebrochen ist, muß es sich in Begehren und Abwehr mit ihr auseinandersetzen und in ihr zu behaupten suchen. Weil es durch und durch leiblich-sinnliches Wesen ist, kann es diesem Treiben nicht Einhalt tun, es kann sich nicht gegen die äußeren Eindrücke abschließen und die seelische Bewegung in seinem Inneren nicht hemmen.

So dürfen wir wohl sagen, daß wir eine erste Abgrenzung des Animalischen vom bloß Organischen gewonnen haben. Aber für ein tieferes Verständnis dieser Seinsgebiete wäre es notwendig, ihr Verhältnis zueinander und zur materiellen Natur weiter zu untersuchen. Ohne diese Klärung ist schon der Aufbau des einzelnen tierischen Individuums nicht zu begreifen. Ebenso ist sie notwendig, um die Mannigfaltigkeit der Tierspecies, in denen die das ganze Gebiet beherrschende „Idee des Tieres" sich ausprägt, ihr Verhältnis zueinander und zu dieser Idee zu verstehen. Die große Mannigfaltigkeit der Tierspecies ist u. a. dadurch zu kennzeichnen (wenn auch gewiß nicht allein darauf zurückzuführen), daß das spezifisch Tierische mehr oder minder rein in ihnen ausgeprägt ist. In manchen scheint das Organische noch stark vorzuherrschen – ich denke dabei nicht nur an die niederen Formen, deren äußere Erscheinung noch eine Verwechslung mit Pflanzen möglich macht, sondern auch an manche höhere, bei denen eine gewisse ruhige Hingabe an ihre eigene Entwicklung, ihr Wachstum und Gedeihen festzustellen ist (z. B. an Rinder) –, andere zeigen schon eine gewisse Annäherung an das Spezifische des Menschen, während bei einigen das spezifische Tierische das durchaus Beherrschende ist, wie es mir bei den Raubtieren zu sein scheint.

Schon bei der Pflanze hat sich die Frage ergeben, ob die Einheit des ganzen Gebietes nur als eine „ideale" zu fassen sei, in dem Sinn, daß die „Idee der Pflanze" in allen Gebilden des Gebiets eine Ausprägung findet, oder ob ein genetischer Zusammenhang zwischen den Species, in denen diese Idee sich verkörpert, festzustellen sei. Diese Frage, die Frage nach dem Ursprung der Arten[72], wiederholt sich für das Gebiet des Animalischen. Für jedes Gebiet erhebt sich die weitere Frage, ob ein solcher genetischer Prozeß durch die leitende Idee des Gebietes als teleologisches Prinzip bestimmt und ob es *allein* dadurch bestimmt sei. Es schien uns im Verhältnis der Pflanzenspecies untereinander und der Tierspecies untereinander ein doppeltes Prinzip sich anzudeuten unter der größeren und geringeren Vollkommenheit, mit der sie die Idee ihres eigenen Gebietes realisieren, ein Aufstieg in der Art, daß die niederen Species eines Gebiets noch Verwandtschaft mit denen des niederen Seinsbereichs zeigen, die höheren sich den niedersten Species des höheren Gebiets annähern – das, was als Gesetz der Kontinuität bezeichnet wurde. Dieses Gesetz führt wieder auf das Verhältnis der Seinsgebiete zueinander: welcher Zusammenhang zwischen ihnen bestehe, ob er etwa selbst als ein genetischer zu fassen sei und wie sich die Gesetzlichkeit des jeweils niederen Gebietes in dem höheren auswirkt und die Gebilde des höheren mitbestimmt.

Die Frage der Entstehung der Arten aber ist unaufhebbar verknüpft mit der Frage der Entstehung der Individuen, weil die Species nur in den Individuen realiter ins Dasein treten, wie andererseits der Aufbau des Individuums nicht ohne Verständnis der Species zu begreifen ist. So erhebt sich aufs neue die Forderung nach der Klärung der Begriffe Species, Individuum usw., auf die die Analyse der konkreten Phänomene führte.

---

[72] (Vgl. das grundlegende Werk zur Abstammungslehre von Charles Darwin: *On the Origin of Species by Means of Natural Selection,* London 1859 (*Über den Ursprung der Arten durch natürliche Selektion;* auch als *Die Entstehung der Arten durch natürliche Zuchtwahl,* bzw. allgemein vielfach nur kurz als *Die Entstehung der Arten* betitelt); vgl. auch Anm. 91.)

# V.
# Das Problem der Entstehung der Arten – Genus, Species, Individuum

*I. Philosophie und positive Wissenschaft: Verfahren der exakten Wissenschaften; Verfahren der beschreibenden Naturwissenschaften; Gegensatz des wissenschaftlichen und des natürlichen Weltbildes; philosophische Deutung und Kritik des wissenschaftlichen Verfahrens und ihre methodischen Erfordernisse*

Ehe wir in der Untersuchung der animalischen Welt fortfahren, möchte ich eine Besinnung über unser Verfahren und sein Verhältnis zum Verfahren der positiven Wissenschaften einschalten. Was wir tun, ist offenbar verschieden von all dem, was in den Einzelwissenschaften geschieht. Die Mathematik, Physik, Chemie beginnen mit der Definition gewisser Grundbegriffe wie Zahl, Größe, Ganzes – Teil oder Punkt, Linie, Fläche; Masse, Kraft, Energie; Element, Verbindung, Atom, Molekül, usw. Sie stellen Grundsätze auf, in denen diese Grundbegriffe vorkommen und leiten Lehrsätze daraus ab, oder sie suchen aus den Tatsachen der Erfahrung Gesetze abzuleiten, die es möglich machen, die Mannigfaltigkeit der Erfahrungstatsachen auf diese einfachen Grundbegriffe zurückzuführen. Die Welt der Erfahrung mit ihrer Fülle und Mannigfaltigkeit scheint etwas, wovon die „exakten" Wissenschaften hinwegstreben. Zwar suchen sie zunächst die Welt unserer Erfahrung zu erweitern, indem sie durch geeignete Hilfsmittel (Mikroskop, Fernrohr) die Sinne verfeinern. Aber an dem jeweils zugänglichen Erfahrungsmaterial vollziehen sie alle eine Abstraktion, und zwar eine jeweils verschiedene, und suchen die materielle Welt von einer bestimmten Seite her zu fassen. Uns dagegen ist es um die „Phänomene" in ihrer vollen Konkretion zu tun; von ihnen gehen wir bei unsern Beschreibungen aus, und wenn die Analyse uns zu Abstraktionen nötigt, so kehren wir doch immer wieder zu den vollen Phänomenen zurück, weil es uns darauf ankommt, sie in ihrem Aufbau zu verstehen.

Näher verwandt scheint unserm Verfahren das der beschreibenden Wissenschaften. Die Zoologie sucht ein möglichst getreues und umfassendes Bild der Tierspecies zu geben: ihrer äußeren Erscheinung, ihres Körperbaus, ihrer seelischen Funktionen, ihrer Lebensverhältnisse. Und sie hat Untersuchungsmethoden ausgebildet, die es ihr ermöglichen, Tatsachen zu ermitteln, zu denen die gewöhnliche sinnliche Erfahrung nicht vordringen kann (Mikroskop, physiologisches, psychologisches Experiment). Aber auch sie ist bei der Beschreibung der Tatsachen nicht stehengeblieben. Sie wollte die Tatsachen „erklären", d. h. auf allgemeine Gesetze zurückführen, und lange Zeit ist es das Ideal gewesen, alle biologischen Tatsachen aus physikalischen und chemischen Gesetzen zu erklären. Da steht man auf einmal vor dem Ergebnis, daß die lebendige Welt gar keine lebendige sei: Die Wissenschaft vom Leben hat das Leben hinweginterpretiert, so wie der Physikus uns als Ergebnis der Farben- und Tonlehre erklärt, daß es keine Farben und Töne gibt, sondern nur Schwingungen. Der natürliche Verstand des naiven Menschen protestiert gegen dieses wissenschaftliche Weltbild. Und der Philosoph sieht sich aufgefordert, das Recht der vorwissenschaftlichen und der wissenschaftlichen Erfahrung nachzuprüfen. Das kann er nur, wenn er an den Ausgangspunkt des Erkenntnisweges zurückgeht, wenn er den ganzen Weg des forschenden Menschengeistes nachgeht und den Sinn seines Vorgehens zu ergründen sucht. Weil das aber Aufgabe der Philosophie ist, kann sie sich nicht auf die Ergebnisse der positiven Wissenschaften stützen, sie kann nicht, wie man es vielfach aufgefaßt hat, ein Sammelbecken sein, in dem alles Einzelwissen zusammengetragen wird, um daraus ein dem jeweiligen „Stand der Wissenschaft" entsprechendes Weltbild zu zeichnen. Andererseits kann sie nicht an dem gegenwärtigen Stand der Wissenschaften vorbeigehen. Sie kann nicht als Typus der Physik die Physik des hl. Thomas und als Typus der Psychologie die Psychologie des Aristoteles nehmen. Aber diese für die moderne Wissenschaft „überwundenen Standpunkte" sind doch für sie nicht „erledigt". Sie wird hier und dort Sinn und Ziel des Verfahrens prüfen und zu ergründen suchen, welche Berechtigung dem einen oder dem andern, am Ende gar beiden zukommt. Solche kritische Arbeit wird für den Philosophen nur möglich sein, wenn er auf der einen Seite mit der Methode der Wissenschaft vertraut ist, die er nachprüfen will, wenn er andererseits seinen Standort außerhalb hat, so daß er sie als Ganzes überschauen und beurteilen kann. Diese doppelte Arbeit zu leisten wird um so schwieriger, je mehr sich die Wissenschaften verzweigen. Praktisch wird dann auch für den Philosophen eine Spezialisierung nötig. Er wird zur philosophischen Problematik von dem Sachgebiet her Zugang finden, in das er sich auch fachwissenschaftlich einarbeiten kann (was in der persönlichen Veranlagung begründet ist); trotzdem wird er, wenn er radikal vorgeht, zur ganzen philosophischen Problematik kommen, weil sie etwas innerlich Zusammenhängendes ist. Das Eindringen in das Gebiet einer positiven Wissenschaft und ihr methodisches Verfahren ist aber für den Philosophen erst Vorarbeit. Um den Sinn dieses Verfahrens prüfen zu können, muß er den Blick auf das Verfahren selbst richten (was der Fachwissenschaftler im allgemeinen nicht tut), er muß „reflektieren". Und dann muß er erwägen, ob das Verfahren *sinngemäß*, d. h. aber, ob es *der Sache angemessen* ist, die durch das Verfahren erschlossen werden soll. Das wird nur möglich sein, wenn der Philosoph einen andern Zugang zu den Sachen hat als der Fachwissenschaftler. Ob das Verfahren der Physik sinngemäß ist, wird man nur feststellen können, wenn man in die Grundstruktur der materiellen Natur einen Einblick hat, wie ihn die Physik selbst nicht gewinnen kann, der für ihr Verfahren vielmehr vorausgesetzt ist: sachlich vorausgesetzt, denn in der Regel folgt zeitlich die Kritik der Methode der praktischen Anwendung nach, nachdem einmal in den Anfängen einer Wissenschaft eine erste Besinnung stattgefunden hat. Nur wenn es möglich ist, eine Ontologie der Natur aus philosophischer Einsicht aufzubauen, kann eine Kritik der Naturwissenschaft und damit eine Rechtfertigung ihres Verfahrens geleistet werden. Diese allgemeinen Erwägungen sollen uns helfen, den Sinn einer naturwissenschaftlichen Theorie zu verstehen, die mit dem ganzen Fragenkomplex des organischen und animalischen Seins und dadurch mit den Problemen der Anthropologie aufs engste zusammenhängt.

## II. Das Problem der Entstehung der Arten

Wir wollen versuchen, die Frage, die vor einigen Jahrzehnten die Gemüter so heftig bewegt hat, die Frage nach dem *Ursprung der Arten*[73], auf ihren Sinn hin zu prüfen.

### 1. Ausgangspunkt für die biologische und für die philosophische Betrachtung; Problem der „Species": Verhältnis von Species – Individuum – Typus, Form – Materie

Ich möchte die Frage vorläufig auf die Tierspecies beschränken und die Abstammung des Menschen noch nicht mit hereinziehen. Das Phänomen, von dem philosophische wie empirisch-biologische Betrachtung ausgehen, ist die Mannigfaltigkeit der Species, in der sich die eine Idee des Tieres ausprägt. Die Biologie geht nun zunächst sammelnd und beschreibend vor. Sie sucht in möglichster Vollständigkeit festzustellen, welche Tierspecies auf der ganzen Erde vorkommen, und jede einzelne möglichst genau zu beschreiben. Der Vergleich der verschiedenen Formen ergibt die Möglichkeit, sie nach Einfachheit und Kompliziertheit in eine Reihe zu ordnen. Die Ähnlich-

---

[73] ⟨Vgl. Anm. 72 u. 91.⟩

keit der einander in der Reihe nahestehenden Formen, sodann die Tatsache der Fortpflanzung innerhalb einer Species, der Erhaltung der Species durch Zeugung, wobei der Speciescharakter gewisse Modifikationen erleidet und sich in verschiedenen Spielarten ausprägt: Das alles führt zu der Fragestellung, ob die Reihe der Species sich als eine Deszendenzreihe auffassen lasse, ob die Species als auseinander und letztlich als aus einer Urform entstanden zu denken seien. Damit ist der Boden einer Beschreibung der Tatsachen verlassen, es ist eine Erklärungshypothese aufgestellt, die entweder aus allgemeinen Gesetzen bewiesen oder durch Experiment und Beobachtung gestützt werden muß. Das Erste würde über die Grenzen der Erfahrungswissenschaft hinaus, genauer: auf ihre Voraussetzungen zurückführen. Die Bemühungen, durch Züchtungsversuche die Hypothese experimentell zu stützen, haben nun die Möglichkeit gezeigt, neue Spielarten zu erzielen; eine Überführung der festen Species ineinander ist nicht gelungen.

Die Hypothese, daß der Übergang früher einmal stattgefunden habe, daß aber die Entwicklung zum Stillstand gekommen sei, fordert weitere Hypothesen zu ihrer Erklärung: Der „Kampf ums Dasein" und die „natürliche Zuchtwahl" sind solche Hypothesen. Sie beantworten aber nicht die Frage, warum die im Kampf ums Dasein überlebenden Arten „fest" wurden. Und das Auftreten von *Mutationen* ist von der Deszendenztheorie aus ganz unbegreiflich. Man kann also nicht sagen, daß der Tatsachenbeweis für die Deszendenztheorie unwiderleglich erbracht worden sei.

Der Philosoph ist nicht in die Grenzen der Erfahrungstatsachen eingeschlossen. Philosophische Einsicht geht auf Notwendigkeiten und Möglichkeiten. Wenn der Tatsachenbeweis dafür nicht erbracht werden kann, so ist damit die Möglichkeit der „Deszendenz" nicht ausgeschlossen. Wenn der Tatsachenbeweis erbracht wäre, wäre damit die Notwendigkeit nicht erwiesen. Für den Philosophen kommt es zunächst darauf an, den Sinn der Fragestellung zu verstehen und die Tragweite der möglichen Lösungen zu erkennen. Die Fragestellung setzt voraus, daß es Species gibt, d. h. eine Reihe von relativ festen Formen, die gegenwärtig tatsächlich nicht ineinander übergehen. Der Philosoph sucht zu ergründen, was denn unter diesen Species eigentlich zu verstehen sei. Wir haben schon einen doppelten, aber inhaltlich zusammenhängenden Sinn festgestellt: Wir haben mit dem Namen Species einmal eine innere Form bezeichnet, die das Lebewesen gestaltet, sodann die Gesamtheit aller Individuen, die Exemplare dieser Form sind. Die Biologie meint aber offenbar noch etwas Drittes: den *Typus*, der sinnenfällig in Erscheinung tritt und den sie mit ihren Beschreibungen erfaßt. Ein offenes Problem war uns das Verhältnis der allgemeinen Form zu dem inneren Formprinzip des einzelnen Individuums. Jedes Individuum – nicht nur jedes Lebewesen, sondern alle Dinge der Erfahrung – ist *geformte Materie*. Ungeformte Materie kann nicht existieren, sie erhält ihr Sein nur durch die

Form. Aber auch Formen begegnen uns nur als die Materie formend. Keine ist aus der andern ableitbar. Individuen entstehen und vergehen. Vom ersten Moment ihres Daseins an ist die Form in der Materie wirksam; *daß* sie es ist, ist weder aus der Materie allein noch aus der Form allein begreiflich; so wenig wie das Individuum als durch sich selbst existierend zu denken ist. Alles Endliche und Bedingte weist auf ein Absolutes als auf seinen Ursprung, eben damit aber auf eine ursprüngliche Formung der Materie hin. Daß Dinge sind und daß eine qualitative Mannigfaltigkeit von Dingen ist, das ist die erste Erfahrungstatsache, von der alle Erkenntnis ausgeht. Von hier bis zu den letzten noch rational faßbaren Grundstrukturen durchzustoßen ist der Weg einer radikalen philosophischen Analyse. Auf den Gegensatz von Form und Materie und die Notwendigkeit einer ursprünglichen Formung wird sie überall stoßen, an welchem Punkt der realen Welt sie auch ansetzen mag. Die ungeformte Materie als das völlig Qualitätlose kann keine Unterschiede zeigen. Alle Mannigfaltigkeit muß auf einer Mannigfaltigkeit der Formen beruhen.

## 2. Möglichkeiten des Verhältnisses von Species und Individuum; Allgemeinheitsstufen: Genus, Species (verschiedene Stufen), Individuum (Exemplar)

Für die Art dieser Mannigfaltigkeit bestehen nun verschiedene Möglichkeiten. Sie wäre denkbar als eine solche, daß jedes Individuum ein qualitativ Einzigartiges wäre, daß sie nur die Leerform des Individuums (des Einzeldinges) als solchen gemeinsam hätten.[74] Dann hätten wir kein Stufenreich der geschaffenen Dinge. Das entgegengesetzte Extrem wäre eine Mannigfaltigkeit von völlig gleichen Dingen, die nur durch ihren Platz in einem Ordnungssystem unterschieden wären (Raum – Zeit).[75] Die Mannigfaltigkeit, die wir in der Erfahrung vorfinden, entspricht weder dem einen noch dem andern Extrem. Wir haben ein Stufenreich von Formen von größerer und geringerer Allgemeinheit. Die Leerform des geschaffenen Seienden als solchen ist ausgefüllt durch eine Reihe qualitativ unterschiedener allgemeiner Formen, die wir als *Gattungen des Seienden* (Genera) bezeichnen können. Es sind die Formen, die der Gliederung der realen Welt in getrennte Seinsgebiete zu Grunde liegen: wie materielles Ding, Lebewesen usw. (Husserl hat sie „regionale Kategorien" genannt[76]). Das Individuum ist nicht unmittelbar Exemplar der Gattung, sondern durch ein Stufenreich von Formen von grös-

---

[74] ⟨Am Rand: „Arche Noah, Engelwelt".⟩
[75] ⟨Am Rand: „Atomistik". Vgl. Anm. 47.⟩
[76] ⟨Hua III/1, S. 37, 312, 358.⟩

erer und geringerer Allgemeinheit vermittelt, die wir *Species* nennen (z. B. die einzelnen Pflanzen- und Tierspecies und ihre Spielarten). Für das Verhältnis der niedersten Species zum Individuum besteht wieder die doppelte Möglichkeit, daß eine Reihe von Individuen gleiche Exemplare der Species sind oder daß jedes Individuum ein qualitativ Einzigartiges ist, aber selbst die niederste Species darstellt. (Das lehrt Thomas für die Engel.)[77]

### 3. Möglichkeiten für die Formung der Materie; Problem der Entstehung der Individuen und der Species; „allgemeine" und „individuelle" Form als Urbild und Abbild

Sodann bestehen verschiedene Möglichkeiten für die *Formung* als solche, bzw. das Innewohnen der Form in der Materie: Es besteht die Möglichkeit, daß das Ding „fertig" ins Dasein tritt und daß sein Sein ein unverändertes Verharren bedeutet, bzw. daß es sich nur unter der Einwirkung äußerer Umstände verändert (wie es das Gesetz der materiellen Natur zu sein scheint – aber auch hier sind noch große Probleme: Goethe betrachtet auch die materielle Welt als in einem kontinuierlichen Formungs- und Umformungsprozeß begriffen;[78] und auch die moderne Physik entwirft eine Kosmogonie, die mit beständiger Umformung rechnet), oder daß sein Dasein ein Prozeß lebendiger Formung ist, daß es erst im Lauf seines Lebens *wird*, wozu seine Form es bestimmt.[79] Es wäre ferner denkbar, daß jedes Individuum einer Species gesondert ins Dasein träte; die andere Möglichkeit ist die der *Generation*, des Hervorgehens aus andern Individuen der Species. (Diese Möglichkeit besteht nur im Bereich des Lebendigen, weil das unverändert Beharrende aus sich nichts hervorbringen kann.)

Nun erhebt sich die Frage der Möglichkeit eines Hervorgehens der Species auseinander. Das scheint gleichbedeutend mit der Möglichkeit einer *Veränderung der Form;* zugleich mit der Möglichkeit einer *Entstehung von Formen.* Die Form ist uns ja am Individuum als das begegnet, was es von innen her gestaltet und es zu dem macht, was es ist. Sie selbst erscheint als das Unveränderte, das – wofern ⟨sic⟩ sich das Individuum selbst verändert, wie es beim lebendigen Gestaltungsprozeß der Organismen der Fall ist – den Ablauf der Veränderungen selbst bestimmt. Die Species der Pflanze oder des Tieres erschien uns als „allgemeine Form", als „dasselbe" Gestaltungsprinzip in einer Reihe von Individuen. Wie ist „Allgemeinheit" und „Selbig-

---

[77] ⟨Vgl. Thomas, *S. Th.*, I q 50; Thomas, *Ver*, q 8/9 (Stein, *QDV* I, S. 175 ff., 223 ff.).⟩
[78] ⟨Vgl. Anm. 62.⟩
[79] ⟨Vgl. im Notizheft von 1932 Steins Exzerpt eines Vortrages „Clemens Münster: Das physikalische Weltbild (25. XI.) (Exzerpt-Seite 39–43a): Experimente und naives physikalisches Weltbild, Kritisches Weltbild, Methodische Elemente." (ESAK, P/A II P)⟩

keit" der Species zu verstehen? Augenscheinlich hat doch daneben jedes einzelne reale Individuum seine eigene Form, seine Entelechie, die in ihm wirksam ist. Wäre die Entstehung jedes Individuums getrennt von den andern zu denken, dann wäre es eine „Urschöpfung", ein unmittelbares Hervorgehen aus der Hand des Schöpfers. Die allgemeine Species wäre dann als das Urbild im göttlichen Geist, die Formen der Einzeldinge als ihre Abbilder aufzufassen – sie könnten in beliebiger Zahl vorhanden sein wie die Reproduktionen eines Kunstwerkes.

### 4. Entstehen von Individuen durch Zeugung ist gleich Entstehung neuer individueller Formen? Reale Einheit der Species

Für die Möglichkeit der geschlechtlichen Zeugung, d. h. des Hervorgehens von Individuen aus andern Individuen derselben Species, wäre der einfachste Weg der des Hervorgehens aus *einem* Individuum (ohne Geschlechtertrennung) und der Entstehung eines neuen Individuums, das dem erzeugenden gleich wäre. Das entstehende Individuum ist zunächst als Teil des erzeugenden aufzufassen, beginnt aber dann, losgetrennt davon, ein eigenes Dasein zu führen. Sobald von einem „neuen Individuum" gesprochen werden kann, sobald sein eigenes Dasein begonnen hat, muß ihm allem Anschein nach auch eine eigene Form zugesprochen werden. Es scheint also eine neue individuelle Form entstanden zu sein. (Das besagt hier noch keine neue Species.) Kann man sagen, daß das erzeugende Individuum die neue Form hervorgebracht habe? Manches spricht dagegen. Der Anfang des Lebens in dem materiellen Gebilde, das von der Form des erzeugenden Individuums gebildet wird, erscheint gegenüber der Formung der Materie, die vorausgeht, als etwas völlig Neues und daraus nicht zu Begreifendes. Wenn das Weizenkorn, das mit ungezählten andern seinesgleichen in der Tenne aufgeschüttet lag und ganz wie ein totes Ding aussah, zu keimen beginnt, so berührt das jedesmal wie ein Wunder, wie die Wirkung eines lebenweckenden Gotteshauchs. Es ist daraus nicht zu folgern, daß tatsächlich ein besonderes Eingreifen Gottes in jedem Moment, in dem neues Leben beginnt, anzunehmen sei; wohl aber, daß die Entstehung neuer Lebewesen ein besonderes schöpferisches Prinzip verlangt, daß das Dasein eines Lebewesens, das sich aus eigener innerer Form gestaltet, die Entstehung weiterer Exemplare seiner Species aus ihm noch nicht ohne weiteres begreiflich macht. (Fortsetzung S. 41a-46)[80]

---

[80] (Ein aussortierter Passus, nicht mehr auffindbar. Gestrichen wurde von Stein folgender Abschnitt: „Dazu, daß ein neues Lebewesen und damit die ihm eigene Form entstehen könne, gehört also nach der tatsächlichen Ordnung des Universums 1.) die Urschöpfung

Es ist aber der belebende Gotteshauch nicht die einzige Möglichkeit, sich den Ursprung neuen Lebens zu deuten. Vielleicht ist es überhaupt verkehrt, ein organisches Gebilde isoliert zu betrachten, herausgelöst aus dem Generationsprozeß, in dem es steht. Vielleicht ist die lebendige Form, die in dem ersten Organismus von bestimmter Species wirksam ist, von vornherein gar nicht bloß als Form dieses einen Organismus zu fassen, sondern als Form der ganzen Species (als Gesamtheit aller Individuen der Species verstanden); und der Lebensprozeß, in dem ihr Dasein besteht, als einer, der von vornherein über das Individuum hinauszielt und hinauswirkt bis zum allerletzten, mit dem vielleicht einmal „die Species ausstirbt". (So wird in der Hl. Schrift unzweifelhaft die Menschheit aufgefaßt, die in Adam als Ganzes erschaffen ist.) Wie der Keim zu einem immer größeren und mannigfaltig gegliederten sich ausgestaltet, wie auch innerhalb eines solchen geschlossenen Gebildes dieselbe Gestalt vielfach wiederkehrt (z. B. in der Fülle der Blätter und Blüten eines Baumes – nach Goethes Auffassung die Urform des Blattes verschieden umgestaltet in allen Teilen der Pflanze), so könnte die Entstehung neuer Individuen als Absonderung selbständiger Teile eines Ganzen aufgefaßt werden. Allerdings muß an der „Selbständigkeit" der Teile, der Geschlossenheit des Lebenszusammenhanges der einzelnen Organismen als dem grundlegenden Phänomen festgehalten werden, auch an dem Erwachen neuen Lebens in einem Gebilde, das nicht mehr Teil des alten Organismus und erst Vorstufe des neuen ist; schließlich an der Bedingtheit dieses Erwachens durch gewisse äußere Vorgänge. Wie der Gestaltungsprozeß und die vollendete Gestalt des einzelnen Organismus nicht nur von der inneren Form, sondern auch von materiellen Bedingungen abhängt: von der materiellen Beschaffenheit des Keimes selbst und von der Beschaffenheit des Bodens, des Klimas usw., so ist auch für jeden neuen Keim die Lebensfähigkeit und der tatsächliche Beginn des Lebens an materielle Bedingungen geknüpft, freilich ohne sich aus diesen Bedingungen allein herleiten zu lassen.

## 5. Die Bedeutung des materiellen Faktors für die Individualisierung der Species

Aus dem Mitwirken der materiellen Faktoren versucht man nun zu erklären, daß die Form sich nicht überall vollkommen und überall gleich auswirken kann, daß die Exemplare einer Species verschieden „ausfallen". Das besagt

---

der Materie und ineins damit einer bestimmenden Form in der Materie: der Species im ersten Individuum der Species; darüber hinaus die Erteilung des Lebensimpulses, der gestaltenden Kraft an diese Form; 2.) die gestaltende Tätigkeit der individuellen Form bis zur Formung eines Gebildes, das zum Träger einer eigenen in-[…]". Die weiteren gestrichenen Partien scheinen nicht erhalten zu sein.)

der Thomas-Grundsatz: *individuum de ratione materiae.*[81] (Worin die Individuen einer Species sich unterscheiden, das ist nicht aus ihrer Form zu begreifen und es ist vom Standpunkt der Form aus gesehen „zufällig".) Hier erhebt sich freilich die Frage, was mit „Materie" gemeint sei: Es kann nicht die völlig formlose Materie sein, die ja qualitätlos ist und nichts qualifizieren kann. Die Beschaffenheit des Individuums ist aber, auch soweit sie „zufällig" ist, Qualifizierung. So muß es bereits „geformte Materie" sein, was die Beschaffenheit des Individuums mitbestimmt: das, was der Keim als materielles Ding, als Körper ist, und ebenso die materielle Beschaffenheit der Nahrungsstoffe, die er aufnimmt usw. Als weitere Schwierigkeit ergibt sich dann die Einheit der substanzialen Form: Das Ding soll alles, was es ist, durch *eine* substanziale Form sein; es soll nicht eine Mehrheit von Formen in ihm angenommen werden, wovon eine es als materielles Ding, eine als Organismus bestimmen würde usw.[82] Die Schwierigkeit ist nur lösbar bei Voraussetzung einer Ordnung der geschaffenen Welt, nach der die jeweils höheren Formen die niederen als ihre Grundlage voraussetzen und ihre Gesetzlichkeit in bestimmter Weise in sich aufnehmen. Wir kommen auf diese Frage noch einmal zurück.[83]

## 6. Entstehung neuer Species; Veränderung und Mischung von Formen?

Wir sind aber mit den letzten Erwägungen in unserer genetischen Betrachtung ein wenig weiter gekommen. Wir verstehen nicht nur, daß Exemplare einer Species neue Exemplare hervorbringen, sondern auch, daß die neuen Exemplare den alten nicht völlig gleichen. Die Entstehung einer neuen Species bedeutet das noch nicht. Daß eine „neue Species" entsteht, bedeutet, daß Individuen von einer Form entstehen, die in früheren Individuen noch nicht hervorgetreten ist: nicht zufällige Abweichungen von der Species, sondern Gestalten, in denen ein neues Bildungsprinzip wirksam ist. Wenn bereits das Entstehen neuer Individuen sich auf einen eigenen schöpferischen Impuls zurückführen läßt, so wäre es prinzipiell denkbar, daß die Gebilde, die auf dem Wege der Fortpflanzung entstanden sind, Träger einer auch qualitativ „neuen" Form werden; es besteht keine Notwendigkeit, die Ursache dieser neuen Qualifizierung in dem erzeugenden Individuum zu suchen. Nur wenn man glaubt, jede neue Form aus der alten ableiten zu können und

---

[81] ⟨Lat.: „Das Individuum besteht nach Maßgabe der Materie". Thomas, *Ver*, q 8 a 11 c (Stein, *QDV* I, S. 205) u. a.⟩
[82] ⟨Durchgestrichen: „Ich möchte mich mit der Aufstellung dieser Probleme hier begnügen; es ist unmöglich, in einer kleinen Seitenbetrachtung die letzten philosophischen Fragen zur Lösung zu führen."⟩
[83] S. 27 ff.; S. 33 ⟨hier S. 68 ff. u. S. 70.⟩

zu müssen, wird es notwendig, nach Ursachen der Veränderung in dem erzeugenden Individuum zu suchen. Dafür bestehen wieder verschiedene Möglichkeiten: eine Veränderung in dem erzeugenden Individuum als Bedingung des Abweichens der neuen Form von der Reihe der vorausgehenden oder eine „Mischung" von Formen bei zweigeschlechtlicher Zeugung. Wie ist beides zu verstehen? Veränderungen macht das Individuum beständig durch, aber sie sind uns bisher nicht als Veränderungen der Form erschienen. Die Form erschien vielmehr als Prinzip, das die Veränderungen selbst regelt: In ihr fanden wir das Gesetz des Gestaltwandels, der mit der Entwicklung des Individuums verbunden ist; und von ihr hängt es ab, wie die äußeren Einflüsse aufgenommen werden und sich auswirken. Eine Veränderung der Form würde bedeuten, daß diese ganze Gesetzlichkeit selbst eine andere wird, das Individuum selbst wäre in ein anderes umgewandelt, Exemplar einer andern Species geworden. Die Vererbungswissenschaft berührt dieses Problem mit der Frage nach der Vererbung erworbener Eigenschaften. Die Frage wird heute weitgehend negativ beantwortet. Man unterscheidet den „Phänotypus", das, was vom Menschen äußerlich und in seinem ganzen erfahrungsmäßigen Verhalten in Erscheinung tritt, vom „Genotypus", der Erbanlage, die zusammen mit den äußeren Umständen den Phänotypus bestimmt. Nur was in der „Erbmasse" enthalten ist, geht auf die Nachkommen über. Sie wird in die Keimzellen verlegt, die sich schon gleich bei Beginn der embryonalen Entwicklung von den andern Zellen absondern. Nur eine Veränderung des Lebewesens, die die Keimzellen mit angreift (eine „Mutation"), ist als Veränderung des Genotypus anzusprechen und damit als Veränderung dessen, was auf die Nachkommenschaft übergeht.[84] Man kennt solche Veränderungen durch Einwirkung gewisser Giftstoffe, z. B. des Alkohols. Dagegen läßt das meiste, was als Veränderung im Phänotypus des Menschen auftritt (die sogenannten „Modifikationen"): Erwerb von Kenntnissen und Fertigkeiten, alles, was sich als Ausbildung ursprünglicher Anlagen begreifen läßt, die Erbmasse unberührt und bleibt dann ohne Einwirkung auf die Nachkommen. Um feststellen zu können, was von dieser Theorie gesicherte Tatsache, was mehr oder minder begründete Hypothese ist, müßten wir alle Grundbegriffe und Methoden der Vererbungswissenschaft nachprüfen. In unserm Zusammenhang ist es nur wichtig, sich über den Sinn dessen, was mit Erbanlage gemeint ist, und über sein Verhältnis zur Species Klarheit zu verschaffen. Keimzellen sind, zunächst rein materiell verstanden, das, was vom erzeugenden Individuum auf das erzeugte übergeht:

---

[84] Untersuchungen von Agnes Bluhm ⟨1862–1944, Ärztin, später Rassenhygienikerin; Studien zur Vererbungslehre, z. B. *Zum Problem Alkohol und Nachkommenschaft: eine experimentelle Studie*, München 1930⟩. Außerdem Mutationen durch bestimmte Krankheitserreger sowie durch die Einwirkung von Radio- und Röntgenstrahlen.

also das, worin der lebendige Gestaltungsprozeß des neuen Individuums anhebt. Die Zelle, als geformte Materie, kann nicht selbst als Form angesprochen werden. Es kann nur die Zelle, in der das Leben sich zu regen beginnt, als primäre Trägerin der Form aufgefaßt werden, als das, was zuerst Formung erfährt und der Aneignung und Organisation weiterer materieller Bestandteile dient. Es kann sodann im materiellen Aufbau des Individuums das unterschieden werden, was seiner eigenen Gestaltung zum Exemplar der Species dient, und das, was es als materielle Unterlage zur Formung neuer Individuen in sich gestaltet. Eine materielle Veränderung, die ein solches Gebilde unter der Einwirkung materieller Einflüsse erfährt (eine „Vergiftung der Erbmasse"), kann nicht als eine Veränderung der Form aufgefaßt werden. Aber sie kann das Gebilde untauglich machen, zu einem gleichwertigen Exemplar derselben Species wie das erzeugende gestaltet zu werden. Es kann lebensunfähig sein oder nur tauglich zur Formung eines Individuums von geringerer Vollkommenheit. Ebenso sind materielle Veränderungen denkbar, die als Bedingungen für die Gestaltung eines vollkommenen Gebildes dienen könnten. Diese Veränderungen würden „Verfall" oder „Aufstieg" innerhalb der Species bedeuten. Denkbar ist es wohl auch, daß eine materielle Veränderung Bedingung für die Aufnahme einer neuen Form und damit das neue Individuum Exemplar einer neuen Species wird. Diese Deutung wird besonders naheliegen, wo die Tatsache geschlechtlicher Zeugung und damit der Anschein von „Mischformen" (in der Terminologie der Vererbungswissenschaft: „Kombinationen") gegeben ist. Die Individuen, die auf solche Weise entstehen, zeigen in ihrem „Phänotypus" (nach dem Mendelschen Gesetz)[85] zunächst einen Mischtypus, der Züge beider erzeugenden Individuen vereint, sodann (in der 3. Generation) eine Verteilung der ursprünglichen Typen auf verschiedene Individuen.[86] Die Tatsache, daß aus der Verbindung kleiner und großer Individuen solche von mittlerer Größe hervorgehen, aus rot- und weißblühenden Pflanzen solche mit rosa Blüten, aber auch aus scharf- und schwachsichtigen Menschen solche mit mittlerer Sehschärfe, aus musikalisch oder sprachlich hochbegabten und unbegabten solche von mittlerer Begabung,[87] daß aber dann die einzelnen Züge wieder

---

[85] ⟨Gregor Mendel (1822–1884), Augustiner, Theologe und Naturforscher; seine Vererbungslehre findet sich in zwei Abhandlungen *Versuche über Pflanzenhybriden*, Brünn 1866 und 1870.⟩

[86] ⟨Durchgestrichen: „Wir wollen auf die Erörterung dieser zweiten Tatsache (das Wiederhervortreten der einfachen Typen) hier verzichten; es interessierte uns von diesen Erfahrungstatsachen vor allem das Phänomen der „Mischung":⟩

[87] ⟨Durchgestrichen bis zum Ende der Seite, danach abbrechend: „Um diese und die ganze Mannigfaltigkeit verwandter Tatsachen aus letzten ontologischen Grundlagen begreifen zu können, müßten wir zunächst ein Verständnis haben für das Verhältnis der obersten Gattungen des realen Seins (wie materielles Ding, Pflanze, Tier usw.) und den Species von verschiedener Allgemeinheit, die zwischen ihnen und den Individuen stehen:

getrennt hervortreten, wird damit erklärt, daß im „Erbgefüge" verschiedene Elemente vorhanden seien (die „Chromosomen"), die sich verschieden kombinieren können, aber gesondert erhalten bleiben. Lassen sich die Kombinationen als eine neue Species auffassen, die eine aus den Species der erzeugenden Individuen „gemischte Form" wäre? Die Beantwortung dieser Frage erfordert zunächst weitere Klärung und Fixierung des Begriffs „Species".

## 7. Notwendigkeit und Zufälligkeit im Aufbau von Species – Spielart – Individuum

Ein Anfang solcher Klärung war schon gewonnen. Wir fanden in der realen Welt ein Stufenreich von Formen von größerer und geringerer Allgemeinheit: Was sich zwischen die Gattungen als die allgemeinsten, die Einheit eines ganzen Seinsgebiets abgrenzenden Ideen und die Individuen einschiebt, nannten wir Species und unterschieden unter ihnen noch Allgemeinheitsstufen. Indessen ist klar geworden, daß am Individuum nicht alles, was es ist, auf Rechnung seiner Species zu setzen ist. Die letzte Farbennuance, das ganz bestimmte Rot einer Rose kommt ihr nicht zu, sofern sie Rose ist, auch nicht sofern sie einer eigens gezüchteten Spielart angehört. Sie ist vielleicht unter der Einwirkung der Witterung anders ausgefallen, als es der Züchter beabsichtigte. Der Erscheinungstypus und die innere Form fallen nicht zusammen. Sie stehen wohl in innerem Zusammenhang, so daß nichts in dem Erscheinungstypus hervortreten kann, was nicht in der Form als *möglich* vorgezeichnet ist. Aber nicht alles ist als *notwendig* darin vorgezeichnet; die Form läßt offene Spielräume. Was ist nun die „Form": Ist es die Species, ist es die „Spielart", ist es eine dem Individuum selbst eigene Form? Wenn das Individuum „de ratione materiae"[88] ist, so kommt ihm keine ihm allein eigene, einzigartige Form zu. Seine tatsächliche Beschaffenheit weist immer „zufällige Züge" auf. (Wir sprechen jetzt von der Individualität der organischen Gebilde als solchen und lassen die Frage beiseite, ob wir beim Menschen mit einem solchen Begriff von Individualität auskommen). Zur Rose, sofern sie ein Ding ist, gehört es nur, irgendeine Farbe zu haben. Zur Rose als solcher gehört es, rot oder gelb oder weiß zu sein (nicht grün oder blau) und diese „Rosenfarben" mit ihren Nuancen grenzen einen Spielraum für verschiedene mögliche Arten von Rosen ab. Zur Rose gehört ein notwendiger Aufbau: Nur bestimmte Farben und Gestalten kommen für sie in Be-

---

z. B. zwischen der Pflanze als solcher und den verschiedenen Arten und „Spielarten". Man müßte")
[88] ⟨Lat.: nach Maßgabe der Materie, vgl. Anm. 81.⟩

tracht. Aber auch bei den Spielarten gibt es eine Notwendigkeit im Aufbau: Zur Marschall-Niel-Rose gehört die gelbe Farbe und das glatte, längliche Blatt. Wenn das Gelb der einzelnen Rose in der Sonne bleicht, so liegt das nicht an der Spielart. Ist es für die Rose ebenso äußerlich und zufällig, daß sie in der oder jener Spielart auftritt? Und ist diese Differenzierung auch auf materielle Bedingungen zurückzuführen? Wenn Abkömmlinge vom selben Strauch, in verschiedenem Boden gepflanzt, verschieden gedeihen und verschiedene Blüten zeigen, so wird man das auf die verschiedenen materiellen Bedingungen zurückführen. Wenn durch Okulation[89] die Blüten sich ändern, so scheint die neue Spielart „innerlicher" begründet, es scheint hier eine veränderte Form vorzuliegen – vorsichtiger ausgedrückt: ein veränderter Verlauf des Formungsprozesses von seiten der Form her. Daß eine Vereinigung der Teile von Organismen, in denen primär die formende Kraft wirksam ist, möglich ist, und daß durch solche Vereinigung ein Organismus von neuem Typus erwächst, das läßt sich wieder als Teil eines umfassenderen Lebens- und Formungsprozesses verstehen: als Ineinanderspielen der selbständigen Teile eines größeren organischen Zusammenhangs, eines Ganzen, das alles umfaßt, was genetisch zusammenhängt. Die Individuen sind einbezogen in einen größeren Lebens- und Formungsprozeß. Wo männliche und weibliche Individuen vorhanden sind, da haben sie ihre besonderen ineinandergreifenden Funktionen in diesem Prozeß. So wäre die Species als eine ihren ganzen realen Bereich durchherrschende Urform anzusehen, in der die „Teilung" in männliche und weibliche Form und das Hervorgehen neuer und eigentümlicher Gliedformen aus ihrer Vereinigung begründet ist. Sie ist das feste Formprinzip, das alle individuellen Gebilde eines Bereichs in ihrem Aufbau bestimmt. Soweit in den „Spielarten" eine Notwendigkeit des Aufbaus zu finden ist, sind sie selbst aus der Urform begreiflich. Was an ihnen als „zufällig" erscheint, das kann nicht aus der Species hergeleitet werden.

## 8. Species und Urform (Idee)

Damit haben wir ein gewisses Verständnis für die Entstehung von Individuen und von Spielarten erreicht. Ist es möglich, darüber noch hinauszugehen und die Species, die uns in der Erfahrung als feste Formen begegnen, in einen genetischen Zusammenhang zu bringen und auf eine Urform zurückzuführen? Dem in Botanik und praktischer Obstkultur Unbewanderten erscheinen Pfirsich-, Mirabellen- und Pflaumenbäume als feste Formen, die nichts miteinander zu tun haben. Er wird wie vor einem Wunder stehen,

---

[89] ⟨Gartenbautechnik: Veredelung einer Pflanze durch Anbringen von „Augen" (lat. Oculi; d. h. noch geschlossene Pflanzenknospen) einer hochwertigen Sorte.⟩

wenn er einen Baum sieht, der zugleich Pflaumen und Mirabellen trägt, oder wenn ein Pfirsichstrauch es sich plötzlich einfallen läßt, Pflaumen hervor-zubringen. Der Kundige weiß, daß es sich um Angehörige einer Familie handelt, daß er es in der Hand hat, durch Veredlung diese oder jene Spielart zu erzielen und daß bei mangelnder Pflege die „wilde" Natur wieder durch-brechen kann. So wäre es wohl denkbar, daß unter Bedingungen, die wir nicht kennen und die im Bereich unserer Erfahrung nicht mehr gegeben sind, Spielarten entstanden sein mögen, die uns jetzt als feste Species er-scheinen. *Goethe* glaubte alle Pflanzen auf eine Urform zurückführen zu können;[90] er war überzeugt von einem analogen einheitlichen Zusammen-hang im Tierreich (wie ihn *Darwin*[91] dann nachzuweisen suchte). Es er-scheint mir eine solche genetische Einheit dieser Seinsgebiete durchaus we-sensmöglich, wenn auch nicht notwendig zu sein. Die Grundstruktur des Organischen: daß eine Materie durch eine Form, die wir Species nennen, in einem lebendigen Gestaltungsprozeß von innen her zu einem in sich ge-schlossenen und bestimmt qualifizierten Gebilde geformt wird – diese Grundstruktur bleibt bestehen, gleichgültig, ob wir isolierte Individuen ha-ben oder einen mehr oder minder weit reichenden genetischen Zusammen-hang. Niemals wird es möglich sein, die qualitative Mannigfaltigkeit aus der Materie herzuleiten. Wenn überhaupt dem materiellen Faktor ein Einfluß auf die Qualifizierung einzuräumen ist (wie es bei Individuen und Spiel-arten als die wohl faktisch vorliegende Möglichkeit angesehen wurde), so ist unter Materie eine bereits geformte Materie zu denken: d. h. die Stoffe, die zum Aufbau der Organismen gehören, und die ganze materielle Natur, in deren Zusammenhang die organische Natur verflochten ist. Prinzipiell denkbar ist eine Schöpfungsordnung, die zuerst eine rein materielle Welt mit ihrem Formenreichtum ins Dasein treten läßt, um dann materielle Ge-bilde von bestimmtem materiellen Aufbau zu Trägern lebendiger Formen zu machen. Es tritt dann ein neues Formprinzip ein, das aber in seiner Wirk-samkeit durch die materielle Grundlage in bestimmter Weise mitbedingt ist. Es ist aber ebenso gut eine Ordnung denkbar, wonach von vornherein rein materielle und organische Gebilde getrennt voneinander ins Dasein treten würden. Um zweierlei Seinsprinzipien, zweierlei Formen und damit um zwei Seinsgebiete handelt es sich auf jeden Fall. Nimmt man das eine Seins-gebiet als Grundlage für das andere an und ist man, wie Thomas, von der Einheit der substanzialen Form überzeugt, so wird man dahin gedrängt, eine Ablösung der niederen Form durch die höhere anzunehmen, wie es Thomas tatsächlich getan hat.[92]

---

[90] ⟨Vgl. Anm. 62.⟩
[91] ⟨Charles Darwin (1809–1882), britischer Biologe, der die Evolutionstheorie bzw. Ab-stammungslehre begründete, vgl. Anm. 72.⟩
[92] ⟨S. Th., I q 76 a 4 ad 4.⟩

Edith Stein

Wir sind damit schon über die Frage des Ursprungs der Arten hinaus-
gelangt zu einem Verständnis des Zusammenhangs zwischen den Gattungen
des Seienden.

### 9. Zusammenhang zwischen den Gattungen des Seienden

Goethe hat die Vermutung eines Zusammenhangs alles Organischen und
setzt Gebilde an, bei denen die Möglichkeit gegeben ist, daß sie sich zu
Pflanzen oder zu Tieren entwickeln können.[93] Er sieht andererseits im Menschen die höchste Form des Tierreichs. Was das erste betrifft, so ist wohl die
Vermutung nahegelegt durch das Vorhandensein jener Grenzgebilde, von
denen wir schon einigemal sprachen. Sieht man in bestimmten materiellen
Gebilden die Grundlage für organisches Leben, so besteht wohl die Möglichkeit, daß gewisse Gebilde für die Aufnahme der einen wie der andern lebendigen Form in Betracht kämen. Es ist keinesfalls der „Anfang des Lebens" in
einer vorher unbelebten Natur aus den Gesetzen dieser unbelebten Natur
ohne Hinzutreten eines neuen Formprinzips denkbar. Und wenn verschiedene solche Prinzipien in Betracht kommen, so wird wiederum nicht eins
auf das andere zurückzuführen sein. Es könnte, wie die Kosmologie des hl.
Thomas es ansieht, die organische Stufe in analoger Weise Grundlage für die
animalische sein wie die materielle für die organische. Goethes Auffassung
scheint eher der Annahme zweier selbständiger Gattungen des organischen
Seins zuzuneigen. Bei der einen wie bei der andern Deutung wäre es ausgeschlossen, daß Individuen der einen Gattung nach den Gesetzen ihres
Seinsbereichs sich in solche der andern verwandelten oder sie hervorbräch-
ten.

Für das Verhältnis von Mensch und Tier ist die Deutung bei Goethe anders als für Tier und Pflanze. Er setzt den Menschen (wie Darwin) als Glied
der tierischen Entwicklungsreihe. Dazu prinzipiell Stellung zu nehmen,
wird erst möglich sein, wenn es gelungen ist, die Frage zu lösen, ob wir es
beim Menschen wiederum mit einem neuen und unableitbaren Formprinzip zu tun haben.

### 10. Zusammenfassung der Erwägungen über die Deszendenztheorie

Zunächst versuchen wir das Ergebnis der Besinnung über die Deszendenztheorie für das animalische Gebiet zusammenzufassen. Denkbar ist es, daß
die Mannigfaltigkeit der Gestaltungen auf einer Mannigfaltigkeit selbständi-

---

[93] ⟨Vgl. Anm. 62.⟩

ger Formprinzipien beruhte. Denkbar ist aber auch ein das ganze Gebiet beherrschendes einheitliches Formprinzip, in dem ein Übergang von Gliedform zu Gliedform in einem großen Entwicklungszusammenhang stattfände. Es könnte ferner die jeweils niedere Seinsstufe für die höhere als Grundlage vorausgesetzt sein und es könnte die Bestimmtheit der höheren Gebilde durch die Formbestimmtheit der niederen mitbedingt sein. (Im Verhältnis zu dem jeweils hinzutretenden neuen Formprinzip könnten die vorausgesetzten Gebilde als „Materie" bezeichnet werden und das, was an dem höherstufigen Gebilde dadurch bedingt ist, als durch seine Materie bestimmt.) Niemals wird aber die Entstehung von Gebilden des höheren Seinsgebiets allein aus der Gesetzlichkeit des niederen abzuleiten sein: die Entstehung des Lebendigen nicht aus der Gesetzlichkeit der materiellen Natur, die des Animalischen nicht aus der Gesetzlichkeit des Organischen. Aufgabe der Erfahrungswissenschaft (der Zoologie und speziell der Vererbungs- und Entwicklungslehre, die als Teilgebiete aufzufassen sind) ist es, die Tatsachen so vollständig wie möglich festzustellen; dazu gehört auch die Ermittlung technischer Hilfsmittel und die Ausbildung von Methoden der Beobachtung und des Experiments, die es ermöglichen, den Bereich der Erfahrung zu erweitern. Ferner die Tatsachen zu ordnen, die Regelmäßigkeiten festzustellen, die darin hervortreten, und evtl. auf allgemeine Gesetze zu schließen, aus denen sich die Tatsachen erklären und auf Grund derer sich Tatsachen erschließen lassen, die nicht unmittelbar zugänglich sind (die aber prinzipiell erfahrbar sein müssen). Solche Gesetze würden zur *tatsächlichen Ordnung* der geschaffenen Welt gehören; sie würden besagen, welche der prinzipiellen Möglichkeiten, die für die Entstehung einer so beschaffenen Welt wie die unsere denkbar ist, verwirklicht ist. Der Gang der Erfahrung kann dazu führen, eine vermeintliche Gesetzmäßigkeit aufzugeben, weil neu entdeckte Tatsachen für eine andere Gesetzmäßigkeit sprechen. Aber niemals können diese Gesetze aus dem Rahmen der prinzipiellen Möglichkeiten herausfallen, auf die in einer ontologischen Untersuchung abgezielt wird.

Damit ist nicht gesagt, daß die philosophische Forschung in ihrem praktischen Betrieb und Verlauf von dem Stand der Erfahrungswissenschaft völlig unberührt bliebe. Die Einsicht in Wesensnotwendigkeiten und -möglichkeiten ergibt sich an der Hand der Tatsachen, und wenn sich der Umkreis der erfahrungsmäßig zugänglichen Tatsachen erweitert, so ist praktisch die Möglichkeit für neue Wesenseinsichten gegeben. Außerdem ist auch der Philosoph nicht gegen Irrtümer und Täuschungen versichert, und die Berührung mit den Tatsachen kann Anlaß zur Aufdeckung einer Täuschung sein. Es kann aber immer nur eine neue Wesenseinsicht eine vermeintliche Einsicht aufheben, durch Erfahrungstatsachen kann sie nicht aufgehoben werden. – Was den gegenwärtigen Stand der Erfahrungswissenschaft angeht, so darf man wohl sagen, daß ein großes Erfahrungsmaterial für die Entstehung der jetzt festen Tierarten auseinander spricht, daß aber nicht das gesamte Tatsachenmaterial mit der Deszendenztheorie restlos erklärbar ist. Aber auch wenn sie so vollgültig beglaubigt wäre, wie es ein Naturgesetz nur sein kann, so wäre daraus nichts, wie es eine oberflächliche Popularphilosophie getan hat, für eine materialistische und monistische Weltdeutung zu folgern und keine Widerlegung des biblischen Schöpfungsberichts gewonnen.[94] Daß etwas ist und nicht nichts ist, ist nur aus einem ewigen Seinsprinzip begreiflich. Daß das Seiende eine qualitative Mannigfaltigkeit ist, ist nicht ohne eine Mannigfaltigkeit von Formprinzipien zu begreifen. Für das Verhältnis dieser Formprinzipien zu einander und erst recht für die zeitliche Entstehungsordnung der geschaffenen Welt bestehen auf dieser ontologischen Grundlage verschiedene Möglichkeiten.

Es bleibt als letzte Aufgabe die vorläufige Erwägung der Rolle, die das Animalische im Aufbau des Menschen spielt.[95]

---

[94] ⟨Vgl. dazu Haeckel, Ernst, *Anthropogenie oder Entwickelungsgeschichte des Menschen: gemeinverständliche wissenschaftliche Vorträge über die Grundzüge der menschlichen Keimes- und Stammesgeschichte,* Leipzig 1874; ders., *Die Welträthsel,* Bonn 1903.⟩

[95] ⟨Im folgenden wird der Text eines losen Blattes wiedergegeben, das als IV 49 numeriert ist und zwischen den Blättern von Kap. V lag. Es handelt sich um einen gestrichenen Passus, der ursprünglich an Blatt V 25 anschloß. Beide Blätter, V 25 und IV 49 weisen darauf hin, daß eine Umarbeitung des ursprünglichen Entwurfs vorliegt. Man kann auf Grund des Inhalts, der Schrift und des Papiers annehmen, daß der Abschnitt IV (Seite 1–32) ursprünglich noch weitere Ausführungen zum Thema „Species" enthielt. Im folgenden wird als Anschluß an den obigen Text zunächst ein von Stein auf Blatt V 25 gestrichener Abschnitt und dann der daran anschließende Text des losen Blattes IV 49 wiedergegeben: „Um diese und die ganze Mannigfaltigkeit verwandter Tatsachen aus letzten ontologischen Grundlagen begreifen zu können, müßten wir zunächst ein Verständnis haben für das Verhältnis der obersten Gattungen des realen Seins (wie materielles Ding, Pflanze, Tier usw.) und den Species von verschiedener Allgemeinheit, die zwischen den Individuen stehen: z. B. zwischen der Pflanze als solcher und den verschiedenen Arten und ‚Spielarten'. Man müßte ⟨IV 49⟩ zunächst den inneren Aufbau dieser Gattungsideen selbst geklärt haben (z. B. daß es zum materiellen Ding unaufhebbar gehört, Farbe, Gestalt, Größe usw. zu haben, wie diese Qualitäten zueinander und zu den andern Qualitäten stehen, ob es notwendige Beziehungen zwischen ihnen gibt, welche Stellung den einzelnen Qualitäten im Aufbau des ganzen Dinges zukommt); daraus müßte ersichtlich sein, ob und welche Differenzierungen diese Ideen als notwendig fordern oder als möglich zulassen. (Eine notwendige Differenzierung ist die der Farbe zu einer bestimmten Farbe. Für die Farbe als solche ist es notwendig, eine Farbe der Farbenskala zu sein, darum ist es für das Ding auch notwendig, *eine* Farbe zu haben, dass sein an sich jede beliebige Farbe der Skala sein, es ist nicht notwendig, daß es Dinge von allen möglichen Farben gibt. Insofern kann man sagen, daß es von der Idee des Dinges her ‚zufällig' ist, welche Farbe es hat.) Wenn die Speciesideen nicht notwendige Differenzierungen der Gattungsidee sind, dann ergibt sich die weitere Frage, worin die Species begründet ist."⟩

# VI.
## Das Animalische im Menschen
## und das spezifisch Menschliche


*I. Das Animalische im Menschen*

Die Überlegung über die Einordnung des Animalischen in den Aufbau des Menschen kann nur eine vorläufige Erwägung sein, weil wir damit rechnen müssen, daß alle niederen Stufen auf der höheren eine spezifische Abwandlung erfahren.


1. Die animalische Unterschicht des aktuellen Seelenlebens: Empfindungen
und Empfindungsgegebenheit des Leibes, Triebe, sinnliche Gefühle,
Instinkte, allgemeine Gefühlszuständlichkeiten, Affekte

Auch am Menschen begegnet uns empfindungsmäßige Aufgebrochenheit für äußere und innere Eindrücke und das Reagieren auf äußere Eindrücke mit triebhaften Bewegungen und Handlungen. Und hier können wir innerlich, in uns selbst, erst recht eigentlich erfahren, was sensitives Spüren und reaktives Handeln besagen. Wir haben diese Möglichkeit, weil wir nicht bloß sensitive Wesen sind, sondern geistig erkennende. Wir wollen aber noch nicht hereinziehen, was der Mensch als geistiges Wesen ist, sondern nur, was wir auf Grund unserer Geistigkeit an Animalischem in uns erfassen können. In der Regel erfahren wir sinnliche Eindrücke nicht als pure Sinnesreize, sondern gegenständlich gestaltet und eingeordnet in den Bau einer sinnlich erfahrenen dinglichen Welt. Wir sehen Farben als Farben von Dingen, wir hören Töne an einem bestimmten Ort im Raum und als hervorgebracht von tönenden Dingen, wir erfahren Tastqualitäten als Härte, Glätte usw. von Körpern. Wir müssen in vielen Fällen erst von dieser objektiven Bedeutung und Einordnung der Sinnesqualitäten abstrahieren, um das eigentlich Empfindungsmäßige davon zu fassen. In manchen Fällen will uns das gar nicht gelingen. In andern drängt sich das eigene sinnliche Betroffensein unmittelbar auf: Wenn ich die Härte eines Dinges wahrnehme, so empfinde ich dabei einen Druck am Finger. Starke Helligkeit empfinde ich als peinlichen Lichtreiz, vor dem ich die Augen schließe; ein kratzendes Geräusch „tut mir weh", sodaß ich mir die Ohren zuhalte. In allen diesen Fällen spüren wir ein sinnliches Betroffensein; wir spüren es an unserm Leib oder doch im Zusammenhang mit gewissen Organen des Leibes; eben damit spüren wir empfindungsmäßig den Leib selbst; und wir reagieren darauf mit triebhaften Bewegungen. (Es ist möglich, daß an Stelle der triebhaften Bewegung eine Willenshandlung tritt: daß ich ⟨mir⟩ bewußt und absichtlich die Ohren zuhalte; es ist auch möglich, daß ich eine triebhafte Bewegung willensmäßig unterdrücke; aber wir kennen in uns auch den rein triebhaften Ablauf der Reaktion). Mit den Empfindungen sind zumeist sinnliche Gefühle verbunden: Wir empfinden die Eindrücke als angenehm oder unangenehm, lust- oder unlustbetont. Darüber hinaus haben wir gewisse allgemeine Gefühlszuständlichkeiten, die nicht an bestimmte, abgegrenzte Sinneseindrücke gebunden sind, sondern als Gesamtzuständlichkeiten seelisch und leiblich zugleich empfunden werden: Frische und Mattigkeit, Behagen und Unbehagen. Wir erfahren in uns auch eine Art instinktive Schätzung dessen, was uns begegnet, in seiner Bedeutung für uns. Gewisse Speisen widerstehen uns, und zwar in einer Weise, die mehr besagt, als daß sie uns nicht schmecken. Nach andern haben wir Verlangen – nicht, wie nach etwas, was uns Lust bereiten würde, sondern als nach etwas, was uns nottut. Die Erfahrung zeigt uns, daß die menschlichen Instinkte nicht so fein und sicher sind wie die der Tiere. Aber ihr Vorhandensein läßt sich nicht ableugnen. – Wir erleben in uns die Affekte, die wir in der äußeren Welt in Ausdrucksphänomenen an Menschen und Tieren wahrnehmen: Schmerz und Freude, Angst und Zorn. So erfahren wir in uns eine ganze Mannigfaltigkeit von seelischen Regungen, die noch nicht das sind, was wir später als „geistige Akte" kennenlernen werden, eine breite Unterschicht, die wir, wenn wir hinzunehmen, was wir in der äußeren Welt an Menschen und Tieren wahrnehmen, als etwas Menschen und Tieren Gemeinsames auffassen müssen.

## 2. Analogische[96] Deutung des Fremden durch Eigenes und des Eigenen durch Fremdes

Eine erkenntniskritische Untersuchung müßte fragen, wie weit das, was wir an Menschen und Tieren an Seelischem wahrnehmen, eine Deutung der äußeren Erscheinungen nach Analogie des in uns erfahrenen Seelischen ist und wie weit das Recht solcher analogisierenden Deutung geht; umgekehrt aber auch, wieviel von dem, was wir in und an uns selbst wahrnehmen, bestimmt ist durch die Analogie mit dem, was wir in äußerer Erfahrung als menschliches Sein erfassen. Daß wir Fremdes nach Analogie des Eigenen

---

[96] ⟨Besondere Wortschöpfung Steins.⟩

deuten, dürfte stärker für die Erfahrung des aktuellen Lebens gelten. Daß wir uns selbst nach Analogie der andern betrachten, hat wohl mehr Bedeutung für die Erfassung des dauernden seelischen Seins, des Menschen als psychophysischer Ganzheit, seiner Potenzen usw.

## 3. Struktur der Seele:
### Potenzen – Habitus – aktuelles Leben; Einheit der „Kraft"

Daß der Mensch vom Menschen eine doppelte Erfahrung hat, eine innere und eine äußere, und daß diese beiden doch wieder in die Einheit einer Erfahrung eingehen, das gehört zum Menschen selbst, soll uns aber hier noch nicht beschäftigen. Sicher ist, daß wir in der unreflektierten Erfahrung den Menschen als leib-seelische Einheit auffassen wie das Tier, daß wir ihm nicht nur aktuelle seelische Regungen, sondern dauernde Eigenschaften, körperliche wie seelische, zuschreiben: scharfe oder schwache Sinne, sichere oder unsichere Instinkte, eine leidenschaftliche und heftige oder eine ruhige Gemütsart usw. Zwischen diesen dauernden Eigenschaften oder Vermögen und den aktuellen seelischen Regungen bestehen bestimmte Beziehungen. Die aktuellen Regungen und Betätigungen sind es, die uns die dauernde Beschaffenheit bekunden (neben dem Äußeren, dessen Gepräge uns ein Spiegel der seelischen Eigenart ist). An den Leistungen der Sinne erkennen wir ihre Leistungsfähigkeit, an den Affektausbrüchen das Temperament usw. Und diese Erkenntnisbeziehung ist in einer ontischen Beziehung begründet: Das aktuelle Seelenleben hat in den Potenzen seine Seinsgrundlage, die Potenzen gehen in den Akten in eine andere Seinsform über. Diese „Aktualisierung" ist anderseits nicht ohne Rückwirkung auf die Potenzen: Sie sind nichts Starres und Unwandelbares, sondern erfahren, indem sie sich betätigen, selbst eine Umformung: eine erhöhte Leichtigkeit und Bereitschaft, in Aktualität überzugehen. Wir nennen die aktuelle Betätigung, sofern sie eine solche Rückwirkung hat, *Übung*. Die Potenzen selbst, die eine solche Umformung durch Betätigung (oder auch auf andere Weise) erfahren haben, bezeichnet die Scholastik als *Habitus*: Darunter fällt alles, was wir als *Fertigkeiten*, aber auch alles, was wir als *Tugenden* bezeichnen. Diese Umwandlung von Potenzen in Habitus haben wir schon beim Tier: Alles, was wir „Dressur" nennen, beruht darauf.[97]

Der Mensch und die Menschenseele sind kein loses Bündel getrennter Potenzen. Sie alle haben ihre Wurzel in der Seele, sind Verzweigungen, in die sie sich auseinanderfaltet; und gerade an dem Verhältnis von Potenzen, Habitus und Akten wird die Einheit der Seele recht deutlich. Es ist für den

---

[97] ⟨Vgl. *PA*, S. 145 ff.⟩

Menschen nicht möglich, alle seine Potenzen zugleich und in gleichem Maße auszubilden, wie es ihm nicht möglich ist, sie alle zugleich zu aktualisieren. Wenn sein Verstand intensiv arbeitet, so hört und sieht er kaum noch, was um ihn herum vorgeht. Wenn sein Gemüt heftig erregt ist, ist sein Verstand nicht aktionsfähig. Die Seele verfügt offenbar über ein begrenztes Kraftmaß, das in verschiedene Richtung gelenkt werden kann. Indem es in eine Richtung gelenkt wird, wird es den andern möglichen Richtungen entzogen. (Analoges ist bei allen Organismen festzustellen.) Darin ist es begründet, daß er ⟨der Mensch⟩ nur ganz wenig von dem, was er potentiell ist, jeweils aktuell sein kann, und daß auch keineswegs alle seine Potenzen habituell ausgestaltet werden können. Vieles von dem, was in ihm angelegt ist, bleibt das ganze Leben lang unrealisiert. – So betrachtet erscheint der Mensch als ein sehr kompliziert gebauter Organismus: ein einheitliches Lebensganzes, das in ständiger Bildung und Umbildung begriffen ist; eine leiblich-seelische Einheit, die sich zugleich in eine immer differenzierter gegliederte und in mannigfacher Weise funktionierende körperliche Gestalt formt und prägt und seelisch immer reichere und festere Ausprägung erfährt; seelische und körperliche Prägung vollziehen sich in ständiger Aktivität, die Auswirkung gewisser Anlagen ist und zugleich entscheidend dafür, welche der verschiedenen Gestalten, die im Sein des Menschen als möglich vorgezeichnet sind, Wirklichkeit wird.

### 4. Bedingungen der Entwicklung

Von welchen Bedingungen hängt nun der tatsächliche Entwicklungsverlauf ab? Offenbar weitgehend von äußeren Umständen, von der „Umwelt" des Lebewesens. Für die organische Entwicklung sind die materiellen Bedingungen – Bodenbeschaffenheit, Klima usw. – mitbestimmend für die Auswirkung der Form. Für das animalische Leben ist das Reiz-Reaktionsverhältnis maßgebend. Wenn die Ausbildung der Potenzen an ihre Betätigung gebunden ist, die Betätigung aber von äußeren Reizen abhängt, so werden die jeweils wirksamen Reize oder ein Mangel an entsprechenden Reizen bestimmend für die faktische Gestaltung des animalischen Wesens sein. Zahme Hunde und Katzen, die im Hause eingeschlossen leben und ihr Futter fertig vorgesetzt bekommen, können ihre Raubtierinstinkte nicht zur Auswirkung bringen. So können auch im Menschen Anlagen verkümmern, die keine Gelegenheit zur Betätigung finden. Hier aber kommen wir wieder an die Grenze, wo es unmöglich wird, den Menschen von den unteren Schichten seines Seins her zu begreifen, wo wir auf das spezifisch Menschliche stoßen. Wenn wir eine Pflanze oder ein Tier sehen, die „verkümmert" sind, d. h. bei denen das für sie Spezifische nicht zur Entfaltung gebracht ist, so machen wir die ungünstigen Lebensbedingungen dafür verantwortlich, evtl. den Menschen, der sie in diese ihnen nicht gemäßen Lebensbedingungen versetzt hat. Bei dem Menschen ziehen wir die entsprechenden Faktoren auch in Betracht, aber außerdem machen wir ihn selbst verantwortlich für das, was aus ihm geworden und nicht geworden ist.

## II. Das spezifisch Menschliche

### 1. Personale Struktur

#### a) Verantwortung – Personalität – Ichform

Was heißt es, daß der Mensch für sich verantwortlich sei? Es heißt, daß es an ihm liegt, was er ist, und daß von ihm verlangt wird, etwas Bestimmtes aus sich zu machen: *Er kann und soll sich selbst formen.*

Was besagt das „Er" und das „Sich Selbst", das „Kann" und das „Soll" und das „Formen"? *Er* ist jemand, der von sich *Ich* sagt. Das kann kein Tier. Ich blicke in die Augen eines Tieres und es blickt mir etwas daraus entgegen. Ich schaue in ein Inneres, in eine Seele hinein, die meinen Blick und meine Gegenwart spürt. Aber es ist eine stumme und gefangene Seele: in sich selbst gefangen, unfähig, hinter sich selbst zurückzugehen und sich selbst zu fassen, unfähig, aus sich selbst heraus und zu mir zu gelangen. Ich schaue in die Augen eines Menschen und sein Blick antwortet mir. Er läßt mich eindringen in sein Inneres oder wehrt mich ab. Er ist Herr seiner Seele und kann ihre Tore öffnen und schließen. Er kann aus sich selbst heraustreten und in die Dinge eingehen. Wenn zwei Menschen einander anblicken, dann stehen ein Ich und ein anderes Ich einander gegenüber. Es kann eine Begegnung vor den Toren sein oder eine Begegnung im Innern. Wenn es eine Begegnung im Innern ist, dann ist das andere Ich ein Du. Der Blick des Menschen spricht. Ein *selbstherrliches, waches Ich* sieht mich daraus ⟨an⟩. Wir sagen dafür auch: eine *freie geistige Person.* Person sein heißt, ein freies und geistiges Wesen sein. Daß der Mensch Person ist, das unterscheidet ihn von allen Naturwesen.

#### b) Geistigkeit als Aufgeschlossenheit nach innen und außen

Versuchen wir zunächst die Geistigkeit zu verstehen. Personale Geistigkeit besagt *Wachheit* und *Aufgeschlossenheit.* Ich *bin* nicht nur und *lebe* nicht nur, sondern ich *weiß* um mein Sein und Leben. Und das alles ist eins. Die ursprüngliche Form des Wissens, die zum geistigen Sein und Leben gehört, ist kein nachkommendes, reflektierendes, in dem das Leben zum Objekt des

Wissens wird, sondern ist wie ein Licht, von dem das geistige Leben als solches durchleuchtet ist. Geistiges Leben ist ebenso ursprünglich Wissen um anderes als ⟨um⟩ sich selbst. Es heißt bei andern Dingen sein, in eine Welt hineinschauen, die der Person gegenübersteht. Das Wissen um sich selbst ist Aufgeschlossenheit nach innen, das Wissen um anderes ist Aufgeschlossenheit nach außen. Soviel als erste Deutung der Geistigkeit.

## c) Freiheit; Können u⟨nd⟩ Sollen

Was besagt Freiheit? Es besagt dasselbe wie das: Ich *kann*. Als waches, geistiges Ich schaue ich in eine Welt von Dingen hinein; aber sie zwingt sich mir nicht einfach auf: Die Dinge fordern mich auf, ihnen nachzugehen, sie von verschiedenen Seiten zu betrachten, in sie einzudringen. Wenn ich dieser Aufforderung nachgehe, so erschließen sie sich mir mehr und mehr. Folge ich der Aufforderung nicht – und ich kann mich ihr versagen – so bleibt mein Weltbild arm und bruchstückhaft. Etwas an den Dingen lockt mich und reizt mich, es weckt in mir das Verlangen, mich ihrer zu bemächtigen. Das Tier folgt solcher Lockung unaufhaltsam, wenn nicht ein stärkerer Trieb es zurückhält. Der Mensch ist dem Spiel der Reize und Reaktionen nicht wehrlos ausgeliefert, er kann widerstehen, er kann das, was in ihm aufsteigt, unterbinden. Wir sagten früher: In der Seele des Tieres ist das Zentrum des ganzen Lebewesens; hier schlägt alles zusammen, was von außen auf es eindringt; von hier geht alles aus, was an triebhaften Reaktionen aus ihm hervorbricht. Beim Menschen ist das kein bloßes Geschehen, es vollzieht sich nicht nur in ihm eine Umschaltung vom Eindruck zum Ausdruck oder zur Gegenhandlung; er selbst steht als freie Person im Zentrum und hat das Schaltwerk in der Hand – richtiger: Er *kann* es in der Hand haben; denn selbst das noch ist Sache seiner Freiheit, ob er von ihr Gebrauch machen will oder nicht.

Wir gingen davon aus: Der Mensch kann und soll sich selbst formen. Wir verstanden das „Er" im Sinne der personalen Geistigkeit. Dazu gehört notwendig das „Können" als Freiheit. Aus dem Können ergibt sich die Möglichkeit des *Sollens*. Das freie Ich, das sich entscheiden kann, etwas zu tun oder zu unterlassen, dies oder jenes zu tun, fühlt sich im Innersten aufgerufen, dies zu tun und jenes zu lassen. Weil es Forderungen vernehmen und ihnen folgen kann, ist es imstande, sich *Ziele* zu setzen und sie handelnd zu verwirklichen. *Können* und *Sollen*, *Wollen* und *Handeln* gehören innerlich zusammen. (Der Sinn des Sollens bleibt noch zu klären nach Inhalt und Ursprung des „Rufes".)

## 2. „Ich" und „Selbst"; personale Formung der animalischen Natur

Was heißt es, daß *ich* mich *selbst* formen soll? Sind das Ich und das Selbst dasselbe? Ja und Nein. In dem Selbst liegt ja die Rückbezogenheit. Aber das Formende und das, was geformt wird, sind nicht in vollständiger Deckung. Es liegt hier nahe, wieder von Form und Materie zu sprechen. Ob es wirklich erlaubt ist, muß erst geprüft werden. Wir wissen schon, daß auf den höheren Seinsstufen „Materie" immer bereits eine geformte Materie bedeutet. Was der Mensch zu formen hätte, das wäre seine ganze animalische Natur. Und das Ergebnis dieser Formung wäre der voll ausgebildete, personal durchgeformte Mensch.

### a) ⟨Formung⟩ des aktuellen Seelenlebens

#### α) Empfindung – Wahrnehmung; Intentionalität

Wir versuchen zunächst, uns klar zu machen, ob und in welcher Weise die tierische Natur im Menschen neu geformt wird. Schon das aktuelle Seelenleben hat eine völlig andere Struktur. Wir haben früher gesehen, daß wir nur durch eine mühsame Abstraktion zu einem bloßen Empfindungsmaterial gelangen können. Unsere Sinnesdaten sind immer schon einer Ordnung eingefügt, in der sie uns etwas bekunden. Unser geistiger Blick geht durch sie hindurch in eine gegenständliche, sinnenfällig qualifizierte Welt. Oder, wenn wir ihn von dieser normalen Richtung ablenken, ihn auf die Sinnesdaten selbst richten, dann sind sie „Gegenstand"; und Empfindungen konstatieren ist wiederum etwas anderes als bloß empfinden, bloß „betroffen sein". Überdies: Sobald wir den Blick auf die Empfindungen selbst richten, werden sie uns zu Zuständlichkeiten unseres Leibes, dieser eigentümliche „Gegenstand" kommt uns durch sie zur Gegebenheit, sie stehen also in einer neuen Bekundungsfunktion. Damit enthüllt sich uns die Grundform des spezifisch menschlichen Seelenlebens: Die *Intentionalität* oder das Gerichtetsein auf Gegenständliches.[98] Es gehört dazu ein Dreifaches: das *Ich*, das einem Gegenstand zugewendet ist; der *Gegenstand*, dem es zugewendet ist, und der *Akt*, in dem das Ich jeweils lebt und sich in dieser oder jener Weise auf einen Gegenstand richtet. Wir leben in einer Welt, die uns *in die Sinne fällt*[99] und die wir eben damit *wahrnehmen*. Sie steht nicht mit einem Schlage vor uns, und die Wahrnehmung ist kein einzelner Akt. Sie ist ein kompliziertes Gefüge von sinnlichen Daten und Intentionen, von Akten, die ineinander übergehen. In diesem Gefüge hat, wie wir schon sahen, die Frei-

---

[98] ⟨Vgl. Hua XIX/1, S. 401, 515; Hua III/1, S. 74 f., 162, 187 f. usw.⟩
[99] ⟨Vgl. *PA*, S. 238 ff. vgl. Stein, Edith, *Einführung in die Philosophie*, ESGA 8, Freiburg 2004, S. 64; vgl. Stein, Edith, *Kreuzeswissenschaft*, ESGA 18, Freiburg 2003, S. 130.⟩

heit eine Stelle. Die Welt, die uns in die Sinne fällt und wie sie uns in die Sinne fällt, fordert uns zu fortschreitender Betrachtung auf, sie *motiviert* einen Übergang zu immer neuen Wahrnehmungsakten, die uns immer Neues in unserer Wahrnehmungswelt enthüllen. Gefüge und Ablauf der Wahrnehmungsakte, der gesetzmäßige Bau des intentionalen Lebens, entspricht dem formalen Bau der gegenständlichen Welt. Gegenstände wahrnehmen heißt, bestimmt geformte dingliche Einheiten wahrzunehmen. Das Fortschreiten von Akt zu Akt ist ein Fortschreiten im Zusammenhang der einen dinglichen Welt.

β) Geist als Verstand und Wille

Der Geist, der mit seinem intentionalen Leben das sinnliche Material in ein Gefüge ordnet und, indem er das tut, in eine gegenständliche Welt hineinschaut, heißt *Verstand* oder *Intellekt*. Die sinnliche Wahrnehmung ist seine erste, seine unterste Leistung. Er kann noch mehr: Er kann sich zurückwenden: *reflektieren* und damit das sinnliche Material und sein eigenes Aktleben erfassen; er kann ferner an den Dingen und an seinem eigenen Aktleben den formalen Bau zur Abhebung bringen: *abstrahieren*. „Er kann" – d. h. er ist *frei*. Das erkennende, das „intelligente" Ich erfährt die Motivationen, die von der gegenständlichen Welt herkommen, es greift sie auf und geht ihnen *freiwillig* nach; es ist notwendig zugleich wollendes Ich, und von seinem willentlichen geistigen Tun hängt es ab, was es erkennt. Der Geist ist *Verstand* und *Wille* zugleich, Erkennen und Wollen stehen in Wechselbedingtheit.

γ) Intentionalität des Fühlens; Freiheit im Gefühlsleben, Wollen und Handeln

Die Materie, die geistiger Formung unterliegt, sind nicht bloß sinnliche Empfindungen, und die Welt, in der wir leben, ist keine bloße Wahrnehmungswelt. Beides hängt zusammen. Das Tier empfindet Lust und Unlust und wird eben dadurch in seinen Reaktionen bestimmt. Der Mensch empfindet Lust und Unlust an gewissen Dingen, die ihm eben damit als angenehm oder unangenehm erscheinen. Er fühlt sich bedrückt oder erhoben, und eben damit erscheinen ihm die Dinge erhaben oder bedrohlich. Sein Gefühlsleben ist zugleich eine Skala innerer Zuständlichkeiten, in denen es sich selbst als ein so und so „gestimmtes" findet, und eine Mannigfaltigkeit intentionaler Akte, in denen ihm gegenständliche Qualitäten, die wir *Wert*qualitäten nennen, zur Gegebenheit kommen. Auf die nähere Analyse dieser Mannigfaltigkeit müssen wir vorläufig verzichten. Es sollte zunächst gezeigt werden, daß auch hier sich eine geistige Formung in Gestalt einer doppelten Intentionalität vollzieht. Es wird dadurch auf der gegenständlichen Seite die Welt als Wertewelt erschlossen: als eine Welt des Angenehmen und Unangenehmen, des Edlen und Gemeinen, des Schönen und Häßlichen, des Guten und Schlechten, des Heiligen und Profanen; und wiederum als eine Welt des Nützlichen und Schädlichen, des Begeisternden und Abstoßenden, des Beglückenden und Beseligenden oder Bedrückenden und Niederschmetternden (die eine Reihe als Skala der objektiven Werte, die andere als Skala ihrer Bedeutungen für das ergriffene Subjekt); es wird auf der andern Seite etwas am Menschen selbst enthüllt: ein eigentümlicher Bau seiner Seele, die von den Werten in verschiedener Tiefe, verschieden heftig und nachhaltig ergriffen wird.[100] Und analog wie im Wahrnehmungsbereich haben wir hier ein Zusammenspiel von Passivität und Aktivität, von Ergriffenwerden und Freiheit. Das Können ist dabei ein mehrfaches: Auch die Werte fordern zu näherer Betrachtung, zu tieferem Eindringen auf – ich kann dem Folge leisten oder nicht, kann es in der einen oder andern von verschiedenen möglichen Richtungen tun. Es ist aber auch das innere Ergriffenwerden etwas, was der Freiheit einen Angriffspunkt bietet: Ich kann mich einer Freude, die in mir aufsteigt, hingeben, kann ihr gestatten sich auszuwirken, und ich kann mich ihr versagen, sie unterbinden, ihr keinen Raum lassen.[101] – Und schließlich noch ein Drittes: Werte motivieren nicht nur ein Fortschreiten im Erkenntniszusammenhang, auch nicht nur eine bestimmte gefühlsmäßige Antwort, sie sind *Motive* noch in einem neuen Sinn, sie fordern eine bestimmte *Willensstellungnahme* und ein entsprechendes Handeln: Das Verbrechen verlangt nicht bloß Empörung, sondern Strafe und Abwehr. Und wiederum ist ein reaktives Stellungnehmen und Handeln möglich und demgegenüber eine freie Entscheidung, die im Sinne der unwillkürlichen Stellungnahme oder auch dazu entgegengesetzt von sich aus das Handeln absichtlich in Angriff nimmt und durchführt: die spezifisch personale Form des Wollens und Handelns.

δ) Formung durch die Ichstruktur und durch die Ichaktivität

Als vorläufiges Ergebnis dieses Überblicks können wir eine Formung des menschlichen Seelenlebens vom Ich her in doppeltem Sinn feststellen: Die Ichstruktur als solche gibt dem Seelenleben eine bestimmte Struktur, die noch nicht auf das freie Tun des Ich zurückzuführen ist: die Form der Intentionalität und das Frei-tätig-sein-*Können*. Dazu kommt die Formung, die

---

[100] ⟨Vgl. Schelers apriorische Rangbeziehungen zwischen den Wertmodalitäten, in: Scheler, Max, *Der Formalismus in der Ethik und die materiale Wertethik. Neuer Versuch der Grundlegung eines ethischen Personalismus*, Bern 4. Aufl. 1954, S. 125 ff. (Orig. 1913/1916).⟩

[101] ⟨Das Bild der Freude findet sich auch in *Zum Problem der Einfühlung*, ESGA 5, Freiburg 2008, S. 122, „Psychische Kausalität", in: *Beiträge zur philosophischen Begründung der Psychologie und der Geisteswissenschaften* ESGA 6, Freiburg 2010, S. 37 f., 65–70, 75, 86; *PA*, S. 176, *Endliches und ewiges Sein*, (im folgenden: EES), ESGA 11/12, Freiburg 2006, S. 63 ff. Bei Thomas findet sich das Bild in *Ver*, q 26 a 4 ad 5 (Stein, *QDV* II, S. 379 ff.) und bei Husserl in Hua III/1, S. 118, 182 f.⟩

durch die freie Aktivität des Ich selbst geleistet wird, indem es sich in dem Spielraum der Betätigungsmöglichkeiten für diese oder jene Aktivität entscheidet. Die Formung durch die Ichstruktur kann noch als Analogon der Formung in den andern Seinsbereichen aufgefaßt werden; die in ihr begründete Formung durch die freie Aktivität des Ich hat im Untermenschlichen kein Analogon.

## b) ⟨Formung⟩ des leib-seelischen Individuums

α) „Ich" und „Selbst" als Formendes und zu Formendes; Ich und Leib; Ich und Seele; Thomas' Auffassung der Seele

Nun erschöpft sich das seelische Sein nicht in der Ichaktualität. Als Seinsgrundlage des aktuellen seelischen Lebens fanden wir die Seele selbst mit ihren Potenzen und Habitus. Potentialität, Habitualität und Aktualität stehen in einem Funktionszusammenhang: Die Potenzen grenzen den natürlichen Möglichkeitsbereich für die Aktualität ab. Was aktualisiert wird, ist entscheidend dafür, was von den Potenzen habituelle Prägung erfährt. In der Einheit von Leib und Seele ist es begründet, daß die Gestaltung der Seele und die Gestaltung des Leibes in einem geschehen. Der ganze Mensch erhält seine Prägung durch das aktuelle Ichleben und ist „Materie" für die Formung durch die Ichaktivität. Hier erst stehen wir vor dem *Selbst*, das vom Ich geformt werden kann und soll. Wofür ich mich in jedem Augenblick entscheide, das bestimmt nicht nur die Gestaltung des gegenwärtigen aktuellen Lebens, sondern es ist von Bedeutung für das, was ich, der ganze Mensch, *werde*. Ob ich jetzt Klavier übe oder spazierengehe, ob ich einen aufsteigenden Zorn bemeistere oder ihm die Zügel schießen lasse, davon hängt nicht nur ab, ob die gegenwärtige Stunde so oder so ausgefüllt ist. Von *einem* Mal Üben hängt es zwar noch nicht ab, ob ich ein Virtuose werden kann oder nicht. Und *ein* Zornausbruch macht es nicht unmöglich, daß ich es in meinem Leben noch lerne, Selbstbeherrschung zu üben. Aber jede Entscheidung schafft eine Disposition, im selben Sinn wieder zu entscheiden. Je öfter ich mich entschließe, die Übungsstunde ausfallen zu lassen, desto größere Energie wird für die entgegengesetzte Entscheidung nötig. Zugleich wird mit dem beständigen Ausfallen der Übung die Ausbildung der musikalischen Begabung zur Fertigkeit unmöglich. So ist es, im Rahmen der natürlichen Möglichkeiten, Sache meiner Freiheit, ob ich Musiker werde oder nicht. Alle Ausbildung des Körpers, alle Schulung der Sinne, alles, was man Geistes- und Charakterbildung nennt, hat hier seine Stelle.

Der Mensch mit allen seinen leiblich-seelischen Anlagen ist das „Selbst", das ich zu formen habe. Was aber ist das Ich? Wir nannten es freie, geistige Person, die intentionalen Akte sind ihr Leben. Steht das freie, geistige Ich als solches außerhalb der leiblich-seelischen Natur, die es mit seinem Tun zu formen hat oder gehört es in sie hinein, ist es ihre „innere Form"? Daß *ich mich selbst* zu formen habe, scheint darauf hinzuweisen, daß es in die reale Einheit einzubeziehen sei. Wir sagen ja auch: Ich *bin* dieser Mensch, wir sprechen von der „menschlichen Person". Gehört die Personalität, die Ich-Form zur menschlichen Natur und kann man ihre Stelle darin bestimmen?

Ich bin nicht mein Leib – ich habe und beherrsche meinen Leib. Ich kann auch sagen: Ich bin *in* meinem Leibe. Gedanklich kann ich mich von ihm entfernen und ihn wie von außen betrachten. In Wirklichkeit bin ich an ihn gebunden. Ich bin da, wo mein Leib ist, wenn ich mich auch „im Geist" ans andere Ende der Welt versetzen und sogar über alles Räumliche erheben kann. Ich kann keinen Punkt im Körper bestimmen, wo das Ich seinen Ort hätte.[102] Man hat das früher versucht; aber selbst wenn die Gehirnanatomie einen bestimmten Teil des Gehirns angeben könnte, dessen Zerstörung ein Schwinden des „Ichbewußtseins" und der ganzen personal-geistigen Struktur zur Folge hätte, könnten wir nicht sagen, daß an dieser Stelle das Ich seine Stelle hätte. Das Ich ist keine Gehirnzelle; es hat einen geistigen Sinn, der nur vom Erleben seiner selbst zugänglich ist. Und auch die Lokalisation des Ich bestimmt sich nur vom Erleben. Diese erlebte Lokalisation aber (ebenso wie die phänomenal an andern gegebene) ist keine physikalisch zu bestimmende. Ich kann mich an jeden Punkt meines Leibes begeben und in ihm gegenwärtig sein; manche Teile aber, z. B. Kopf und Herz, sind mir näher als andere.

Wir rühren hier an die Wurzel der Einheit von Leib und Seele; damit aber auch an die Frage: Wie steht das Ich zur Seele? Bin ich meine Seele? Offenbar ist es auch nicht möglich, das zu sagen. Ich *bin* der Mensch und *habe* Leib und Seele. Mein Leib ist ein Menschenleib und meine Seele eine Menschenseele; das bedeutet aber einen *persönlichen* Leib und eine *persönliche* Seele. Ein persönlicher Leib: Das ist einer, in dem ein Ich wohnt und der durch das freie Tun des Ich gestaltet werden kann. Wohnt das Ich auch in der Seele und ist sie dadurch Menschenseele? Nach Thomas ist die Menschenseele wie die Tier- und die Pflanzenseele forma corporis[103]; sie ist zugleich – ebenso wie die Tierseele – das, was Potenzen und Habitus und ein aktuelles Leben hat: Dies alles in dem funktionellen Zusammenhang, wie er früher geschildert wurde; und darüber hinaus ist sie Geistseele oder Vernunftseele und als solche eine geistige Substanz, die nicht mehr notwendig an den Körper gebunden ist. Es wird aber die ganze Seele: die körperformende, die animalisch-lebendige, die geistige als *eine* Seele gefaßt. Wir versuchen jetzt ⟨sic⟩, ob sich all das oder was sich davon phänomenal rechtfertigen läßt.

---

[102] ⟨Vgl. dazu die spätere Gegenthese in *EES*, S. 318 f.⟩
[103] ⟨Lat.: Gestaltung des Leibes, vgl. Anm. 55.⟩

β) Die Menschenseele: peripheres und zentrales, oberflächliches und tiefes
    Erleben – Seinsmodi des Ich und Dimensionen der Seele; seelisches Ich;
    Ort des Ich in der Seele

Weil uns jetzt die Teilfrage beschäftigt, ob ich in meiner Seele lebe, wollen
wir vom Ichleben ausgehen und von hier den Zugang zur Seele suchen.
Wenn ich absehe von aller äußeren Erfahrung, in der mir Menschen als
leiblich-seelische Wesen begegnen, wenn ich mich auf das zurückziehe, was
ich innerlich erlebe, was bedeutet dann „Ich" und was bedeutet „Seele"?

Ich denke jetzt über dieses Problem nach und zugleich höre ich ein Geräusch von der Straße und sehe das Blatt, das vor mir liegt, und meinen
Schreibtisch und noch einiges andere in meiner Umgebung. Ich bin auf das
Problem gerichtet; was ich höre und sehe, gleitet an mir vorbei, es berührt
mich nur peripher. Dem Problem bin ich eigentlich zugewendet, ich stehe
ihm gegenüber und halte es mit dem geistigen Blick fest. Aber es ist noch
etwas in mir, dem ich jetzt nicht Raum geben, dem ich mich nicht zuwenden
und das ich gar nicht aufkommen lassen will: eine Unruhe, eine Sorge. Sie ist
da und ich weiß um sie, sie ist vielleicht schon lange da und beharrt „unter"
allem, was sich an der Oberfläche abspielt, sie liegt auf dem „Grunde meiner
Seele". Ich bin bei dem Problem und nicht bei dem, was ich höre und sehe.
Das ist eine geistige Situation, die ihre Parallele im äußeren Sehen hat: Wie
das Auge nur einen kleinen Teil seines Sehfeldes im Blick haben kann, während das andere es nur seitlich trifft, so gibt es auch ein geistiges Sehfeld und
darin eine fixierende Zuwendung und ein Bemerken an der Peripherie. Das
geistige Blickfeld ist kein Teil des Ich, es ist etwas Gegenständliches, das Ich-
zugehörigkeit hat: die gegenständliche Welt, soweit sie jeweils von seinem
Bewußtsein umspannt wird. Die „zentrale" Zuwendung des Ich zu seinem
Thema und das „periphere" Bemerken sind verschiedene Bewußtseinswei-
sen. Dieser Gegensatz von „Zentrum" und „Peripherie" bezeichnet keine
Ausdehnung, keine Räumlichkeit des Ich selbst. Es kann hierin noch gleichsam punktuell gefaßt werden, als der „Punkt", von dem die verschieden
gerichteten Bewußtseins-„Strahlen" ausgehen. Husserl hat das Subjekt der
Akte, das, wovon alles Bewußtseinsleben ausstrahlt, als *reines Ich* bezeichnet und in dieser Weise als ein punktuelles charakterisiert. Es ist ausdeh-
nungslos, qualitätslos, substanzlos. – Wenn wir aber an das denken, was „auf
dem Grunde der Seele liegt", dann kommen wir mit dieser Beschreibung
nicht aus. Das, was ich höre und sehe, und auch das, was mich jetzt gedanklich beschäftigt und dem ich zentral zugewendet bin, trifft mich nur ober-
flächlich. Der Grund der Seele, in dem jene Sorge lebt, wird davon nicht
erreicht. Von dem, was da in der Tiefe lebt, geht ein Zug aus. Wenn ich
dem nachgäbe, wenn ich in der Willensanspannung nachließe, mit der ich
mein gedankliches Thema festhalte, dann würde mich die Sorge bald ganz
erfüllen. Es wäre aus mit dem Gedankengang, und das Problem wäre bald

ganz aus dem Blickfeld verschwunden. Das muß nicht so sein. Es kann auch ein gedankliches Problem mich innerlich ergreifen und fesseln und so erfüllen, daß alles andere verschwindet. Aber darauf kommt es hier nicht an. Wichtig ist in unserm Zusammenhang der Gegensatz von „Oberfläche" und „Tiefe". Das ist nichts mehr in der gegenständlichen Welt, das ist etwas „in mir selbst"; eine *innere Räumlichkeit* wird damit bezeichnet. „In mir" – dafür werde ich nun am liebsten sagen: „in meiner Seele". Meine Seele hat Weite und Tiefe, sie kann von etwas erfüllt werden, es kann etwas in sie eindringen. Und in ihr bin ich zu Hause; ganz anders, als ich in meinem Leib zu Hause bin. Im Ich kann ich nicht zu Hause sein. Aber auch das Ich selbst, so lange es nur als „reines Ich" gefaßt ist, kann gar nicht zu Hause sein. Nur ein *seelisches Ich* kann zu Hause sein, und von dem kann man dann auch sagen, daß es bei sich selbst zu Hause sei. Da rücken auf einmal Seele und Ich ganz nahe zusammen. *Eine Menschenseele kann nicht ohne Ich sein:* Zu ihr gehört die personale Struktur. Aber *ein menschliches*[104] *Ich* muß auch ein seelisches Ich sein, es *kann nicht ohne Seele sein:* Seine Akte sind selbst als „oberflächliche" oder „tiefe" charakterisiert, sie wurzeln in einer größeren oder geringeren Tiefe der Seele. Je nach den Akten, in denen das Ich jeweils lebt, hat es da oder dort in der Seele seine Stelle. Es gibt aber im Seelenraum einen Ort, in dem es seine *eigentliche* Stelle hat, den Ort seiner Ruhe, den es suchen muß, solange es ihn nicht gefunden hat, und zu dem es immer zurückkehren muß, wenn es davon ausgegangen ist: Das ist der tiefste Punkt der Seele. Nur von hier aus kann die Seele sich „sammeln"; denn von keinem andern Punkt aus kann sie sich ganz umspannen. Nur von hier aus kann sie vollgewichtige Entscheidungen fällen, von hier aus kann sie sich für etwas einsetzen, kann sie sich hingeben und verschenken. All das sind Akte der Person. *Ich* habe Entscheidungen zu fällen, mich einzusetzen usw. Dieses ist das personale Ich, das zugleich ein seelisches Ich ist, das zu *dieser* Seele gehört und in ihr seinen Ort hat.[105]

γ) Formung der Seele durch das Ich

Kann man von diesem Ich sagen, daß es diese Seele forme? Kann man andererseits von dieser Seele sagen, daß sie Form sei? Das Ich hat seine eigentliche Stelle in der Seele, aber es kann an andern Orten sein, und es ist Sache seiner Freiheit, da oder dort zu sein. Und, wo es jeweils ist, das hat Bedeutung für die Gestalt der Seele. Wer vorwiegend oder ausschließlich an der Oberfläche

---

[104] ⟨Durchgestrichen: „personales".⟩
[105] ⟨Vgl. zur „Tiefe" der Seele auch *PK*, S. 214; *IG*, S. 191 f., 195 f., 198 f.; *EPh*, S. 136 ff., 175 f., 186; *PA*, S. 125 f., 131, 255; *EES*, S. 368 ff., 422, 523 f.; „Die Seelenburg", in: *EES*, ESGA 11/12, Freiburg 2006, S. 501–526; *Kreuzeswissenschaft (KW)*, ESGA 18, Freiburg 2003, S. 136 ff., 140 ff. Zum Problem der Entscheidung vgl. *PA*, S. 137 f.⟩

lebt, der ist der tieferen Schichten nicht habhaft. Sie sind vorhanden, aber dort nicht aktualisiert, nicht so aktualisiert, wie sie es sein könnten und sollten. Die Person hat sich nicht ganz in der Hand und lebt nicht ihr volles Leben; sie ist nicht imstande, das, was von außen an sie herantritt, so entgegenzunehmen, wie es ihm zukommt: Es gibt Dinge, die nur von einer gewissen Tiefe her entgegengenommen werden und nur von dort her die entsprechende Antwort erlangen können. Und sie ist nicht imstande, sich mit dem, was in der Tiefe vor sich geht, sich aber nicht aktuell ausleben kann, auseinanderzusetzen, solange sie sich nicht in die Tiefe begibt. Es ist aber Sache der Freiheit, „sich selbst zu suchen", in die eigene Tiefe zu steigen, sich von da aus als Ganzes zu fassen und in die Hand zu nehmen. Darum ist es die Schuld der Person, wenn die Seele nicht zum vollen Sein und zur Vollgestalt gelangt.[106]

δ) Die Wesensstruktur der Seele als Form

Nun aber die andere Frage: Hat die Seele – in dem Sinn, den wir uns jetzt erschlossen haben und der uns doch erst als der eigentliche Sinn der Seele erscheint – die Bedeutung einer Form? Sie selbst hat einen bestimmten Wesensbau, der uns nun schon in manchen Grundzügen bekannt ist: Sie zeigt den Unterschied von Oberfläche und Tiefe und eine Zusammenfassung zur Einheit von einem tiefsten Punkt her, der die Stelle des personalen Ich ist. Dadurch, daß sie *persönliche* Seele ist, hat ihr aktuelles Leben die Grundform der Intentionalität, der Richtung des Ich auf Gegenstände, und ist dadurch von allem bloß animalischen Seelenleben unterschieden; durch ihre Personalität besitzt sie zugleich die Möglichkeit der Selbstgestaltung.[107] Dadurch, daß sie Dimensionen hat, bekommt das aktuelle Leben Weite und Tiefe[108] oder die entgegengesetzten Qualitäten: Ob das eine oder das andere, das hängt einmal vom Bau der einzelnen Seele ab, denn die Seelen unterscheiden sich nach Spannweite und Tiefe, die ihnen von Natur aus eigen sind; es hängt aber auch von ihrer Freiheit ab, wie weit sie sich spannt und von welcher Tiefe aus sie sich selbst zusammenfaßt und das, was ihr begegnet, entgegennimmt. Zur Seele gehört sodann ein gewisses Maß an innerer Kraft (auch individuell verschieden), wonach sich Fülle und Lebendigkeit ihrer Aktivität bestimmt. Ihre Weite, ihre Tiefe, ihr Kraftmaß umschreiben ihre Eigenart, ihre *Individualität*, die überdies als ein einfaches, nicht auf diese Komponenten rückführbares *Quale*[109] ihr und allem, was von ihr ausgeht, ein spezifisches Gepräge gibt. Dieser Wesensbau der Seele kann als innere Form angesprochen werden; als das, was durch sie geformt wird,

---

[106] ⟨Vgl. *PA*, S. 254 f.⟩
[107] ⟨*EPh*, S. 117 ff.⟩
[108] ⟨Durchgestrichen: „und Fülle".⟩
[109] ⟨Lat.: das Wie-Sein.⟩

zunächst ihr aktuelles Leben, sodann – auf Grund des Zusammenhanges von Aktualität, Potentialität, Habitualität – die jeweilige habituelle Gestalt der Seele (in einer gegenüber dem üblichen Wortsinn erweiterten Bedeutung könnte man sagen: der „Charakter").

ε) Formung des Leibes durch die Seele (durch ihre Struktur und ihr freies Tun); der Leib als Fundament, Ausdruck und Werkzeug der geistigen Seele

Kann man von dieser Seele auch sagen, daß sie die Form des Leibes sei? Zweifellos muß von einer Formung des Leibes durch die Seele gesprochen werden: und zwar in dem doppelten Sinn der Formung durch den Wesensbau und durch das freie Tun. Die innere Eigenart eines Menschen spricht sich in seinem Äußeren aus, das – neben dem aktuellen Seelenleben[110] – für uns der wichtigste Zugang zur Eigenart anderer ist. Das ist eine Formung, die sich ohne sein Zutun vollzieht. Die Formung durch das freie Tun kann unmittelbar am Leib selbst angreifen oder mittelbar durch die Gestaltung des seelischen Lebens. Alle planmäßige Behandlung des Körpers durch Pflege, sportliche Übung usw. ist eine Formung durch freies Tun. Andererseits ist alle Vernachlässigung des Körpers, alles, was auf seine Gestaltung Einfluß hat, ohne daß das entsprechende Tun des Menschen darauf Rücksicht nimmt, eine Formung, für die er verantwortlich zu machen ist (also alle Ernährung und Betätigung oder Nicht-Betätigung des Körpers, die unbekümmert um ihre Wirkung auf die Gestaltung des Körpers geschieht oder auch auf Grund mangelhafter Kenntnis der Gesetze seiner Gestaltung.) Wenn der menschliche Leib durch das freie Tun des Menschen die *richtige* Behandlung erfährt, wenn er in *angemessener* Weise ernährt und geübt wird, so dient diese freie Formung zugleich der unwillkürlichen Formung. Die planmäßige Behandlung will zunächst zur möglichst vollkommenen organischen Entfaltung des Leibes helfen: Sie will ihm die Aufbaustoffe zuführen, deren er bedarf, und seinen Kräften die nötige Gelegenheit zur Betätigung geben. Je vollkommener der Organismus als solcher entfaltet ist, desto vollkommener ist er als *Fundament, Ausdruck* und *Werkzeug* der geistig-persönlichen Menschenseele.

Was besagt hier „Fundament"? Es ist das, was für das Dasein der Menschenseele in dieser Welt vorausgesetzt ist, zugleich die „Materie", die sie zu formen hat. Wir können den Moment nicht bestimmen, in dem die Menschenseele ins Dasein tritt; sie tritt aber ins Dasein in einem Menschenleib, der ein materielles Ding, ein lebendiger Organismus und ein beseelter Leib ist; und was das menschliche Individuum ist und werden kann, das hängt nicht nur von dem Höchsten in ihm, sondern auch von allen niederen Seins-

---

[110] Das aktuelle Seelenleben ist uns wiederum durch seine „Äußerungen" zugänglich.

stufen ab, denen er angehört. Das ist aus der allgemeinen Seinsordnung herzuleiten, die für eine bestimmte Form eine bestimmt geartete Materie erforderlich macht, damit sie sich voll auswirken könne. Es ist aber auch rein phänomenal eine Abhängigkeit des geistig-seelischen Lebens von der Beschaffenheit und dem jeweiligen Zustand des Leibes festzustellen. Krankheit und Schwäche des Körpers, Störungen seiner normalen Funktionen bedingen eine Hemmung und Abwandlung des geistig-seelischen Lebens; es ist ein besonderes Problem, wieweit solchen Einwirkungen unmittelbar vom Geistigen her (d. h. durch Willensanstrengung oder durch eine Stärkung aus geistigen Quellen, nicht auf dem Weg über eine Behandlung des Körpers) entgegengearbeitet werden kann. Jedenfalls geht alles geistige Leben reibungs- und mühelos vor sich, wenn der leibliche Organismus tadellos funktioniert.

Geistig-seelisches Sein und Leben prägt sich im Leib aus, spricht durch den Leib. Auch darin gibt es Hemmungen von der Seite des Körpers: krankhafte Mißbildungen, z. B. Lähmungen von Muskeln und Nerven oder übermäßiges Wuchern von Geweben, beeinträchtigen die Ausdrucksfähigkeit, während ein gesunder, normal funktionierender und gut durchgearbeiteter Körper leicht „anspricht". (Es ist aber wohl zu beachten, daß die rechte Beschaffenheit des Leibes nur negative Bedingung ist, die geistige Formung möglich macht. Positiv geleistet wird die Formung von der geistigen Seele: Es kann ein gesunder, gut trainierter und sogar schöner Körper sehr „geistlos" sein und ein kranker, schwacher und wenig geübter sehr durchgeistigt.)

Der Leib ist nicht nur Ausdruck des Geistes, sondern das Werkzeug, dessen er sich bei seinem Handeln und Schaffen bedient: der Maler, der Musiker, die meisten Handwerker sind auf die Geschicklichkeit der Hände angewiesen, für manche Berufstätigkeit ist Kraft oder Beweglichkeit des ganzen Körpers notwendig, für manche Schärfe dieses oder jenes Sinnes. Allemal ist für das Gelingen Gesundheit und normales Funktionieren Voraussetzung; es ist aber wiederum überall erforderlich, daß der Geist das taugliche und handliche Werkzeug in die Hand nimmt und in der entsprechenden Weise einsetzt.

Zusammenfassend können wir sagen: Alle planmäßige und zweckentsprechende Pflege und Übung des Körpers hilft dazu, daß er ein geistiger Leib werden könne; er kann es aber nur durch eine *geistige* Formung werden, d. h. einmal dadurch, daß ein geistiges Leben in ihm ist und willkürlich formend wirkt, ferner dadurch, daß der Geist ihn für geistige Zwecke in Anspruch nimmt. Geistiger Leib ist aber noch nicht der Leib, sofern er Fundament geistigen Lebens ist, sondern sofern er Ausdruck und Werkzeug des Geistes ist. Wer scharf zu beobachten und tief nachzudenken pflegt, bei dem spricht das aus dem Blick, und auch die Stirn zeigt ein entsprechendes Gepräge. Besonders stark formende Kraft, die dauernde Züge prägt, haben Gemüts-

und Willensregungen. Das Gepräge, das sie dem Körper und in besonderem Maße dem Antlitz geben, entspricht dem „Gepräge" der Seele, dem „Charakter", weil ja die aktuellen Regungen und ihre häufige Wiederkehr in den seelischen Anlagen ihre Wurzel haben und durch die aktuellen Regungen habituelle Formung erfahren. Und das Verhältnis von Anlage, Aktualisierung und dauernder Prägung finden wir im Leib wieder. Die Prägung des Leibes durch das aktuelle geistig-seelische Leben greift nicht an einem völlig ungeformten Material an; sondern der Leib, in dem sich das geistige Leben entfaltet, ist schon von vornherein *gestalteter* Leib, und diese Gestaltung ist nicht bloße Raumgestalt, sondern *bedeutungsvolle* Gestalt, die der seelischen Eigenart entspricht, obwohl es ein mehr oder minder vollkommenes Entsprechen dabei gibt.

In diesen unwillkürlichen Formungsprozeß kann nur der Wille eingreifen, und zwar an verschiedener Stelle: durch Beherrschung des Ausdrucks und durch Beherrschung des seelischen Lebens selbst. Der Übergang vom rein seelischen Geschehen zum leiblichen Ausdruck ist etwas, was der Herrschaft des Willens unterworfen werden kann: Der Ausdruck des Zorns oder der Freude kann zurückgehalten werden, ohne daß die Affekte selbst unterdrückt werden müßten. Der Mensch, der solcher Beherrschung seines Äußeren fähig ist, bekommt ein ganz anderes körperliches Gepräge als der, der das Innere ungehemmt sich äußern läßt: Die „undurchdringliche Miene" wird für ihn charakteristisch. Dem entspricht auch eine seelische Umformung, aber nicht etwa die Umwandlung des Zornmütigen in einen Sanftmütigen. Eine solche Umwandlung ist nur dann möglich, wenn der Wille tiefer angreift und die Affekte selbst in der ersten Regung zu unterdrücken sucht und er die entgegengesetzten anstrebt. Dann haben wir eine „Vergeistigung" der Seele, eine Umformung durch ihr eigenes freies Tun.

Wie der Wille die Freiheit hat, den leiblichen Ausdruck zu beherrschen, so hat er auch die Freiheit, den Leib als Werkzeug zu benützen. Auch hier liegt der freien Benützung eine unwillkürliche zu Grunde: Mit jedem Schritt, der auf ein Ziel zustrebt, mit jeder Handbewegung, die einem Zweck dient, setzen wir den Leib als Werkzeug ein, aber wir denken dabei nicht an ihn – er gehorcht uns unwillkürlich. In der Regel lenkt er nur dann unsere Aufmerksamkeit auf sich und wird zum Gegenstand willentlicher Behandlung, wenn wir Widerstand und Hemmung von seiner Seite spüren: bei körperlicher Ermüdung oder bei Leistungen, auf die er noch nicht eingeübt ist. Der „energische" Mensch nötigt dem Leib gegen sein Widerstreben das ab, was für eine bestimmte Aufgabe nötig ist: Er geht weiter, auch wenn er ermüdet ist, um zur bestimmten Zeit ans Ziel zu gelangen, und er wiederholt eine Fingerübung so lange, bis sie „spielend" geht. Wer so mit seinem Körper umgeht, der bekommt ihn ganz anders in die Gewalt als der, der ihm nachgibt. Und die straffe Zucht ist etwas, was man dem Körper selbst ansieht, was aber zugleich ein bestimmtes Gepräge der Seele bedeutet, das sie durch die fortgesetzte Leistung des Willens selbst gewinnt. Indem der Wille die Leitung des aktuellen Lebens in die Hand nimmt, gewinnt er Einfluß auf das dauernde Sein. Wieweit das aktuelle Leben willensmäßig beherrschbar ist, ist ein eigenes Problem, das wir hier noch nicht in Angriff nehmen wollen.

### 3. Das Sollen; Ziel der Selbstgestaltung

Wenn jemand „sich selbst in die Hand nimmt", um sein aktuelles Leben und dadurch sein dauerndes Sein frei zu gestalten, so muß das offenbar nach einem bestimmten Prinzip geschehen. Er muß wissen, was er unterdrücken, was er gewähren lassen und was er anstreben will. Das kann ein Wissen von Fall zu Fall sein oder ein oberstes Ziel, das er mit seiner ganzen Selbstgestaltung erreichen will, ein Bild dessen, was er werden will. Damit kommt noch ein letzter Punkt aus der Bestimmung der Verantwortung zur Klärung, mit der wir die Abgrenzung des spezifisch Menschlichen gegenüber dem Untermenschlichen begannen: Der Mensch kann und *soll* sich selbst formen. Das Können, das Ich und das Selbst, das Formen haben wir erläutert. Das Sollen ist noch nicht untersucht. Es ist nur gesagt worden, daß Freiheit vorausgesetzt ist, damit ein Sollen an den Menschen sinnvollerweise herantreten könne. In welcher Weise kann das Sollen an ihn herantreten? Es kann unmittelbar als ein innerer Appell vernommen werden, etwas zu tun oder zu unterlassen, z. B. den aufsteigenden Zorn zu bemeistern und sich nicht zu einer Zorneshandlung hinreißen zu lassen. Die seelische Funktion, mit der wir einen solchen Ruf vernehmen, und die unsere Taten, wenn sie geschehen sind oder schon indem sie geschehen, billigt oder verwirft, nennen wir das *Gewissen*. (Nach Thomas ist es als Potenz, Habitus und Akt zu verstehen.)[111] Das „materielle" oder „warnende" Gewissen vernimmt die Forderung, die ein bestimmtes Verhalten von uns verlangt, und zwar jeweils in einem bestimmten Augenblick, unter bestimmten Umständen. Sie verlangt die freie Unterwerfung unseres Willens. Das „richtende" Gewissen urteilt nicht nur über die Tat, sondern sagt uns etwas über unser Sein: Das „gute" oder „schlechte" Gewissen ist nicht selbst gut oder schlecht, sondern bezeugt die Verfassung der Seele. Ein Gesamtbild dessen, was wir sein sollen, als Richtschnur für unser gesamtes Verhalten, gibt uns das Gewissen nicht. Ein solches Gesamtbild kann konkret, in Menschengestalt, vor den Menschen hintreten. Er lernt einen Menschen kennen und bekommt den Eindruck: So sollte man sein. Und daraus erwächst das Verlangen und evtl. der Vorsatz

---

[111] ⟨Vgl. Thomas, *Ver,* q 16 (Stein, *QDV* II, S. 74–88).⟩

und Entschluß, sich diesen Menschen zum Vorbild ⟨zu⟩ nehmen und sich nach ihm zu formen. Eine (wirkliche oder vermeintliche) Erkenntnis, eine darauf gebaute Wertschätzung, ein Wunsch und ein Willensentschluß, schließlich ein dauerndes praktisches Verhalten stehen hier in einem Motivationszusammenhang. So wird eine Richtschnur gewonnen, an die sich der Wille in der Selbstgestaltung hält. Es kann ein Appell des Gewissens hinzutreten, der dazu auffordert, diesen Weg einzuschlagen. Aber das kann auch ohne solchen Appell geschehen. Und es kann das ganze Verhalten objektiv unzulänglich begründet, es kann ein „verkehrtes Ideal" gewählt sein. – Was hier ein menschliches Vorbild bedeutet, dafür kann auch eine abstrakte *Idee des Menschentums* eintreten, die wir uns selbst erarbeiten oder die durch menschliche oder göttliche Lehrautorität vor uns hingestellt wird mit dem Anspruch, unsern Willen zu binden, ihm Richtschnur für die Selbstgestaltung zu werden.

Wir haben nun einen Grundriß der menschlichen Person gewonnen: Der Mensch ist ein leiblich-seelisches Wesen, aber Leib und Seele haben in ihm personale Gestalt. Das heißt, daß ein Ich darin wohnt, das seiner selbst bewußt ist und in eine Welt hineinschaut, das frei ist und kraft seiner Freiheit Leib und Seele gestalten kann; das aus seiner Seele heraus lebt und durch die Wesensstruktur der Seele, vor und neben der willentlichen Selbstgestaltung, aktuelles Leben und dauerndes leiblich-seelisches Sein geistig formt. – Eine Fülle von Problemen mußte noch ungelöst bleiben. Zum Abschluß der bisherigen Betrachtung ist besonders wichtig die Frage nach dem Verhältnis von Menschenseele und *substanzialer Form;* zur Vorbereitung des Weiteren die Frage nach dem Sinn des *Geistes.*

# VII.
## Seele als Form und Geist

*I. Die Menschenseele und die substanziale Form des Menschen*

Wir haben gesehen: Es hat einen guten Sinn zu sagen, daß die *Menschenseele* mit ihrer spezifisch menschlichen, ihrer personalen Struktur eine *Form* sei; nicht nur forma corporis[112], sondern all dessen, was der Mensch als animalisches Wesen ist: Der Leib, wie die „niederen Seelenteile" (thomistisch gesprochen), erfährt eine neue Formung. Wie steht es nun mit der Einheit und Einfachheit der Menschenseele und mit der Einheit der substanzialen Form, die beide von Thomas behauptet werden?

### 1. Species und Individualität des Menschen

Die *Einheit der substanzialen Form* besagt, daß alles, was ein Ding ist, auf eine substanziale Form zurückzuführen sei; daß also im Menschen nicht eine Mehrheit von Formen sei, deren eine seinen Körper zum materiellen Ding mache, eine die Grundlage des organischen Lebens und wiederum andere die Grundlagen des animalischen und des geistigen Lebens bildeten. Wir würden sagen: Alles das sei in der Species des Menschen beschlossen. Damit wird die Species nicht etwas „Zusammengesetztes"; es ist nur in ihr begründet, daß die Individuen, in denen diese Species sich realisiert, einen Schichtenaufbau zeigen. Wenn sich die „spezifische Differenz" angeben läßt, durch die sich „Mensch" und „Lebewesen" unterscheiden, so ist doch nicht das, was den Aufbau des Menschen bestimmt, als Zusammenfügung aus „Genus" und „spezifischer Differenz" zu denken. Hier steigt die Frage auf, ob es überhaupt angeht, das Verhältnis von „Lebewesen" und „Mensch" als Verhältnis von Genus und Species aufzufassen, wie es traditionell geschieht. *Logisch* ist das wohl möglich, weil sich ein gemeinsamer und ein verschiedener Merkmalsbestand angeben läßt. *Ontologisch* aber scheint es mir nicht möglich, wenn man als Genera die Ideen bezeichnet, durch die die verschiedenen Seinsgebiete in sich geeint und gegeneinander abgegrenzt werden. Denn so gefaßt sind „Lebewesen" und „Mensch" einander als Gattungsideen

---

[112] ⟨Lat.: Gestaltung des Leibes, vgl. Anm. 55.⟩

nebengeordnet. *Species* fassen wir ontologisch als das eigentlich Formende ⟨auf⟩, das den Aufbau und qualitativen Bestand des realen Individuums bestimmt. Die Tierspecies sind Differenzierungen der Gattungsidee des Tieres, und sie geben uns an, *was* das Individuum ist: Löwe, Bär usw. Nur wenn man die Gattungsidee als die *Urform* auffaßt, aus der alle Differenzierungen des ganzen Seinsgebietes genetisch abzuleiten sind, dann wird das Genus selbst zur Species, d. h. zur realiter bestimmenden Form, und die Individuen der ganzen Gattung werden zu mannigfach gestalteten Gliedern einer sie alle umfassenden realen Einheit. Wenn also das, was der Mensch als solcher ist, das eigentlich Formende in den menschlichen Individuen ist und das, was uns Antwort gibt auf die Frage, was *dieser Mensch* sei, dann werden wir zugleich von der Gattung und von der Species Mensch sprechen müssen. Manches bei Thomas scheint darauf hinzuweisen, daß er es so verstanden haben will. Ich erinnere an den Grundsatz: individuum de ratione materiae.[113] Die Materie ist Prinzip der Individuation. Das gilt für alle Dinge, in deren Aufbau die Materie einbezogen ist, und wird ausdrücklich auch auf den Menschen angewendet. Es ist ein Grundsatz, der uns zunächst die *Existenz* einer Mehrheit von Exemplaren einer Species begreiflich machen soll; anders ausgedrückt: die Existenz der Species in einer Mehrheit von Exemplaren. Die substanziale Form ist etwas Letztbestimmtes, was keinerlei formale Differenzierung mehr zuläßt. Wenn wir uns eine Mehrheit von gleichen Individuen denken sollen, so muß etwas vorhanden sein, wodurch sie sich unterscheiden (sonst wären sie eins), und dieses Unterscheidende darf nichts Qualitatives sein. Bei den Engeln, die nach Thomas reine Formen sind,[114] gibt es keine Möglichkeit solcher Unterscheidung. Jeder von ihnen ist eine eigene Species. Dafür können wir auch sagen: Species und Individuum fallen zusammen. Überall dagegen, wo das Individuum geformte Materie ist, da ist in der Materie etwas gegeben, was ohne qualitative Differenzierung eine Mehrheit von Exemplaren derselben Form möglich macht: Die Materie ist ausgedehnt und die räumliche Ausdehnung läßt quantitative Bestimmung zu. Die quantitativ bestimmte Materie (materia signata[115]) – ein „Stück Materie" hier und da – kann durch dieselbe Species geformt werden, sodaß wir hier und da Exemplare derselben Species bekommen. Für den Menschen ergibt sich dann die Möglichkeit der Individualisierung durch den materiellen Leib.

[Ich habe hier verschiedene Bedenken schon in der Engellehre, die ich nur als Fragen formulieren, nicht jetzt behandeln will: 1.) Sind die Engel wirklich als reine Formen anzusehen? Bedürfen nicht auch sie als endliche und

---

[113] ⟨Lat.: Das Individuum besteht nach Maßgabe der Materie, vgl. Anm. 81.⟩
[114] ⟨*S. Th.* I q 50, 2.⟩
[115] ⟨Lat.: geprägte, bezeichnete Materie.⟩

Edith Stein

geschaffene Wesen einer Materie, wenn auch keiner räumlich ausgedehn-
ten?[116] 2.) Genügt für die Singularisierung nicht die Zahl als solche; bedarf
es zur Anwendung der Zahl eines indifferenten Mediums, eines Kontinu-
ums?]

Bedeutsamer sind die Schwierigkeiten, die sich für die Individualisierung
des Menschen durch den Leib aus Thomas' eigener Auffassung der Menschenseele ergeben. Wenn der materielle Leib das Individuierende ist, was
eine Mehrheit von Exemplaren der Species Mensch möglich macht, so müßte die Species als das Formende in den Individuen angesehen werden: also
anscheinend etwas Allgemeines. Das kann aber nicht die Meinung des hl.
Thomas sein. Er hat einen energischen Kampf gegen die zu seiner Zeit weit-
verbreitete averroïstische[117] Auffassung geführt, die den „intellectus agens",
den tätigen Verstand, als *einen* in allen Menschen erklärte. Er hat darin eine
Durchbrechung der Einheit der Seele gesehen, als deren höchste Potenz er
den Verstand in Anspruch nahm. Jeder Mensch hat seinen eigenen Verstand,
weil jeder seine eigene Seele hat, und diese Seele ist (nach Thomas) seine
substanzielle Form.[118] So kommen wir zu einer individuellen Seele (wie es ja
auch der dogmatischen Auffassung entspricht, nach der jede einzelne Seele
von Gott geschaffen ist) und damit zu einer individuellen Form des Menschen. Sollen wir diese Seelen als gleich ansehen, die materiellen Körper als
das, was erforderlich ist, damit die Seelen ins Dasein treten können, und die
Unterschiede, die erfahrungsgemäß an den menschlichen Individuen hervor-
vortreten, als von der Form her „zufällige", die wir dann auch auf die Materie zurückführen müssen? Die Fortpflanzung der Menschen hätte dann nur
Sinn, um für die Erhaltung der Species zu sorgen. Die Eigenart der Individuen wäre ohne Belang. Warum die individuellen Seelen erhalten bleiben
(wie es Thomas für die Menschenseelen in Anspruch nimmt, für die Tier-
seelen dagegen bestreitet), das ließe sich nicht durch einen Eigenwert ihrer
Individualität begründen. Die Möglichkeit einer Fortexistenz der Seele ohne
den Körper (wie sie der Glaube fordert) wird von Thomas damit begründet,
daß die Seele für sich allein Substanz sei.[119] Dann ist ja aber offenbar der
materielle Leib nicht unerläßliche Bedingung ihres Daseins. Und gerade
aus dem, was Thomas über die reinen Geister sagt, müßte gefolgert werden,

---

[116] Vgl. im folgenden S. VII 26 f. ⟨hier S. 102 f.⟩
[117] ⟨Auffassung der Averroisten, d. h. der christlichen Scholastiker, die vom arabischen
Philosophen Averroes (Mohammed ibn Ruschd, 1126–1198) beeinflußt sind, der für
seine Aristoteles-Kommentare bekannt ist und von Thomas nur als der „Kommentator"
bezeichnet wird.⟩
[118] ⟨An dieser Stelle verwendet Stein abweichend zu ihrem sonstigen Gebrauch („substanzial") den Ausdruck der deutschen Thomas-Ausgabe und ihrer *De veritate*-Überset-
zung, vgl. Anm. 57, 156, 161.⟩
[119] ⟨Vgl. Thomas, *Ver,* q 19 a 1 c (Stein, *QDV* II, S. 119 ff.).⟩

daß sie, um gesondert existieren zu können, als Formen unterschieden sein, d.h. eine eigene Species sein müßten.

So kommen wir dazu, das menschliche Individuum nicht als Exemplar einer allgemeinen Species Mensch aufzufassen, sondern durch seine eigene, einzigartige substanziale Form bestimmt, die als Spezifizierung der Gattungsidee aufzufassen ist. Wenn außer von der *Gattung* „Mensch", die sich nur spezifiziert in Individuen realisieren kann, von einer *Species* „Mensch" (nicht: *dieser* Mensch) geredet werden soll, so muß sie wiederum individuell gefaßt werden, nämlich als Species der Mensch*heit*, die als ein großes Individuum zu fassen ist. Die menschlichen Individuen sind Glieder dieses großen Individuums und ihre Formen Gliedformen.

## 2. Menschenseele und substanziale Form

### a) Formung des materiellen Körpers durch die Seele und ihre Grenzen

Ist als die individuelle, substanziale Form die geistige Seele anzusehen? Und was ist dann ihre Materie? Wir haben früher zu dem, was jetzt metaphysisch erörtert wurde, den Zugang vom Erleben gesucht und gefunden: Die Menschenseele mit ihrer personalen Struktur und ihrer individuellen Qualifizierung hat sich uns als Form des ganzen leiblich-seelischen Individuums herausgestellt; ich pflege sie auch als „*Kern der Person*"[120] zu bezeichnen, weil das Ganze, das wir als „menschliche Person" bezeichnen, in ihr seine Seinsmitte hat. Wir wollen noch einmal dem Schichtenaufbau der menschlichen Person nachgehen und prüfen, ob und in welchem Sinne sie alle von diesem Kern her geformt sind. Kann man von einer solchen Formung beim Leib sprechen, sofern er rein materieller Körper ist? Wir haben es in dem Sinn festgestellt, daß das aktuelle Seelenleben sich im Leib ausprägt – in dem, was wir „Ausdruck" nennen –, und diese Prägung bedeutet auch eine rein körperliche Veränderung, die vorübergehend sein kann, aber auch dauernd: Wenn es sich um eine habituelle Prägung handelt (Falten in der Stirn, ein charakteristischer Zug um den Mund, eine gebeugte Haltung u. dgl.). Das alles sind Umformungen eines bereits Geformten, die sich aber während der ganzen Lebensdauer vollziehen. Kann auch für das, was der Körper unabhängig von der Formung durch das aktuelle Seelenleben ist, die Seele als Form in Anspruch genommen werden? Wir schreiben gewissen festen Körperformen einen Ausdruckswert zu (z.B. der Schädelbildung). Von verschiedenen Seiten her ist es versucht worden, eine Symbolik der menschlichen Gestalt systematisch aufzubauen. Das scheint darauf hinzudeuten, daß einer be-

---

[120] (Vgl. *PK*, S. 72, 80 ff., *IG*, S. 189 ff.; *EPH*, S. 117 ff., 131 ff., *PA*, S. 122 ff.)

stimmt gearteten Seele ein bestimmt gearteter Körper entspricht. Aber eine Reihe von Tatsachen sprechen dagegen, den Körper seinem ganzen materiellen Aufbau nach als durch die Seele geformt in Anspruch zu nehmen. Einmal die Tatsache, daß wir bei manchen Menschen den Eindruck einer starken Disharmonie zwischen Körper und Seele haben: einen „Feuergeist" von gewaltiger Energie in einem elenden, gebrechlichen Körper, der kein ausreichendes Fundament für sie ist, der sie nicht vollkommen auszudrücken vermag, der sie als Werkzeug beständig im Stich läßt. (Wenn in solchem Fall die ganze menschliche Person nicht das wird, was ihre Seele daraus machen möchte, so versteht man wohl, daß es einen Sinn bekommt zu sagen, dies Zurückbleiben hinter dem, was sie eigentlich werden sollte, sei „de ratione materiae"[121]. Die „materia" scheint aber hier schon ein bestimmt geformtes materielles Ding zu sein.) Ferner ist die Tatsache der Vererbung heranzuziehen: Das Wiederkehren derselben Körperformen in der Folge der Generationen eines Geschlechts ist ja gewiß die augenfälligste Erscheinung, die zur Annahme der Vererbung hingeführt hat. Wenn wir uns einen durch das „Ahnenerbe" bestimmten Körper denken müßten und eine individuelle Seele durch Gott hineingesenkt, so könnten wir doch offenbar das materielle Gebilde, in dem sie ihr Dasein beginnt, nicht schon vor diesem Dasein als durch sie geformt ansehen. Man könnte höchstens an eine „prästabilisierte Harmonie"[122] zwischen der Seele und dem für sie bestimmten Körper denken; aber wir sahen schon, daß erfahrungsgemäß von einer solchen Harmonie keineswegs überall zu sprechen ist. – Sucht man schließlich die Deutung zu geben, daß die Seele wohl in einem bereits geformten Körper ihr Dasein beginne, daß aber von dem Beginn ihres Daseins ⟨an⟩ sie das formende Prinzip sei, so spricht dagegen die Tatsache, daß der Körper weiterhin Veränderungen erfährt, die nicht durch die Seele hervorgerufen, auch nicht durch sie mitbedingt sind: Ein Knochenbruch, eine Verletzung von Muskeln und Geweben durch ein scharfes Instrument geschieht nach den Gesetzen der Mechanik. Die freie Aktivität kann so etwas herbeiführen und kann andererseits auf die Heilung des Schadens hinarbeiten. Aber die Verletzung kann auch als ein rein materielles Geschehen verlaufen. So scheinen eine ganze Reihe von Tatsachen gegen die Einheit der substanzialen Form zu sprechen: Die personal-geistige Seele bestimmt *weitgehend* die Gestalt des Körpers, aber doch nicht *allein*: Sie beginnt ihr Dasein in einem bereits bestehenden Körper, und er bleibt während der ganzen Dauer seines Seins der Gesetzlichkeit materieller Körper unterworfen, die teils in den Dienst der geistigen Formung tritt, teils auch ihr hemmend in den Weg tritt.

---

[121] ⟨Lat.: nach Maßgabe der Materie, vgl. Anm. 81.⟩
[122] ⟨Gottfried Wilhelm Leibniz (1646–1716), Philosoph und Mathematiker, legte seine Konzeption zur prästabilierten Harmonie zwischen Leib und Seele dar in *Neues System der Natur der Kommunikation der Substanzen*, Paris 1695.⟩

## b) Gründe für und gegen die substanziale Einheit

Auf der andern Seite muß man die Tatsachen scharf ins Auge fassen, die uns nötigen, von einer *Einheit der Natur* beim Menschen zu sprechen – einer Einheit, die den materiellen Leib und die geistige Seele umfaßt: Das, womit wir es in der Erfahrung zu tun haben, ist *dieser Mensch:* Der Körper, der uns in die Sinne fällt, gibt Kunde von dem Geistigen, das darin lebt. Und wenn wir die Selbsterfahrung zu Hilfe nehmen, so finden wir nicht den Körper als etwas Fremdes, von uns Abgetrenntes, auf das wir von außen einwirken wie auf ein anderes Ding. Es gibt wohl die Möglichkeit eines solchen Verhaltens zum eigenen Körper (wenn ich zum Beispiel die Hand prüfend betrachte, um einen eingedrungenen Splitter zu finden, und ihn dann auf rein mechanischem Wege entferne). Aber das ist nicht das normale und für die Konstitution des Leibes als solchen grundlegende Verhalten zu ihm. Mein Leib ist in die Einheit meiner Person einbezogen: Wenn ich „mich" bewege, so geschieht das nicht in der Weise, wie ich einen fremden Körper von außen stoße oder ziehe, sondern es wird die Bewegung des Leibes als unmittelbar eins mit dem geistigen Bewegungsimpuls erlebt; und ebenso wird der Ausdruck des seelischen Lebens, der mimische wie der sprachliche, als unmittelbar eins mit dem Erlebnis, das sich darin äußert, von innen her erfahren. Wir sprachen ja von einem „Wohnen" des Ich im Leib; das ist kein Wohnen wie in einem Haus, das man beliebig verlassen kann, sondern ein Hineingewurzeltsein eigener Art. Es ist ein *fiktives* Verlassen des Leibes möglich, von dem sich dann das reale Gebundensein besonders deutlich abhebt. Und es gibt ein reales Verlassen des Leibes im Tode; damit hört der Leib auf, *Leib* zu sein, und der rein materielle Körper, der noch für eine gewisse Zeit die Gestalt des Leibes behält, die durch die Seele geformt wurde, beginnt zu zerfallen und hört schließlich auch auf, *dieser* materielle Körper zu sein. Das ist ja gerade eine der Tatsachen, die zu der Auffassung der Seele als *Form* des Körpers hindrängen. Der Körper ist *etwas* auch ohne die Seele, aber er ist *dieser* Körper nur durch *diese* Seele und in der Einheit mit ihr. Darum muß man sagen, daß der menschliche Körper ohne die Seele keine Substanz ist und daß der ganze Mensch *eine* Substanz ist.

## c) Der Aufbau der menschlichen Natur und die Stellung der geistigen Seele

In diese Einheit treten eine ganze Reihe materieller „Stoffe" ein, die außerhalb dieser Einheit selbständige Substanzen sind, aber innerhalb ihrer aufhören, es zu sein. Sie gehen in einen *Organismus* ein, dessen Aufbaugesetz ihre eigene Gesetzlichkeit ein- und untergeordnet wird. Dieser Organismus selbst aber – d. h. der menschliche Leib, soweit er sich als Organismus begreifen läßt – ist seinerseits keine selbständige Substanz, sondern wiederum einer höheren Einheit und ihrem Aufbauprinzip ein- und untergeordnet: Alles Leibliche ist leiblich und seelisch zugleich. Dabei ist „seelisch" noch nicht im Sinne der *geistigen* Seele genommen, wie wir sie von der inneren Erfahrung unseres Menschseins her sichteten, sondern im Sinne des „niederen Seelischen", das schon dem Tier eigen ist: dessen Grundgesetz Reizbarkeit und triebhaftes Reagieren sind. In der Einheit der menschlichen Natur tritt all das, was an „Niederem" in sie eingeht, unter das Gesetz des *Geistes*. Die geistige Seele geht in die Einheit der menschlichen Natur an zentraler und dominierender Stelle ein. Sie gibt dem Ganzen den Charakter der Personalität und echter Individualität und durchdringt damit alle Stufen. Aber sie tritt in diese Einheit ein, sie bestimmt nicht deren gesamten ontischen Aufbau; darum ist sie nicht einfach mit der substanzialen Form gleichzusetzen. Die substanziale Form ist das Aufbauprinzip des ganzen menschlichen Individuums, und es ist *eines*, obwohl es eine ganze Reihe von Substanzen als Bedingungen seiner Existenz voraussetzt.

Es soll nun geprüft werden, ob und wieweit auch die geistige Seele in der Einheit der menschlichen Natur unter eine fremde Gesetzlichkeit tritt. Dazu muß sie aber noch deutlicher in ihrer eigenen Gesetzmäßigkeit sichtbar gemacht werden. Und dafür ist es dringlich klarzumachen, was unter „Geist" verstanden werden soll.

## II. Das Wesen des Geistes

### 1. intellectus, mens, spiritus; Unfixiertheit, Unbeschwertheit, Beweglichkeit

„Geist" wird in der deutschen Sprache in mehrfachem Sinn gebraucht. Das wird deutlich, wenn wir die lateinischen Ausdrücke „intellectus", „mens", „spiritus" dagegenhalten, die alle im Deutschen mit „Geist" wiedergegeben werden (ohne daß damit alles, was mit „Geist" bezeichnet wird, schon erschöpft wäre).

„*Intellekt*" bezeichnet den *erkennenden Geist;* in diesem Sinn ist es gemeint, wenn man „Geist" und „Willen" oder „Geistesbildung" und „Herzensbildung" einander gegenüberstellt. Und wenn man von *menschlichem* Geist oder Intellekt spricht, so meint man damit eine *Potenz* der Seele; wir können dafür „*Verstand*" setzen, wenn wir das Wort genügend weit nehmen und nicht in einer sprachüblichen Verengung des Sinnes. Wenn man Geist und Sinnlichkeit einander gegenüberstellt, so ist der Sinn ein erweiterter, dem lateinischen „*mens*" entsprechend: der *höhere* Teil der Seele, der der Menschenseele spezifisch eigen ist, das *rationabile*, das Vernunftgesetzen unterworfen ist; es umfaßt Verstand und Willen (geistiges Erkennen und Streben gegenüber dem sinnlichen). Es ist der zusammenfassende Name für eine

Reihe von Potenzen; während „intellectus" für die Potenz und für den entsprechenden Akt (die „Einsicht") verwendet werden kann, ist das bei „mens" nicht möglich, weil ganz verschiedene Aktualisierungen möglich sind (Erkennen, Wollen, geistiges Fühlen). „Geist" im Sinne von „mens" bezeichnet wie „Intellekt" etwas in der menschlichen Seele, nicht die *ganze* Seele; ferner etwas, was nur innerhalb der Menschenseele eine Stelle hat. (Diese Einschränkung gilt vom Intellekt nicht. Man kann von göttlichem Intellekt sprechen, aber eine „mens divina" gibt es nicht.) Wenn wir die Seele selbst als Geist oder etwas Geistiges bezeichnen, so muß offenbar noch etwas anderes gemeint sein. Ebenso, wenn wir sagen: Gott ist Geist. Hier ist Geist im Sinne von *„spiritus"* gemeint. Im Gegensatz dazu steht *Körper:* noch nicht als „Leib" verstanden, sondern als *res extensa et materialis.*[123] „Spiritus" bedeutet ebenso wie das entsprechende griechische Wort „πνεῦμα" ursprünglich „Hauch". Daß man den Geist so nannte, hängt mit der materialistischen Auffassung der ältesten griechischen Philosophen zusammen, die sich auch den Geist nur als einen „Stoff", den leichtesten und feinsten, denken konnten. Es ist aber damit doch etwas vom Wesen des Geistes getroffen: seine Unfixiertheit und Unbeschwertheit, seine Beweglichkeit. Unfixiertheit bedeutet mehr als räumliche Ungebundenheit. Auch diese räumliche Ungebundenheit geht beim Geist weiter als bei den beseelten Körpern, die insofern schon eine gewisse Ungebundenheit besitzen, als sie ihren Ort verlassen und sich an beliebige andere Orte im Raum begeben können. Es bleibt die Bindung, daß sie an einem Ort sein müssen und nicht zugleich an mehreren Orten sein können. Ein geistiges Wesen, das an einen Körper gebunden ist (wie die menschliche Seele), hat mittelbar auch eine gewisse räumliche Bindung. Aber es war schon früher davon die Rede, daß es *geistig* den Ort verlassen kann, an dem es leiblich ist, bzw. einen andern Ort aufsuchen, ohne den zu verlassen, an dem es „wirklich" ist, also an mehreren Orten zugleich sein: Es ist aber doch ein verschiedenes An-einem-Ort-Sein hier und dort. Ein geistiges Wesen, das frei ist von leiblich-sinnlicher Organisation, ist auch frei von dieser mittelbaren räumlichen Bindung. – Ich wollte aber zeigen, was Unfixiertheit noch *mehr* besagt als räumliche Ungebundenheit: Es kann darunter verstanden werden, daß der Geist nicht in fest umrissener Gestalt gebunden und eingeschlossen ist wie die materiellen Dinge, daß er frei von sich ausgeht und „weht, wo er will"[124]. Es ist allerdings zu fragen, in welchem Sinn das gilt, ob es uneingeschränkt gilt und von jeder Art von geistigen Wesen.

---

[123] ⟨Lat.: ausgedehntes und materielles Ding, Anspielung auf René Descartes' *Meditationen über die Grundlagen der Philosophie*, Paris 1641.⟩
[124] ⟨Joh 3, 8.⟩

## 2. Verschiedene Geistwesen; Gott als reiner Geist: Unendlichkeit; reine Aktualität; Sichverströmen u⟨nd⟩ Sichbewahren; Intellekt u⟨nd⟩ Wille; Unbeschwertheit, Beweglichkeit; Personalität

In dem Ausdruck „geistiges Wesen" liegt es schon, daß „Geist" nicht etwas schlechthin Einfaches und Einmaliges bezeichnet, sondern als ein Seinsgebiet verstanden werden kann, in das Seiendes verschiedener Art hineingehört. Die Seele wird als Geist oder „geistiges Geschöpf" bezeichnet; für sie ist – im Gegensatz zu andern geistigen Geschöpfen – charakteristisch, daß sie mit einem materiellen Körper in die Einheit einer Natur eingeht. Davon unterschieden sind die sogenannten „reinen Geister", d. h. körperlose Geschöpfe, die Engel und Dämonen. Im strengen Sinn ist aber nur Gott reiner Geist. Darum ist an ihm das Wesen des Geistes am reinsten zu erfassen und alles andere geistige Sein vom göttlichen Sein her zu begreifen. Der *göttliche Geist* (d. h. Gott, der nichts anderes ist als Geist) ist *unendlich*, nicht in Grenzen des Seins eingeschlossen und in *diesem* Sinn unfixiert: Er ist nicht eine begrenzte Substanz, die etwas ist und anderes nicht ist; nichts positiv Seiendes ist von ihm auszuschließen. Er ist ferner unfixiert, sofern alles, was er ist, *aktuell* ist; es ist nichts in ihm in „gebundener Form", d. h. in Form von Potenzen, die nur unter bestimmten Umständen in aktuelles Sein übergehen. (Er ist „actus purus"[125].) Diese reine Aktualität ist zugleich ein *Ausgehen von sich selbst*, wie es vorhin genannt wurde: Gottes Sein ist ein dauerndes Sichverströmen. Hier kommen wir aber an den Punkt, von dem aus eine falsche Auffassung der Unfixiertheit auszuschließen ist: Das Ausgehen von sich selbst ist kein Sichselbstverlassen, das Sichverströmen kein Sichverlieren. Gott bleibt bei sich, indem er von sich ausgeht, Er bewahrt sich, indem er sich verströmt. (Diese Doppelrichtung des göttlichen Lebens hat H. Conrad-Martius als Verhältnis von „Geisten" und „Leiben" bezeichnet.)[126] Das Sichbewahren ist einmal ein intellektuelles Sichbesitzen, sich ganz und gar erkenntnismäßig durchmessen haben (ohne daß ein „Durchmessen" als zeitlicher Prozeß stattgefunden hätte), sich durch und durch kennen, für sich ganz durchsichtig sein. Es ist zugleich ein willensmäßiges Sichbesitzen, seiner selbst mächtig sein, sich ganz und gar in der Hand haben und im Sein bejahen. Gottes Geist ist Intellekt und Wille: sich selbst erkennender Intellekt, sich selbst wollender Wille, beides nicht getrennt, sondern in dem einen Geistsein beschlossen. Das Ausgehen aus sich selbst ist ebenfalls intellektuelles Ausgehen, erkenntnismäßiges Eingehen in die Dinge, aber ein Eingehen, das ein Sichverschenken ist, das aus der Fülle des

---

[125] ⟨Lat.: reiner Akt, bzw. reine Seinswirklichkeit, *S. Th.* I, 3, 2 Antwort u. a., *Ver*, q 8 a 1 c. (Stein, *QDV*, I, S. 177) u. a.⟩
[126] ⟨Conrad-Martius, Hedwig, *Metaphysische Gespräche*, Halle 1921, S. 136 f.⟩

eigenen Seins den Dingen ihr Sein zumißt; damit ist es zugleich ein produktives Wollen, das die Dinge ins Dasein setzt, sie in ihrem Dasein bejaht und bewahrt. – Die Aktualität, die Vollbesitz des eigenen Seins ist, ist zugleich vollkommene *Unbeschwertheit;* denn lastend und beschwerend ist nur ein Sein, das dem Seienden aufgeladen ist, das nicht völlig frei und licht ist. Die reine Aktualität als höchstgesteigertes *Leben* ist zugleich vollkommene *Beweglichkeit* oder richtiger *Bewegung* (weil nichts von Potentialität darinsteckt) – eine Bewegung allerdings, die nicht im Gegensatz zur Ruhe steht, die nicht Übergang von einem Zustand zu einem andern ist, sondern ewig unveränderter Seinsmodus: ewig unverändert und doch das Gegenteil von Starrheit. – Da Freiheit und Bewußtheit die Personalität konstituieren, ist der reine Geist *Person* und zwar in der höchsten Form der Personalität. – Der reine Geist ist also Person, seine Seinsweise reine Aktualität, in der alles beschlossen ist, was wir bei Menschen als zeitlich begrenzte und qualitativ gesonderte „geistige Akte" finden.

### 3. Endliche „reine" Geister

Was man traditionell „reine Geister" nennt, sind endliche Personen: „endlich" nicht im Sinne des zeitlichen Endens, sondern einmal darum, weil sie nicht von Ewigkeit her, sondern geschaffen sind, ferner, weil ihr Wesen ein begrenztes ist: Jede ist etwas qualitativ Einzigartiges, von allen andern Unterschiedenes. Sie sind also auf eine bestimmte Substanz und das ihr entsprechende Sein festgelegt, in diesem Sinn nicht völlig unfixiert. Es gibt „höhere" und „niedere", und das Erkennen und Lieben des einen ist von dem des andern unterschieden. Nach Thomas gibt es bei ihnen den Gegensatz von Potentialität und Aktualität, aber nicht den von Geist und Materie.[127] Was das zweite betrifft, so ist es ohne weiteres zuzugeben, wenn man unter Materialität Raumkörperlichkeit versteht. Und wenn man Geistigkeit mit Immaterialität in diesem Sinne gleichsetzt, so ist auch der Name „reine Geister" zutreffend. Es ist aber die Frage, ob Materie so nicht zu eng, noch nicht in ihrem letzten formalen Sinn gefaßt ist. In einem solchen letzten formalen Sinn scheint mir nämlich Materie unentbehrlich für den Aufbau eines jeden geschaffenen Seienden. Damit Endliches sein könne, muß etwas sein, was dem Göttlichen, d. i. dem Unendlichen und keiner Einschränkung Zugänglichen, entgegengesetzt ist, was Maß und Begrenzung zuläßt, ja für sein Sein fordert. Die raumfüllende Materie, die geometrischer Bestimmung zugänglich ist, ist schon eine inhaltliche Erfüllung dieser formalen Idee der Materie. Das, was verschiedene Grade geistigen Seins annehmen kann, die

---

[127] ⟨Vgl. Anm. 77.⟩

„Materie", die in den Aufbau geistiger Personen eingeht (ich habe sie in Ermangelung eines besseren Namens bisher „geistige Kraft" genannt), ist eine andere Ausfüllung. Darum sind alle endlichen Substanzen Einheit aus Form und Materie. Ich kann also nur Gott „reine Form" nennen, nicht (wie Thomas) die endlichen Geister.

Es ist nun zu fragen, ob den körperlosen Geistern noch etwas von Unfixiertheit, Unbeschwertheit, Beweglichkeit über ihre räumliche Ungebundenheit hinaus eigen ist, wenn sie doch seinsmäßig festgelegt sind. Alle jene Charakteristika des reinen Geistes fanden wir inbegriffen in seiner reinen Aktualität. Was davon den endlichen Geistern noch zukommt, wird sich darum wohl klären lassen, wenn wir das Verhältnis von Potentialität und Aktualität bei ihnen prüfen. Die reinen Geister haben keine „Potenzen" im Sinne unentwickelter Anlagen, ihr Dasein hat nicht die Form eines Entwicklungsganges. Was sie von Natur aus sind, das sind sie aktuell. Wenn bei ihnen von Potentialität die Rede ist, so bedeutet dies die Möglichkeit eines Übergangs zu höherer Aktualität, einer Seinssteigerung und zugleich eine Bereicherung dessen, was ihr Geist umspannt. Diese Steigerung geschieht aber nicht durch Entfaltung ihrer Natur, sondern durch übernatürliche Einwirkung: von seiten Gottes oder höherer endlicher Geister. Sofern sie solcher Bereicherung und Seinssteigerung fähig sind, sind sie nicht unwandelbar wie Gott. Aber sie sind keine Organismen, die in der Zeit zur Entfaltung bringen, was sie von Natur aus sind, und bei denen manches, was sie potentiell sind, niemals zu aktueller Entfaltung kommt. Ihr natürliches Sein unterliegt keiner Hemmung, weder von innen noch von außen, und in diesem Sinn sind sie ungebunden, unbeschwert und in freier geistiger Bewegung.

### III. Eigentümlichkeit der Seele als Geistwesen

#### 1. Die Einheit von Seele und Leib

a) Gemeinsames mit den körperlosen Geistern;
wesenhafte Bindung an den Leib als Unterscheidendes

Die Menschenseelen haben mit den körperlosen Geistern die personale Struktur und das geistige Sein gemeinsam. Sie sind wie diese Substanzen, denen eine „geistige Materie" und eine individuell qualifizierende Form eigen ist. Was sie zur „Seele" macht und von den „reinen Geistern" unterscheidet, ist, daß sie „Seinsmitte", „personaler Kern" einer geistig-körperlichen Natur, einer leib-seelischen Personeinheit sind. Die Verbindung mit dem Leib ist für die Seele wesentlich, trotzdem der Tod als eine Trennung von Leib und Seele aufzufassen ist. Die Vorstellung von einem Schattendasein der abgeschiedenen Seelen, wie sie die antike Mythologie ausgebildet hat und wie sie im Gespensterglauben der christlichen Zeit fortlebt, legt davon Zeugnis ab, daß diese Trennung jederzeit als etwas Unnatürliches gegolten hat. Davon zeugt auch das Grauen vor dem Tode, das mehr ist als Angst vor den Schmerzen der tödlichen Krankheit und auch etwas anderes als die Angst vor dem Gericht. Es ist ja auch der Todeskampf etwas anderes als noch so heftige körperliche und seelische Leiden.

### b) Erfahrungsmäßiges Sein der geistigen Seele; Unterschied von Potenzialität und Aktualität gegenüber den körperlosen Geistern

Wir werden aber die Trennung von Leib und Seele nicht verstehen, wenn wir ihre Verbindung nicht verstehen. Was die Seele ist, dazu haben wir von der inneren Erfahrung her Zugang gewonnen: Sie ist unser Inneres im eigentlichsten Sinn; das, was erfüllt ist von Leid und Freude, was sich empört über eine Ungerechtigkeit und begeistert für eine edle Tat; was sich einer andern Seele liebend und vertrauend öffnet oder ihr den Zugang wehrt; das, was Schönheit und Güte, Treue und Heiligkeit (alles, was man „Werte" nennt) nicht nur intellektuell erfaßt und hochschätzt, sondern in sich aufnimmt und davon „lebt", dadurch reich und weit und tief wird. Wenn wir an die verschiedenen Bedeutungen von „Geist" denken, so müssen wir sagen: Sie *ist* spiritus; intellectus und mens sind etwas in ihr, sind das, worin sich ihr Sein entfaltet. Von den „reinen Geistern" ist sie schon rein geistig dadurch unterschieden, daß sie nicht vom Beginn ihres Daseins an alles, was sie von Natur aus ist, aktuell ist, daß sie sich in der Zeit ihres Lebens mehr und mehr zur Aktualität entfaltet; daß in den verschiedenen Momenten und Zeitabschnitten ihres Daseins jeweils *etwas* von ihr aktuell ist, in manchen Augenblicken hochgesteigerten Seins mehr als gewöhnlich, aber niemals alles. Sie erfährt sich selbst immer als etwas über das augenblicklich Aktuelle, ja über alles, was während ihres ganzen irdischen Daseins aktuell wird, Hinausreichendes. Dadurch haftet ihrem Sein etwas von Dunkelheit, Schwere, Gebundenheit und Starrheit an – im Vergleich zu den „reinen" Geistern –, obwohl sie im Vergleich zur Materie licht, leicht, frei und beweglich ist. Vielleicht läßt sich diese Eigentümlichkeit ihres geistigen Seins daraus begreifen, daß sie in den leiblichen Organismus hineingewurzelt ist.

### c) Wechselbedingtheit von Seelischem und Körperlichem

Wie läßt sich die Einheit von Leib und Seele fassen? Sprachüblich sagen wir, daß wir „herzlich" froh sind, daß wir einen Menschen oder auch Gott „von ganzem Herzen" lieben. Wir wissen wohl, daß das Herz, als körperliches Organ, streng genommen nicht froh sein und nicht lieben kann. Aber wir erfahren es täglich, wie alles, was unsere Seele tief ergreift, das Herz (in ganz wörtlichem Sinn) „bewegt", wie es bei heftiger seelischer Erregung stürmisch zu schlagen beginnt oder auch stillzustehen droht, ja tatsächlich stillstehen kann. Beim Herzen wird der Zusammenhang zwischen seelischem und körperlichem Geschehen unmittelbar erlebt. Bei andern körperlichen Funktionen ist die Abhängigkeit von Seelischem auf Grund von Erfahrungen und Beobachtungen mit empirischer Gewißheit zu erschließen. Und wenn Mienen und Gebärden einen Symbolwert haben und eine reich ausgebildete „Sprache der Seele" darstellen, die uns in der Seele lesen läßt, so steht jedesmal ein körperlicher Mechanismus (der uns ganz unbekannt bleiben kann) im Dienst des Symbolzusammenhangs. – Ebenso sichere Erfahrungstatsache wie die Abhängigkeit körperlichen Geschehens von seelischem ist die umgekehrte Abhängigkeit: seelische Angstzustände bei Störungen der Herztätigkeit, Versagen der geistigen Leistungen bei großer Ermüdung oder Unterernährung, gesteigerte Phantasietätigkeit bei erhöhter Körpertemperatur oder unter der Einwirkung von Reizmitteln. Als Tatsache ist die Wechselbedingtheit unleugbar. Aber wie ist sie zu begreifen?

## d) Unzulänglichkeit von psychophysischem Parallelismus und Wechselwirkungstheorie

Es wird seit Jahrhunderten darüber gestritten, ob das Verhältnis von Leib und Seele als Parallelismus oder als Wechselwirkung aufzufassen sei, d. h. ob jedem körperlichen Vorgang ein seelischer entspreche und körperliches und seelisches Geschehen zwei Reihen bilden, die sich niemals schneiden, oder ob wir *eine* Geschehensreihe annehmen müssen, innerhalb derer körperliche und seelische Vorgänge ineinander greifen.[128] Mir scheint die ganze Fragestellung auf einer falschen Voraussetzung zu beruhen: auf der Annahme, daß im Menschen zwei Substanzen miteinander verbunden seien. Tatsächlich ist ja der menschliche Körper ohne die Seele gar nicht als selbständige materielle Substanz zu denken. Es ist darum gar kein materielles Geschehen innerhalb des menschlichen Körpers denkbar, das nicht in irgendeinem Zusammenhang mit Seelischem stünde. Es ist auch nicht so, daß ein rein geistiger Vorgang durch äußeren Anstoß einen Vorgang im Körper hervorrufen würde (wie die Bewegung einer Kugel durch Anstoß eine andere in Bewegung setzt), sondern der *geistige* Vorgang ist, wenn er ein *seelischer* Vorgang ist (d. h. in einem Menschen, nicht in einem körperlosen Geist vor sich geht), ein *leiblich*-seelischer, der sich als leiblicher materiell auswirken muß.

---

[128] ⟨Vgl. Steins Untersuchung „Psychische Kausalität" (1918), in: *Beiträge zur philosophischen Begründung der Psychologie und der Geisteswissenschaften*, Tübingen 1970, S. 1–116.⟩

Eine große, unverhoffte Freude ist etwas, was einen rein geistigen Sinn hat, und an sich gehört dazu keine körperliche „Begleiterscheinung" oder Äußerung: Wir können uns eine solche Freude bei einem rein geistigen Wesen ohne jeden Zusammenhang mit etwas Körperlichem denken. Aber bei einem Menschen gehört es dazu, daß er „vor Freude" errötet oder erblaßt, daß er aufjubelt oder auch sprachlos wird – je nach der individuellen leiblich-seelischen Konstitution. Wenn diese Betonung eines mehrfachen Sinnes für alles, was im Menschen geschieht, als Annäherung an den Parallelismus erscheinen mag, so muß auf der andern Seite betont werden, daß das, was geschieht, *primär* geistig oder *primär* körperlich sein kann, d. h. es sind außerhalb des Menschen entsprechende Vorgänge als rein geistige oder rein körperlich-materielle denkbar (für das eine hatten wir eben in der Freude ein Beispiel, das andere können wir uns etwa durch die chemischen Prozesse veranschaulichen, die bei der Verdauung vor sich gehen: Die Bildung von Salzsäure hat außerhalb des menschlichen Körpers keinerlei seelische Bedeutung, aber im Menschen steht sie stark mit Seelischem im Zusammenhang). Und die Vorgänge, die sich im Menschen in verschiedenem Sinn auswirken, können in ihm von der geistigen Welt her oder von der materiellen Welt her hervorgerufen sein. (Hauptfehler beider metaphysischer Theorien sind wohl, 1.) daß sie „Materie" und „Geist" als selbständige und einheitliche Realitäten setzen, während wir als das Reale die Individuen zu betrachten haben und alles Geschaffene als geformte Materie, dann „die Wirklichkeit" oder „die Natur" als eine ganze Reihe von verschiedenartigen materiellen Gebilden; 2.) daß sie nur den Dualismus „Materie" (oder „Körper") und Geist kennen und die Zwischenstufen des Organischen und Animalischen nicht betrachten.)

### e) Durchdringung von Seele und Leib

Was es heißt, daß die Seele der geistigen Welt angehört und daß von der geistigen Welt etwas in sie eindringen und sie in Bewegung setzen kann, davon werden wir noch sprechen müssen. Zunächst haben wir uns versichert, daß sie ein geistiges Wesen ist, und suchen zu begreifen, wie sich dieses geistige Wesen in die Einheit einer menschlichen Natur einfügt. Wir müssen mit dieser Einheit ganz Ernst machen. Die Seele „wohnt" nicht im Leib wie in einem Haus, sie zieht ihn nicht an und aus wie ein Kleid; und wenn die griechischen Philosophen ihn als „Kerker" und „Grab" der Seele bezeichnet haben,[129] so ist damit eine starke und schmerzhafte Bindung ausgedrückt, aber immer noch eine „Bindung" – und damit wird man der Ein-

---

[129] ⟨Vgl. das orphische Wortspiel „soma" (= Körper) „sema" (= Kerker, Grab) in Platons Dialogen *Kratylos* 400 b f. und *Gorgias* 493 a.⟩

heit der Natur nicht gerecht. Die Seele durchdringt den Leib ganz und gar, und durch dieses Durchdringen der organisierten Materie wird nicht nur die Materie durchgeistigter Leib, sondern es wird auch der Geist materialisierter und organisierter Geist. Wir wollen versuchen, den Punkt zu finden, von dem aus diese Durchdringung zu fassen ist.

## 2. Einheit der Kraft

### a) Kraft als Gemeinsames von Leib und Seele

Ich möchte von einem Begriff ausgehen, der ein Grundbegriff in der Physik und in der Psychologie war und den heute beide Wissenschaften auszuschalten suchen, die Physiker, weil sie darin eine Hineintragung anthropomorpher Vorstellungen in die materielle Natur sehen, die Psychologen, weil sie meinen, daß dadurch das Psychische in eine falsche Analogie zum Physischen gebracht werde: Das ist der Begriff der *Kraft*.[130] Daß beide Gebiete ihn aufeinander abschieben und doch nicht ohne ihn auskommen können, das scheint mir darauf hinzuweisen, daß es sich um ein sachlich Gemeinsames handelt. Wir wollen ihm von verschiedenen Seiten her nahezukommen suchen.

### b) Geistige Kraft der Engel und Menschen; Möglichkeit des Bewahrt-, Vermehrt-, Verschwendet- und Verzehrtwerdens

Ich sprach davon, daß die körperlosen Geister als geschaffene, endliche Wesen einer „Materie" bedürfen, die als Quantum zu begrenzen sei, und ich bezeichnete diese Materie als „geistige Kraft". Wenn man von „höheren" und „niederen" Geistern spricht, denen man eine verschiedene, und zwar wiederum höhere und niedere Erkenntnisweise zuschreibt, so muß es sich dabei nicht nur um etwas qualitativ Einzigartiges und darum Unvergleichliches handeln, sondern um vergleichbare Intensitätsgrade. Es wird von dem einen Geist klarer geschaut und mehr mit einem Griff umfaßt als von dem andern; und das ist nichts Zufälliges, sondern etwas Konstitutives, in ihrer Natur Begründetes. Das eben meinen wir, wenn wir sagen, daß ein Geist größere Kraft besitze als der andere. Wir sahen auch schon, daß bei den Engeln diese Kraft keine „gebundene" im Sinne „bloßer Potenz" ist. Sie sind alles in Aktualität, was sie ihrer Natur nach sein können. Das ist beim Menschen anders. Auch bei den Menschen zeigt das geistige Leben Intensitätsunterschiede. Der eine lebt vorwiegend in hochgespannter intellektueller Tätigkeit,

---

[130] ⟨Vgl. dazu *PK*, S. 22 ff.; *PA*, S. 249 ff.⟩

während der andere selten oder nie zu solcher Anspannung gelangt. Das „vorwiegend" und „selten" ergibt schon einen Unterschied gegenüber den körperlosen Geistern. Es kann sein, daß ein Mensch von Natur aus nicht zu solchen Höchstleistungen fähig ist wie ein anderer, daß er von Natur aus nicht über das gleiche Maß an geistiger Kraft verfügt. Aber auch der Höher-befähigte ist nicht imstande, sich dauernd auf der höchsten Stufe der ihm erreichbaren Anspannung zu erhalten.

Seine Kraft ist „gebundene Potenz" und kann nur schrittweise und unter besonderen Umständen aktualisiert werden. Schrittweise – d. h. der Mensch kann nicht die ganze Kraft, über die er von Natur aus verfügt, auf einmal aktualisieren. Das „kann nicht" bedarf einer gewissen Einschränkung: Es ist nicht ganz unmöglich, daß der Mensch es tut; aber wenn es der Mensch tut, dann muß er eben daran zugrundegehen, es sei denn, daß ihm außerhalb seiner Natur gelegene Kräfte zu Hilfe kommen. Darin erweist sich die natür-liche Kraft des Menschen als ein endliches Quantum, mit der er haushalten muß; aber doch als eines, das der Ergänzung fähig ist. Wie kommt es, daß die Kraft der Engel konstant bleibt (es sei denn, daß sie übernatürlich ge-steigert wird), während die Kraft der Menschen sich verzehrt, indem sie aktualisiert wird? Dürfen wir sagen: Das, was die Engel sind, ist nicht teilbar und kann sich darum nicht vermindern? Wie ist es damit vereinbar, daß es vermehrt werden kann? Liegt es im Wesen des Geistes, daß er sich nicht verzehren kann? Wir sahen ja beim göttlichen Geist, daß er von sich ausgeht – wesenhaft ausstrahlt – und sich dabei doch völlig bewahrt. Von sich aus-zugehen gehört wesenhaft zum geistigen Sein, das ist also notwendig auch den endlichen Geistern eigen. Das Selbstbewahren scheint nicht notwendig dazu zu gehören, sondern nur das Sich-bewahren-*Können*. Dies Sichbewah-ren ist ein Sichfesthalten im Ausstrahlen und darum ein selbstherrliches Ausstrahlen. (So können wir uns den Wechselverkehr der Engel denken, und so ist der Wechselverkehr der Menschen, wenn sie in Freiheit einander sich aufschließen, ohne sich aneinander zu verschenken.) Es gibt auch ein Von-sich-Ausgehen, ohne sich zu bewahren. Ein Ausströmen, bei dem man sich losläßt und preisgibt. Ob man sich dabei verliert, das hängt davon ab, wem man sich preisgibt: Wer sich an Gott hingibt, der wird von Gott aufge-nommen und bewahrt und findet sich in Ihm wieder (findet allerdings dann *mehr* wieder, als er gegeben hat). So ist die visio beatifica[131] der Engel und Heiligen zu denken. Und es ist das, was Gott von den Menschen verlangt. „Wer seine Seele retten will, der wird sie verlieren; wer aber seine Seele um meinetwillen verlieren wird, der wird sie finden."[132] Was hier unter dem „Sich-retten-Wollen" gemeint ist, das ist wohl mehr als jenes Sichbewahren

---

[131] ⟨Lat.: selige Schau.⟩
[132] Mt 16, 25.

im Ausströmen, wie es wohl Gott gegenüber nicht angebracht, allem Geschaffenen gegenüber aber notwendig ist. (Sich an einen Menschen zu verschenken ist nur erlaubt, wenn es im Vertrauen geschieht, daß man von ihm für Gott bewahrt werden wird, d. h. in der sakramentalen Ehe oder im Verhältnis zu einem Menschen, der an Gottes Stelle steht und dem man mehr vertrauen kann als sich selbst.) Ich meine eine Sorge um sich selbst, die – um sich nicht zu verlieren – sich in sich verschließen und das Ausstrahlen aufhalten möchte. Wer das tut, der handelt dem Wesen des Geistes zuwider und vernichtet sich selbst, *soweit das möglich ist.* Damit stehen wir aber wieder, von anderer Seite herkommend, vor derselben Frage wie vorher: Liegt es im Wesen des Geistes, daß er sich nicht verzehren kann? Von den letzten Tatsachen ausgehend, müssen wir offenbar sagen: Ja und Nein. Wer das geistige Sein pervertiert, der macht es zu einem *nichtigen* Sein, ohne es doch ganz aufheben zu können (der Seinsmodus der Dämonen und Verdammten). Das natürliche Sein des Geistes, das sich bewahrende Sichverströmen, ist etwas, was „nichts kostet"; er wendet darin seine Kraft an, ohne sie auszugeben. Ja, er gewinnt sogar dabei: Denn geistig in etwas anderes eingehen, heißt zugleich, es in sich aufnehmen; anderes in sich aufzunehmen und geistig daran wachsen, eine Seinssteigerung erfahren zu können, das gehört auch zum Wesen des Geistes. (Das ist die „Potenz" der Engel, von der wir früher sprachen.) Indem der Geist sich gegen seine natürliche Seinsrichtung stemmt, hebt er seine eigene Kraft auf, löscht sich gleichsam aus, ohne doch sein Sein aufheben zu können: Es wird ein verfinstertes und ohnmächtiges Sein und zugleich ein in sich verschlossenes, in das nichts mehr einströmen kann. Das Von-sich-Ausgehen, ohne sich zu bewahren, ist auch ein Sichverausgaben, wenn es nicht Hingabe an Gott oder in Gott ist, in dem der sich Hingebende sich selbst wiederfindet. Wenn es Hingabe an Geschöpfe ist (wie wir es uns bei den Engeln in ihrem status termini[133] allerdings nicht denken können), so kommt es darauf an, ob es Geschöpfe sind, die Geistiges überhaupt in sich aufnehmen können; ist das nicht der Fall, so ist die Hingabe eine Verschwendung des Geistes, der sich selbst entleert, ohne daß ein anderer dabei gewinnt. Ist es eine Hingabe an Personen, so kann ihr ein Aufgenommenwerden entsprechen; und das Aufnehmen kann ein dem göttlichen analoges Bewahren – im Namen Gottes und für Gott – sein (damit der andere sich darin wiederfinden könne, muß er allerdings bewahrt werden wollen); es kann aber auch ein Verzehren sein. (Es gibt Menschen, die sich an andere verschwenden, und solche, die von andern zehren.)

---

[133] ⟨Lat.: Endzustand.⟩

## c) Die natürliche Kraft des Menschen als körperlich-geistige; freie Disposition darüber

Aus all dem stellen wir fest, daß die geistige Kraft, von der wir bei den Engeln sprachen, etwas ist, was bewahrt, vermehrt und verzehrt werden kann, was bei den seligen Engeln in ihrem natürlichen Sein bewahrt und durch ihr übernatürliches Sein vermehrt wird, bei den Dämonen durch ihr widernatürliches Sein verzehrt ist. Etwas Analoges wie diese Kraft der körperlosen Geister ist offenbar bei den Menschen auch vorhanden, und solange sie in statu viae[134] sind, bestehen die verschiedenen Möglichkeiten: des Bewahrens, des Vermehrt-, Verschwendet- und Verzehrtwerdens. Es scheint aber, daß bei den Menschen die geistige Aktualität als solche – das, was das dauernde natürliche Sein der Engel ist – einen Kraftaufwand bedeutet, d. h. an der natürlichen Kraft zehrt. Und das hängt offenbar damit zusammen, daß die geistige Aktualität und das geistige Sein überhaupt nicht mit dem menschlichen Sein schlechthin gleichzusetzen ist, daß es eine Höchstleistung für ihn bedeutet, bzw. noch eine Mannigfaltigkeit von Spannungsgraden umfaßt. Die Menschenseelen besitzen eine natürliche Kraft – die verschiedenen verschiedene –, aber sie kommt ihnen nicht außerhalb und unabhängig von der ganzen psycho-physischen Konstitution zu, sondern ist an diese gebunden. Wir sprechen von *Körperkraft* und meinen damit nicht etwas Mechanisches, sondern etwas Organisches, was sich im Wachstum (und zwar in einem bestimmt proportionierten Wachstum) und in der Leistungsfähigkeit, der Arbeits- und Leidensfähigkeit zeigt. Körperkraft und geistige Kraft stehen nicht unabhängig nebeneinander: Bei körperlicher Ermüdung, d. h. bei Ermüdung durch körperliche Anstrengung, sind geistige Leistungen gar nicht oder nur unter großer Anstrengung möglich. Umgekehrt führt angestrengte geistige Arbeit auch zu körperlicher Ermüdung. Diese Tatsachen weisen darauf hin, daß 1.) natürliche Leistungen einen Kraftverbrauch darstellen, 2.) der Kraftvorrat einer für den ganzen menschlichen Organismus ist, und zwar einer, der verbraucht und wieder ergänzt wird. Frische ist ein Zustand, bei dem Körper und Geist nach Betätigung verlangen, „von selbst" dazu übergehen und leicht und mühelos arbeiten. Aber wenn sie eine Zeitlang gearbeitet haben, dann schwindet die Frische und geht in Ermüdung über, den Zustand, in dem Körper und Geist nach Ruhe verlangen und nur mit Mühe und Anstrengung arbeiten können. Daß der Mensch „mit Mühe und Anstrengung" noch arbeiten kann, zeigt, daß er keine Maschine ist, die einfach stillsteht, wenn das Uhrwerk abgelaufen ist. Er hat durch seine Freiheit die Möglichkeit, über seine eigene Kraft zu disponieren: d. h. zunächst die spürbar vorhandene Kraft – „spürbar" in dem Gefühl der Fri-

---

[134] ⟨Lat.: Zustand des Auf-dem-Weg-Seins, d. h. im irdischen Leben.⟩

sche und dem Drang nach Betätigung – auf diese oder jene Weise anzuwenden, für eine körperliche oder eine geistige Leistung, und hier wiederum für diese oder jene Arbeit. Die verschiedenen Möglichkeiten, die jeweils für einen Menschen bestehen, erscheinen für ihn nicht gleichgewichtig. Je nach seinen Lebensgewohnheiten kommen manche an sich bestehende Möglichkeiten praktisch gar nicht in Frage und geht der Betätigungsdrang meist schon in eine ganz bestimmte Richtung. Gewisse körperliche Funktionen und auch manche geistige nehmen einen Teil der Kraft schon ganz von selbst in Anspruch und es ist (im Zustand der Frische) ein Überschuß über die gleichsam automatisch arbeitende ⟨Kraft vorhanden⟩, was für willkürliche Leistungen in Betracht kommt. Wo kein solcher Überschuß vorhanden ist, im Zustand der Ermüdung oder auch andauernder Schwäche, hat der Wille die Möglichkeit, die „letzte Kraft" zusammenzunehmen und für eine Aufgabe einzusetzen, für die sie „eigentlich" nicht mehr vorhanden ist. Er holt sie dann aus primitiveren Funktionen herbei unter der Gefahr, daß im Organismus Funktionsstörungen eintreten und daß am Ende doch ein Stillstand eintritt – denn der Wille kann keine Kraft *erschaffen,* er kann nur über die vorhandene Kraft disponieren und evtl. für ihre Ergänzung Sorge tragen.

d) Die materielle Welt als Quelle der Kraft

Das ist nun die weitere Frage: aus welchen Quellen die Kraft stammt und ergänzt werden kann. Offenbar ist eine bestimmte Zusammensetzung und Verfassung des Körpers erforderlich, damit ein Kraftvorrat und ein Überschuß für geistige Leistungen vorhanden sein könne. Richtige Ernährung, d. h. Zuführung der Stoffe, die der Körper zu seinem Aufbau braucht, in dem Maß und in der Form, in der er sie verarbeiten kann, dient der Ergänzung der Kraft. Die Verarbeitung, d. h. die Umwandlung der Stoffe, die zunächst Fremdkörper sind, in organisierte, d. h. dem Leib selbst zugehörige, ist ein Prozeß, der selbst Kraft verbraucht (die Zeit nach den Mahlzeiten ist erfahrungsgemäß für geistige Arbeit höchst ungeeignet; und in den Perioden stärksten Wachstums und körperlicher Entwicklung dürfen von jugendlichen Menschen keine großen andern Leistungen verlangt werden). Der Körperzustand, bei dem ein Kraftüberschuß vorhanden ist, muß als Ergebnis solcher organischen und organisierenden Prozesse angesehen werden. Es wird in der Tat hier Kraft „erzeugt", die dem ganzen Menschen zugute kommt und über die er dann nach seinem Gutdünken verfügen kann. Und sofern er auf Grund theoretischer Kenntnis planmäßig für die richtige Verfassung des Körpers Sorge tragen kann, ist es ihm mittelbar möglich, frei an der Erzeugung von Kraft mitzuwirken, nicht bloß über die vorhandene zu disponieren. Um Klarheit darüber zu schaffen, wie diese Erzeugung von Kraft zu verstehen sei, wäre eine eindringende Analyse der

Grundlagen der Physiologie nötig. Hier sollte nur der Versuch gemacht werden, den Einsatzpunkt dafür zu zeigen. Daß der Mensch nicht „fertig" zur Welt kommt, sondern sich während der Dauer seines Lebens in einem beständigen Umwandlungsprozeß aufbauen und immer wieder erneuern muß, ohne einen festen Endzustand zu erreichen, daß er sich auch die Kraft zu seinen Leistungen immer neu erarbeiten muß und sie für sein höheres Sein aus dem niederen gewinnen muß – das unterscheidet ihn von den „reinen" Geistern, die einen festen Bestand haben und ihre Kraft als dauernd aktuelle in sich tragen.

### e) Die geistige Welt als Quelle der Kraft: Kraft anderer Menschen, personaler Werte, Werte überhaupt

Es wäre aber grundverkehrt, den Menschen als ganz und gar „von unten her" konstituiert anzusehen. Wenn wir jetzt ein gewisses Verständnis dafür gewonnen haben, daß er in die materielle Welt hineingewurzelt ist und aus ihr Kraft gewinnt, so gilt es nun einzusehen, daß er auch in die Welt des Geistes hineingestellt ist und auch aus ihr genährt und aufgebaut wird. Daß die Seele selbst Geist ist und in welchem Sinn, das ist aus der Analyse des Geistes klargeworden: Sie ist ein Seiendes, das in seinem Sein seiner selbst gewiß und für anderes Sein geöffnet ist, ein Seiendes, das seiner selbst mächtig ist, über sich frei verfügen kann – aber all das nicht in der Unbegrenztheit des reinen Geistes: Sie ist für sich nicht völlig durchsichtig, sie umfaßt nicht alles andere Seiende, und sie ist nicht durch sich selbst, sondern findet sich als ein bestimmt konstituiertes Seiendes schon vor, sowie sie ihrer selbst inne wird.

Das Geöffnetsein ist im Sinne der Intentionalität zu verstehen, des Erfassens von etwas Gegenständlichem. Aber es hat noch einen andern Sinn: Es war schon davon die Rede, daß der Geist etwas in sich aufnehmen kann (im Gegensatz zum Räumlich-Materiellen, das „undurchdringlich" ist, d. h. seinesgleichen nicht in sich aufnehmen kann. Ich sage: seinesgleichen, weil vielleicht gezeigt werden kann, daß es von Geistigem durchdrungen wird). Und so kann auch die Seele etwas in sich aufnehmen, es sich innerlich zu eigen machen. Es muß dies Aufnehmen ins Innere von dem bloßen intentionalen Erfassen wohl unterschieden werden. Wenn mein Blick gleichgültig über die Dinge meiner Umgebung hingleitet, so nehme ich nichts in mich auf: Ich erkenne Tisch und Stuhl und Wand als solche, aber davon „habe" ich innerlich nichts. Wenn mein Blick auf einen Menschen trifft, so wird er in der Regel nicht gleichgültig bleiben. (Es ist die Frage, ob den andern Dingen gegenüber das gleichgültige Betrachten ein angebrachtes ist – den Menschen gegenüber ist es jedenfalls nicht das normale und sinngemäße.) Den Menschen gegenüber ist man natürlicherweise innerlich geöffnet; man muß sich durch einen eigenen Akt „zuschließen", um – für den Augenblick oder dauernd – verschlossen zu sein. Es braucht dies kein „freier Akt" im spezifischen Sinne zu sein, es kann auch unwillkürlich geschehen. Und es kann seelische Erschöpfung dahin führen, daß man auch den Menschen gegenüber, ohne sich zu verschließen, gleichgültig sich verhält, nicht so ⟨auf⟩[135] sie eingeht, wie es nötig ist, um von ihnen etwas aufzunehmen. Und nun kann es sein, daß von einem Menschen, ohne daß er es und daß ich es will, ganz von selbst etwas ausströmt und in mich eingeht. Wenn er überströmt von Kraft und Frische, so geht davon etwas auf mich über, ich erfahre einen „belebenden" Einfluß, eine Steigerung meines geistigen Seins, die mich nun selbst wieder zu größerer geistiger Aktivität fähig macht. Wenn ich mich nun, durch seine belebende Frische angezogen, dem Menschen interessiert zuwende, werde ich vielleicht an seiner Frische Freude haben. Und diese Freude, ein eigentümlicher Akt, der aus der Tiefe kommt und das, was er erfaßt, in dieselbe Tiefe hineinholt, ist selbst etwas, wovon eine belebende Wirkung ausgeht, was eine Seinssteigerung[136] bedeutet. Alles, was wir als „Gemütsbewegungen" bezeichnen, Freude und Leid, Hoffnung und Furcht usw., haben die Eigentümlichkeit, daß sie auf die „Lebenszuständlichkeit" des Menschen einwirken, seine Kraft vermehren oder daran zehren. Dabei ist es analog wie bei den körperlichen Vorgängen, die der Ergänzung und Steigerung der Kraft dienen: Es ist zunächst eine Kraftleistung erforderlich, um neue Kraft zu gewinnen. Zur Freude, die eine Quelle der Kraft ist, gehört zunächst ein gewisser Kraftaufwand. Und es ist nicht gesagt, daß allemal bei solchem Geschehen ein Überschuß herauskommt. Jedenfalls ergibt die Eigentümlichkeit der Gemütsbewegungen eine erhebliche Erweiterung der Kraftquellen: Wir können nicht nur durch die Kraft anderer Menschen selbst gestärkt werden, sondern durch alles an und in ihnen, was Gegenstand positiver Stellungnahmen werden kann, d. h. durch alle ihre personalen Werte, ihre Güte, Liebenswürdigkeit usw. Der Kreis erweitert sich aber noch viel mehr: Ich kann ja nicht nur an personalen Werten Freude haben, sondern auch an der Schönheit von Naturgebilden und Kunstwerken, der Harmonie von Farben und Tönen. Das ganze Reich der positiven Werte ist eine unermeßliche Quelle seelischer Kraft.

---

[135] ⟨Im Original steht hier „in".⟩
[136] ⟨Vgl. *PA*, S. 138 ff.⟩

### 3. Ausdehnung der Idee des Geistes

#### a) Objektiv-geistige (ist gleich nicht-personale) Gebilde

Damit stehen wir vor einer neuen großen Frage. Den Zugang zur Welt der Werte, wie zur ganzen gegenständlichen Welt, gewinnen wir durch unser geistiges Leben. Aber ist es eine *geistige* Welt, die uns damit zugänglich wird und von der wir etwas in uns aufnehmen? Wäre dies der Fall, so müßten wir unsern Begriff des Geistes erheblich erweitern. Bisher haben wir von Geist nur im Sinne von Personen und personalem Sein gesprochen: von Gott, endlichen „reinen Geistern" und Menschenseelen. Werte wie Güte, Schönheit, Erhabenheit sind weder Personen noch Akte von Personen; sie sind Objekte für Subjekte, nicht selbst Subjekte. Wenn sie geistige Gebilde sind, dann haben wir es jedenfalls mit einer neuen Art von geistigen Gebilden zu tun, mit „objektivem Geist".[137] Aber ist es berechtigt, hier überhaupt von Geist zu sprechen? Wir nehmen als Beispiel, um es recht deutlich zu machen, einen Wert, der weder eine Person noch einen personalen Akt zu seinem Träger hat: die Schönheit einer Landschaft. Ein Tal, von nicht sehr hohen, hellen Felswänden ringsum eingeschlossen, von Mondlicht übergossen, von einem sternfunkelnden Himmel überwölbt, gegen den sich die Konturen der Felsen völlig klar, aber ohne jede Schärfe abzeichnen. Es ist ein Bild von einer unbeschreiblich klaren, milden und friedlichen Schönheit. Das „unbeschreiblich" hat einen strengen Sinn. Die Worte sind nur ein Versuch, die Phantasie zur Vergegenwärtigung eines etwa entsprechenden Bildes anzuregen. Tatsächlich ist diese Schönheit etwas Einmaliges, an diesem individuellen Gestaltganzen Haftendes. Die Schönheit ist sicherlich nichts Materielles, obwohl das Gestaltganze, dem sie anhaftet, aus materiellen Gebilden aufgebaut ist und dingliche Qualitäten wesentlich den Eindruck des Ganzen bestimmen: Die starre Festigkeit der natürlichen Ringmauer gibt dem Tal den Charakter des Geborgenen und Umfriedeten, die lichte Farbe der Felswände die eigentümliche Klarheit. Ich nannte die Schönheit eine klare, milde und friedliche. Wer sie in sich aufnimmt, auf den geht etwas von dieser Klarheit, Milde und Friedlichkeit über. Diese Verfassung der Seele verstehen wir ohne weiteres als etwas Geistiges. Es gibt Ästhetiker, die behaupten, diese seelische Verfassung, in die uns ein ästhetisches Objekt versetzt, sei das Primäre und werde von uns erst in das Objekt „projiziert", „hineingefühlt" – in das Objekt, das an sich einer solchen Verfassung gar nicht fähig sei. Aber diese Deutung widerspricht doch offenbar dem Sinn unseres Erlebens. Wir erfahren die Klarheit und Milde als Eigenschaften dieses Tals; wir erfahren sie auch dann, wenn wir selbst innerlich zerrissen und friedlos sind und

---

[137] ⟨Vgl. *PA*, S. 84 ff.⟩

diesen Gegensatz zum Charakter der Landschaft schmerzhaft empfinden. Und wenn wir durch den Charakter der Landschaft selbst innerlich umgestimmt werden, so erfahren wir das als von ihr herkommend. Wir deuten in die Linien und Farben der Landschaft nicht mehr hinein als in die Linien und Farben eines Menschenantlitzes, aus dem uns Milde und Klarheit entgegenblickt. Und diese Analogie kann uns weiterhelfen. Wir sahen: Die Gestalt des menschlichen Körpers ist nicht bloß dingliche Qualität, sondern bedeutungsvolle Gestalt, aus ihr spricht die Geistesart des Menschen. Und nun finden wir dasselbe in der gesamten Natur wieder. Farben und Raumformen, Licht und Dunkel, Starrheit und Festigkeit und die Gestaltganzen, in die all das eingeht, haben alle einen *Sinn*, auch aus ihnen spricht etwas Geistiges. Sie werden dadurch nicht zu Personen, und wir haben kein Recht, ihnen daraufhin eine Seele zuzusprechen. (Das wäre in der Tat eine „Projektion".) Es geht etwas von ihnen aus, was wir in uns aufnehmen können und was doch in ihnen bewahrt bleibt. Und das gilt nicht erst von so komplizierten Gebilden wie der Landschaft, sondern schon von den einfachsten Elementen der sinnenfälligen Welt: Farben, Tönen, Gestalten. Ihr geistiger Sinn ist das Wertvolle an ihnen, das, was in uns eingehen kann, was uns erfreuen, erheben, begeistern kann.

b) Geist und Form; Materie als „Kraft" und „Stoff"

So kommen wir zu dem Ergebnis, daß das Reich des Geistes die ganze geschaffene Welt umfaßt. Das ist im Grunde nicht so überraschend, weil wir ja schon lange wissen, daß alles Geschaffene geformte Materie ist. Da die Materie (die für sich nicht existieren kann) das eigentliche Widerspiel des Geistes ist, muß alles Seiende, sofern es nicht reiner Geist ist, vom Geist durchdrungene Materie sein. Es ist nun das Verhältnis von Geist und Form aufzuklären.

Gott ist reiner Geist, in dem nichts von Materie ist. Er ist das Seiende, in dem nichts von Nichtsein ist: das reine Sein. In ihm ist nichts von unentfalteter Möglichkeit, von Potenzialität: Er ist reiner Akt. Es ist in ihm kein Gegensatz von Gestaltetem und Gestaltendem: Er ist reine Form. Reiner Geist, reines Sein, reiner Akt und reine Form: Das ist in Gott alles eins. Wo etwas davon nicht rein ist, da ist auch das andere nicht rein; es ist dann ein Dualismus in vierfachem Sinn vorhanden. In einem Seienden, das nicht reiner Geist ist, ist der Geist materiell gebunden, es ist in seinem Sein etwas von Nichtsein, es ist nicht in höchster Aktualität, und es ist in ihm ein Gegensatz von Formendem und Geformtem. Es ist nun die Frage, ob auch in dem dualistischen Seienden Geist, Sein, Akt und Form zusammenfallen und ebenso ihre Gegensätze Materie, Nichtsein, Potenz. Wir wollen die Frage nach Sein und Nichtsein, Aktualität und Potenzialität hier ausschalten und uns auf Geist, Form und Materie beschränken. Da wir denselben Gegensatz – Materie – zu Geist und Form haben, scheint es, als müßte auch dies beides dasselbe bedeuten. Aber bedeutet denn „Materie" in beiden Fällen dasselbe? Wir waren ja zu einer Scheidung genötigt: Materie konnte als eine Leerform gefaßt werden, die verschiedene inhaltliche Erfüllung zuläßt. Als eine Erfüllung haben wir das anzusehen, was uns im geistigen Leben geformt entgegentritt und was ich „Kraft" nannte, als andere Ausfüllung die raumfüllende Materie, die ich nun der deutlichen Abhebung willen „Stoff" nennen will. Stoff und Kraft sind beide in sich ungeformt und der Formung bedürftig. Nach den früheren Feststellungen scheint Stoff dem Geist ferner zu stehen als Kraft: Die Realitäten, in die nichts von Stoff eingeht, bezeichnen wir als „geistige", die stofflichen als „materielle". Ist dies so zu verstehen, daß die materiellen Gebilde ebenso frei von Geist wären wie die geistigen frei von Stoff – geformt, aber nicht durchgeistigt?

c) Stoffliche Gebilde als geformte und durchgeistigte (sinnvolle)

Ein Granitblock ist ein materielles, ein stoffliches Gebilde. Wir nehmen an ihm nichts von personaler Geistigkeit wahr. Es ist eine reine Konstruktion der Phantasie, wenn man ihm Seele und Leben eindeutet. Er ist „Gebilde", d. h. geformt. Das heißt nicht nur, daß er eine geometrisch beschreibbare Raumgestalt hat, sondern daß er nach einem eigenen Aufbauprinzip, das wir eben seine Form oder Species nennen, gefügt ist: Seine Schwere, seine Festigkeit, seine Starrheit gehören ihm wesenhaft zu; auch seine Massigkeit – daß er in gewaltigen Blöcken, nicht in Körnchen und Splittern „vorkommt". Dies alles nun, was in der Form inbegriffen ist, ist mehr als ein Inbegriff sinnenfälliger Qualitäten. Das Gebilde in seiner spezifischen Eigenart ist ein *sinnvolles*, das uns eigentümlich anspricht. Diese unverrückbare Festigkeit und Massigkeit ist nicht bloß etwas, was uns in die Sinne fällt und was wir mit dem Verstand als Tatsache feststellen – wir werden davon innerlich berührt, es geht uns etwas daran auf, wir lesen aus dem Gebilde etwas heraus. Es ist einmal ein *symbolischer* Sinn, den wir in dem Gebilde finden: Es spricht uns von unerschütterlicher Festigkeit und bergender Zuverlässigkeit als personalen Qualitäten. Und diese Deutung ist keine willkürliche und zufällige, es bestehen feste Symbolzusammenhänge: Lehm oder Sand lassen nicht dieselbe Deutung zu wie Granit. Es ist sodann ein *praktischer* Sinn, der uns anspricht: Was so gefügt ist wie dieses Urgestein, das taugte dazu, die ragenden Gebirge aufzutürmen; das taugte auch dazu, Monumentalbauten zu errichten, die Menschengeschlechter überdauern sollen. Der symbolische Sinn und der praktische Sinn hängen innerlich zusammen, entsprechen einander. Und beide weisen über sich hinaus: Sie lassen einen personalen Geist ahnen, der hinter der sichtbaren Welt steht, der jedem Gebilde seinen Sinn gegeben hat, es geformt hat gemäß der Stelle, die ihm im Aufbau des Ganzen zugedacht war; der dies „große Buch der Natur" geschrieben hat und dadurch zum Menschengeist spricht. So gibt es kein geistloses Gebilde: geformter Stoff ist durchgeistigter Stoff. Die Form ist nicht personaler Geist, ist nicht Seele; aber sie ist Sinn, aus personalem Geist kommend und zu personalem Geist sprechend, in seinen Lebenszusammenhang eingreifend. So ist es sachlich begründet, wenn wir von „objektivem Geist" sprechen.

d) Geistige Kraft als im geistigen Leben personal geformte; physische Kraft als ein Wirken (ist gleich Bewegung) stofflicher Gebilde und in ihren Wirkungsmöglichkeiten (ist gleich Potenzen) durch ihren Sinn geformte

Wir fanden für Materie den doppelten Sinn: „Stoff" und „Kraft" und sahen nun, daß selbst das dem Geist anscheinend Fernste, der Stoff, vom Geist durchdrungen ist. Nun gilt es, die Kraft in ihrem Verhältnis zu Geist, Form und Stoff noch besser zu verstehen.

Wir fanden Kraft bei den körperlosen Geistern als das Quantum, das ihnen zur Verfügung steht und das sie ausleben. Es ist geformt, sofern es bestimmt qualifiziert ist: Das Leben der Engel – und das ist gleichbedeutend mit ihrem Sein – ist Erkenntnis, Liebe, dienende Tat, dies alles nicht getrennt, sondern in einem einzigen Akt vereint. Die Form ist hier nicht bloß Sinn, sondern personaler Geist. Die Kraft ist personaler Besitz. Ist es für sie wesentlich, das zu sein; d. h. kann sie nur zu personalem Sein geformt vorkommen oder geht sie auch in die nicht-personalen Gebilde ein, die wir „objektiven Geist" nennen? Offenbar müssen wir das annehmen. Es war ja gerade dieser Punkt, an dem uns diese ganze Welt objektiv-geistigen Seins aufging. Wir fragten nach Quellen, aus denen die Kraft des Menschen ergänzt und vermehrt werden kann, und fanden, daß alles, was er in sein Inneres aufnimmt, seine Kraft vermehren, aber auch daran zehren kann. Die eigentümlichen ästhetischen Werte einer Landschaft waren uns ein Beispiel dafür. Es ist aber hier offenbar noch Verschiedenes zu unterscheiden. Ragende Felsen können mir den Eindruck des Dauerhaften und Sicheren machen; ich fühle mich in ihrem Schutz ruhig und geborgen, und dieses Gefühl ist etwas meine innere Kraft Bewahrendes. Die aufgetürmten Massen können aber auch bedrohlich und erdrückend erscheinen; ich fühle bei ihrem Anblick Angst und Beklommenheit, die an meiner Kraft zehren. Es sind dieselben Gebilde, die in so verschiedener Weise auf meine Lebenszuständlichkeit wirken: So kann es sich wohl offenbar nicht um ein unmittelbares Vermehrt- oder Vermindertwerden meiner Kraft durch eine dem stofflichen Gebilde innewohnende handeln. Es sind meine Gemütsbewegungen, von denen die verschiedenen Wirkungen ausgehen. Diese Bewegungen sind aber durch den Sinn des Gebildes motiviert. Und wenn auch schützende Festigkeit und Bedrohlichkeit etwas Sinnverschiedenes sind, so sind doch beide in dem Gesamtgefüge des stofflichen Gebildes begründet: Es wohnt diesen ragenden, festen Massen eine „Kraft" inne, die für und gegen mich verwendet werden, die mich schützen, aber auch vernichten kann. Hier stoßen wir auf „Kraft" im physikalischen Sinn, Kraft, die dem Stoff innewohnt. Hat sie mit der „geistigen Kraft", von der wir bisher sprachen, irgend etwas gemeinsam, oder liegt eine bloße Äquivokation vor? Physische Kraft ist Potenz, die in Bewegungen aktualisiert wird. In den Bewegungen ist sie geformt, d. h. bestimmt qualifiziert. Aber auch die „gebundene Potenz" ist nicht völlig formlos, sie kann nicht in beliebigen Bewegungen aktualisiert werden, sondern grenzt einen Bereich von Möglichkeiten ab. Die Kraft, die einem stofflichen Gebilde innewohnt, gehört zu seinem Gesamtgefüge und entspricht seinem Sinn: Daß es so oder so sich auswirken kann, damit hängt seine Rolle im Kosmos zusammen. Ein Ding in seinem Sinn erfassen, dazu gehört: es in seinen Wirkensmöglichkeiten erfassen. Nach den erfaßten Wirkungsmöglichkeiten bestimmt sich der Eindruck, den man von ihm hat. Bewegungen materieller Dinge und die Kraft, die in ihnen aktualisiert ist, sind nicht personal-geistiges Leben und personal-geistige Kraft. Aber sie stehen in Symbol- und Zweckbeziehungen zu Personal-Geistigem und sind in dieser Symbol- und Zweckhaftigkeit dem Menschengeist zugänglich. Was davon erfaßt wird, das kann von Einfluß auf die Lebenszuständlichkeit des Menschen sein, ohne daß dies als eine unmittelbare Übertragung oder Umformung von physischer Kraft in seelische zu denken wäre.

## 4. Einheit von Geist und Stoff, geistiger und physischer Kraft im Menschen

Wir halten fest: Es gibt keinen Stoff ohne Kraft. Das aktuelle Sein der materiellen Dinge ist Wirken und Bewegung, und das ist geformte Kraft. (Auf das Verhältnis von Stoff und Kraft – die Frage, ob etwa Stoff ganz auf Kraft zu reduzieren sei – möchte ich hier nicht näher eingehen.) Ihre Form ist der geistige Sinn des Gebildes, der in die Seele aufgenommen werden kann.

a) Grundgesetzlichkeit der materiellen und der personalen geistigen Welt: Einheit der Natur – Naturgesetzlichkeit; Wesensgesetzlichkeit des Geistes, Freiheit und Vernunftgesetzlichkeit des geistigen Geschehens, Verständnis und Willenseinheit

Es gibt aber vielleicht noch einen ganz andern Zusammenhang zwischen physischer und geistiger Kraft. Ja, es muß einen andern geben, wenn es richtig ist, was früher festgestellt wurde: daß die natürliche Kraft des Menschen *eine* sei, die aber aus verschiedenen Quellen, aus der materiellen und aus der geistigen Welt genährt werden könne. Wir haben jetzt einen geistigen Sinn der materiellen Welt kennengelernt. Aber der Unterschied von Geist und Materie ist dadurch nicht aufgehoben. Die materielle Welt, die Welt geformter Stoffe, ist eine in sich geschlossene und einheitliche Welt. Wir nennen sie *Natur* (in dem Sinn, in dem wir Natur meinen, wenn wir von Naturgesetzen und Naturwissenschaft sprechen). Wir haben eine Mannigfaltigkeit von Stoffen darin mit einer Mannigfaltigkeit ihnen eigener Formen (die in einem andern Sinn des Wortes traditionell als „Naturen" bezeichnet werden). Die Einheit ist eine Einheit des Wirkens; und das heißt, da alles Wirken in der materiellen Natur in Form von Bewegungen geschieht, eine Einheit der Bewegung. Es kann von einem Gesamtbewegungszustand der Natur gesprochen werden, da alles, was darin geschieht, mit allem andern Geschehen in Zusammenhang steht. Es ist der in sie gelegte Sinn, der sich in ihr auswirkt. Personale Geistigkeit gibt es in der Natur nicht: Die Substanzen, die sie aufbauen, wissen nichts von sich und haben keine Freiheit, ihr Sein und Wirken zu bestimmen. Darum unterliegt das Naturgeschehen, sofern es sich selbst überlassen ist, strenger Notwendigkeit.

Die Welt der personalen Geister ist keine „Natur", in der „Notwendigkeit des Zwanges" herrscht. Gesetzmäßigkeit gibt es auch hier. Einmal die Wesensgesetzmäßigkeit des geistigen Seins als solchen, die bestimmt, was dieser Welt zugehört und was nicht. Sodann, in der Gesetzmäßigkeit des geistigen Seins inbegriffen, eine Gesetzmäßigkeit des geistigen Wirkens. Zum personal-geistigen Wirken gehört es, daß es *bewußt, zielgerichtet* und *frei* ist. Die geistige Person ist frei tätig. Ihr Tun ist Erkennen und Wollen. Ihr Erkennen hat die Wahrheit zum Ziel, ihr Wollen ist auf das Gute gerichtet (jedenfalls auf etwas, was ihr als Gut vor Augen steht). Der Weg zum Ziel ist kein beliebiger. Wer die Wahrheit erkennen (d. h. das Seiende, wie es ist, mit dem Geist umfassen) und das Gute verwirklichen will, der ist an ein bestimmtes Verfahren gebunden. Und diese Gesetzmäßigkeit nennen wir *Vernunft*gesetzmäßigkeit. Diese Gesetzmäßigkeit ist kein Zwang, dem der Geist blind unterliegt. Er kann sie selbst erkennen und sich frei nach ihr richten. So gibt es in der geistigen Welt keine Einheit des Geschehens wie in der Natur, sondern soviel Zentren des Geschehens wie Personen. Die Wesensgesetzmäßigkeit des Geistes ist *eine* und die Vernunftgesetzmäßigkeit ist *eine;* aber sie gestatten es den personalen Geistern, ihr Wirken selbst zu bestimmen. Dennoch stellt nicht jede Person eine völlig in sich geschlossene Welt dar. Wir sahen, daß es ihr natürliches Sein ist, geöffnet zu sein für alles Seiende und insbesondere füreinander. Füreinander geöffnet sein, das bedeutet aber miteinander in einem geistigen Wirkungszusammenhang stehen, zunächst in einem Zusammenhang des *Verstehens.* Einen andern Geist intellektuell umfassen, heißt ihn verstehen, und das bedeutet: sein geistiges Tun in seiner Zielgerichtetheit und in seinem vernunftgemäßen Zusammenhang begreifen. Dieses Begreifen vollzieht sich aber im Mit- und Nachleben des fremden geistigen Tuns, d. h. in einem Eintreten in den Lebenszusammenhang anderer. Soweit Personen in Wechselverständigung leben, besteht *ein* geistiger Lebenszusammenhang. Und er beschränkt sich nicht bloß auf ein intellektuelles Verstehen. Es besteht prinzipiell immer die Möglichkeit – und sie wird praktisch weitgehend realisiert –, die fremden Zielsetzungen, die man versteht, zu eigenen zu machen und so mit andern Personen in eine Einheit des Wollens und Handelns einzutreten. Der radikale Unterschied gegenüber der materiellen Natur ist, daß die Einheit eine bewußte, frei herstellbare und frei lösbare ist.

### b) Durchdringung von Geistigem und Materiellem im Menschen; seine „physische Kraft"

Der Mensch gehört beiden Welten an. Er steht unter dem Gesetz des Zwanges und unter dem Gesetz der Freiheit. Aber dies besteht in ihm nicht einfach nebeneinander, sondern durchdringt sich in eigentümlicher Weise. Die Art dieses Durchdringens zu begreifen ist unser Bemühen. Der Leib ist materieller Körper, aber vom Geist durchherrscht. Das heißt nicht nur, daß er geformter Stoff ist wie jedes Ding. Die geistige Seele durchdringt ihn, lebt in ihm und verfügt über ihn. Wenn ein Mensch von einem dahersausenden Ball getroffen wird, so braucht er nicht umzustürzen, wie ein toter Körper von gleicher Größe und Schwere etc. bei entsprechender Wucht des Anpralls es würde: Er kann ausbiegen oder kann (unter gewissen Umständen) dem Anprall standhalten. Den zweiten Fall wollen wir etwas näher betrachten: Der Mensch stemmt sich gegen die Bewegung, die ihn umzureißen droht; der Ball prallt an ihm ab und fällt zu Boden. Der Verlauf des materiellen Geschehens ist ein anderer, als wenn ein bloß materieller Körper an der Stelle des Menschen stünde. (So erfährt das Naturgeschehen beständig Abwandlungen dadurch, daß es nicht „sich selbst überlassen" ist, sondern von einer ihm fremden Gesetzlichkeit durchkreuzt wird.) Wenn zwei Menschen mit der gleichen Wucht getroffen werden, kann es sein, daß der eine umfällt, während der andere standhält. Es kann daran liegen, daß der eine größere Kraft besitzt als der andere. Es kann aber auch sein, daß sie beide gleich kräftig sind, aber ihre Kraft nicht gleich einsetzen. Es kann sogar der „Stärkere" fallen und der „Schwächere" standhalten. Es wirken offenbar hier ganz verschiedene Faktoren zusammen. Die Kraft des Anpralls und die Kraft des Widerstands scheinen von verwandter Art. Wenn der Mensch standhält, so kann man sagen, daß die Kraft, mit der er sich gegenstemmt, größer ist als die des Anpralls. Es findet also ein gewisser Vergleich statt. Aber der Unterschied läßt sich nicht messen. Für die Bewegungskraft des bloß materiellen Körpers haben wir eine physikalische Maßformel. Aber beim Menschen ist einmal nicht festzustellen, ob er seine ganze Kraft oder welchen Bruchteil seiner Kraft er aufgewendet hat, und außerdem läßt sich seine Körperkraft nicht als Produkt aus Masse und Geschwindigkeit ausdrücken. Das geht nur in Fällen, wo sein lebendiges Wirken ganz ausgeschaltet ist und der Körper sich tatsächlich nur als Körper, rein mechanisch verhält. Wir meinen aber beim Menschen mit Körperkraft gerade etwas Vitales. Sie hat mit der Kraft materieller Körper dies gemeinsam, daß sie sich in Bewegung und Bewegungshemmung äußern kann, daß sie sich mit ihr kombinieren und im Entgegenwirken von ihr überwogen werden oder sie überwiegen kann: Über das Maß der vorhandenen Kraft hinaus kann nicht widerstanden werden. Dieses Maß ist kein exakt feststellbares Maß. Es hängt von der materiellen Beschaffenheit des Körpers ab, aber auch von den biologischen Funktionen; und dies beides steht selbst wieder in funktionalem Zusammenhang. Und dazu kommt, daß der Mensch imstande ist, willkürlich über die vorhandene Kraft zu verfügen, mehr oder weniger davon einzusetzen. Gerade in diesem Einsetzen der Kraft in der Form mechanischen Widerstands oder Antriebs zeigt sich, wie der Leib vom Geist durchdrungen ist und die freie geistige Aktion in die materielle Welt hineinwirkt.

c) Wille und Kraft des Menschen; einsichtige und uneinsichtige seelische Zusammenhänge; Akte, Zuständlichkeiten, dauernde Eigenschaften

Nach den früheren Ausführungen kann sich aber die körperliche Kraft nicht nur in körperlichen, sondern auch in geistigen Leistungen aufbrauchen. Und wiederum ist jeder geistige Akt, also auch wohl der Willensakt, der die vorhandene Kraft einsetzt, eine Kraftleistung. Ist von hier aus der eigentümlichen Einheit der menschlichen Natur noch näher zu kommen? Der Zusammenhang zwischen meinem Wollen und der Kraft, die ich einsetze, ist kein unmittelbar einsichtiger und verständlicher. Wenn ich beschließe, einen Kranken zu besuchen, um ihm eine Freude zu machen, so liegt ein verständlicher Zusammenhang vor: Ich will dem Kranken eine Freude machen; ich weiß, daß mein Besuch ihm Freude machen wird, und darum will ich ihn besuchen. Es liegt hier eine einsichtige Vernunftmotivation vor; ein Akt ruft den andern hervor, und ich vollziehe den einen auf Grund des andern (ohne daß sich das Ganze in zeitlich getrennten Schritten vollziehen müßte), jeder andere, der die Situation kennt, kann den Zusammenhang verstehend nachvollziehen. Um den Besuch zu machen, muß ich einen weiten Weg gehen. Das beschließe ich ohne weiteres mit, indem ich den Besuch beschließe, und auch das scheint vernünftig begründet: Wer den Zweck will, muß auch die Mittel wollen. Indem ich den Weg zurücklege, setze ich meine körperliche Kraft ein. Das kommt mir evtl. gar nicht zum Bewußtsein. Es ist zwar mein Wille, daß ich mich in der bestimmten Richtung in Bewegung setze und dauernd in Bewegung bleibe, aber wie es der Wille anstellt, den Körper in Bewegung zu setzen, das geht in mein bewußtes Erleben und in die Zielsetzung nicht ein; nur das Bewußtsein des „Könnens", der Herrschaft über den eigenen Körper und seine Bewegungen, ist darin enthalten. Wenn ich unterwegs müde werde, so tritt der vielleicht bisher ganz unbeachtete Körper und seine Bedeutung im Zusammenhang meines Unternehmens in eigentümlicher Weise in den Vordergrund. Ich spüre eine Schwere im ganzen Körper, jeder Schritt macht mir Mühe und muß als eine eigene Willensleistung vollzogen werden. Und es kommt mir schließlich der Gedanke, ob meine Kraft bis ans Ziel ausreichen wird und ob ich nicht vernünftiger getan hätte, das Ganze zu unterlassen. Ich beschließe aber weiterzugehen und komme auch, freilich sehr erschöpft, schließlich am Ziel an. Mein ursprünglicher Entschluß, obwohl einsichtig motiviert, war doch nicht ganz vernünftig, weil er einen wichtigen Faktor, meine körperliche Leistungsfähigkeit, gar nicht in Betracht zog. Der Mensch kann sich in rein geistiger Überlegung Ziele setzen, aber er kann sie nicht ohne Mitwirkung seines Körpers erreichen. Die Beurteilung seiner Körperkraft, die selbst ein geistiger Akt ist, kann in den einsichtigen Begründungszusammenhang seiner Zielsetzung mit eingehen. Diese Beurteilung aber beruht auf einer Erfahrung meiner selbst, die etwas anderes ist als der Vollzug geistiger Akte, in denen ich mich als Person, als freies und vernünftiges Geistwesen erlebe. Ich sprach früher von Frische und Müdigkeit als „Lebenszuständlichkeiten".[138] Ich nenne sie so, weil es Gesamtzuständlichkeiten des leiblich-seelischen Individuums sind, die den Ablauf seines ganzen Lebens und Erlebens beeinflussen. Wenn ich müde bin, so kann ich mich nicht recht freuen, die sinnlichen Eindrücke gleiten an mir ab oder werden sogar als peinlich empfunden, auch das Denken geht langsam und mühselig, wenn es überhaupt noch möglich ist. Wenn ich frisch bin, hat die ganze Welt einen neuen Glanz, alles vollzieht sich leicht und freudig. Daß es so ist, kann man nur feststellen. Einzusehen, als ein Zusammenhang vernünftiger Begründung zu vollziehen ist es nicht. Ich fühle mich frisch oder ermüdet, und das „mich" bedeutet hier den ganzen leiblich-seelischen Organismus. Ich fühle mich im Zustand der Frische leistungsfähig. Aber dieses augenblickliche Gefühl ist keine ausreichende Grundlage für die Beurteilung meiner Leistungsfähigkeit, obgleich es der Zugang ist, durch den mir überhaupt so etwas wie „Kraft" zur Gegebenheit kommt. Das Gefühl kann mich täuschen. Die Frische kann viel schneller in Ermüdung übergehen, als ich es erwartet hätte. Zu einem einigermaßen begründeten Urteil über meine Kraft kann ich erst kommen, wenn ich sie längere Zeit beobachtet und bei verschiedenen Gelegenheiten erprobt habe. Wir haben also zu scheiden: 1. zwischen *geistigen Akten*, die frei vollzogen und in einem ver-

---

[138] ⟨Vgl. oben S. 113; vgl. auch *PE*, S. 64, *PK*, S. 23 ff.; *JG*, S. 147.⟩

nünftigen Motivationszusammenhang erlebt werden, und *Zuständlichkei-*
*ten,* die mir auch als „meine" bewußt werden, aber nicht von mir frei vollzogen werden und auch nicht unmittelbar in vernünftige Motivations-
zusammenhänge eingehen (nur als „Gegenstände" von Akten können sie
zu „Motiven" werden); 2. zwischen erlebten Zuständlichkeiten und dauernden *Eigenschaften,* die nicht unmittelbar erlebt, sondern durch das unmittelbar Erlebte erfahren werden.

### d) Einheit von Akten und Zuständlichkeiten; Zusammenhang mit der Lebenskraft

Die „Lebensgefühle", Frische und Mattigkeit, und sinnliche Gefühle, wie ein
körperlicher Schmerz, sind das, worin die Einheit von Leib und Seele am
unmittelbarsten erlebt wird.[139] Sie sind *bewußt,* als *mir* zugehörig erlebt, aber
im ganzen Leib oder an einer bestimmten Stelle des Leibes lokalisiert erlebt.
Das bewußte Erleben ist das Personal-Geistige daran; und es zeigt sich gerade hier, wie der ganze Leib davon durchdrungen ist. Die geistigen Akte andererseits: Das Denken, Wollen, Handeln werden nicht nur als frei vollzoge-
ne, vernünftig motivierte erlebt – sie haben auch eine zuständliche Seite. Das
Denken geht bewußtermaßen leicht und frisch oder mühsam und schwerfäl-
lig; ein Entschluß kommt mitunter sehr mühselig zustande, nicht weil das,
wozu man sich entschließen soll, zu viel an Opfer bedeutete, sondern weil
man zu ermüdet ist, um Entschlüsse zu fassen. Die Kraft ist dauernde Eigenschaft des ganzen Menschen, die nicht unmittelbar erlebt wird, sondern
durch unmittelbar Erlebtes zur Gegebenheit kommt: Das sind einmal die
eigenen „Lebensgefühle", die sie bekunden, dann aber auch die Vollzugswei-
sen der Akte, die selbst einen ganz andern Sinn haben, aber durch ihre Voll-
zugsweise sich als abhängig von der vorhandenen Kraft erweisen und rück-
wirkend als Höchstleistungen erfahren werden, in denen besonders viel
Kraft verbraucht wird.

### e) Spaltung der Kraft in körperliche und geistige und in eine Mehrheit von körperlichen und geistigen „Kräften" (Potenzen, Anlagen, Fähigkeiten)

Wenn bisher immer die Einheit der Kraft betont wurde, die das ganze leiblich-seelische Leben zu tragen scheint und auf der andern Seite von dieser
oder jener Seite als Ganzes Vermehrung erfährt, so ist doch auf der andern
Seite eine relative Unabhängigkeit von körperlicher und geistiger Kraft nicht
zu leugnen (ja, es wird sogar noch in einem ganz spezifischen Sinn, der noch
zu erörtern sein wird, von „seelischer Kraft" gesprochen). – Um mit einem

---

[139] (Vgl. *PK*, S. 16 ff.)

ganz handgreiflichen Beispiel zu beginnen: Es gibt Menschen von unge-
wöhnlicher Körperkraft, die zu höheren geistigen Leistungen völlig unfähig
sind, und es gibt Menschen von außerordentlich zarter Konstitution, die
überwiegend in intensiver Geistestätigkeit leben. Und diese ungleiche Verteilung scheint sogar typisch zu sein. Es ist also offenbar nicht so, daß über-
schüssige körperliche Kraft sich ohne weiteres in geistige Leistungen umsetzt
und daß große geistige Leistungen nur auf Grund großer Körperkraft möglich sind. Es ist ferner Tatsache, daß man bei einer gewissen körperlichen
Ermüdung nicht mehr körperlich, aber noch geistig tätig sein kann und bei
einer gewissen geistigen Ermüdung nicht mehr geistig, aber noch körperlich. Schließlich gibt es eine gewisse Ermüdung gegenüber bestimmten körperlichen Tätigkeiten, die andere noch zuläßt (nach langer Wanderung kann
man nicht mehr gehen, aber eventuell noch mit den Händen etwas arbeiten); und das Entsprechende im Geistigen. Von diesen Tatsachen aus gewinnen wir einen neuen Zugang zum Verständnis der „Potenzen" und von daher dann vielleicht ein tieferes Verständnis der Tatsachen. Wir finden in der
lateinischen Terminologie Ausdrücke, die abwechselnd mit „Potenzen" gebraucht werden: *vires*, virtutes, facultates.[140] Und entsprechend haben wir
eine ganze Reihe von deutschen Ausdrücken: Anlagen, *Kräfte*, Vermögen,
Fähigkeiten. Es wird offenbar dieselbe Sache jedesmal von einer andern Seite
her gefaßt. „Anlage" besagt, daß etwas von Natur aus da ist, und der Plural
besagt eine Mannigfaltigkeit. „Vermögen" besagt die Möglichkeit zu etwas,
und zwar – ebenso wie Fähigkeit – die Möglichkeit, etwas zu tun (oder auch
zu erleiden). So haben wir ja auch die Potenzen immer in Korrelation zu
„Akten" gefunden. Die Mannigfaltigkeit der Potenzen entspricht der Mannigfaltigkeit spezifisch verschiedener Akte (wie sinnliche Wahrnehmung,
Denken, Wollen) und diese wiederum der Verschiedenheit der Objekte, auf
die sich die Akte richten (Dinge, abstrakte Gegenstände, Ziele). „Kräfte"
aber deutet an, daß die Potenzen nicht nur dem Gehalt der Akte entsprechen, auf die sie hin gerichtet sind, sondern das sind, was die Akte als „Leistungen" möglich macht. Die Mehrzahl „Kräfte" deutet darauf hin, daß in
der Mannigfaltigkeit der Potenzen die Kraft des Menschen, die doch eine ist,
gespalten erscheint und für bestimmte inhaltliche Leistungen bereit steht.
Sie kann nur bereit stehen in einer Richtung, die inhaltlich von Natur aus
angelegt ist. Jede individuelle menschliche Natur ist aber eine begrenzte. Sie
ist nicht zu allem angelegt, dessen die menschliche Natur überhaupt fähig
ist. Es gibt Menschen, die der gleichen geistigen Anspannung fähig sind,
aber der eine muß sie auf mathematischem, der andere auf geisteswissen-
schaftlichem oder künstlerischem Gebiet betätigen; sie haben nicht die

---

[140] ⟨Lat.: Stärke, Kräfte, Macht, Können; Tüchtigkeit, Tapferkeit, Sittlichkeit, Heldentaten;
Fähigkeiten.⟩

Edith Stein

Möglichkeit, ihr Arbeitsfeld zu vertauschen. (Das besagt nicht, daß nicht in gewissen Grenzen Wahl und Austausch möglich wären; aber die Möglichkeit hat eben ihre Grenzen.) So gibt es auch eine Veranlagung, die auf eine vorwiegend körperliche Betätigung hinweist, und wiederum diese oder jene besondere „körperliche Begabung". Und in den entsprechenden Richtungen ist die Kraft festgelegt. Für diese Festlegung in bestimmter Richtung spricht auch die Ermüdbarkeit für Einzelleistungen, die eine anderweitige Leistungsfähigkeit nicht ausschließt. Daß aber diese Trennung keine absolute ist, sondern daß ein Zusammenhang zwischen allen „Kräften" besteht, das zeigt die allgemeine Erschöpfung durch Überanstrengung auf einem einzelnen Gebiet. Das zeigt auch das Verhältnis von Potenzen, Akten und Habitus, von dem wir schon wiederholt sprachen und das wir jetzt noch etwas näher untersuchen müssen.

f) Potenzen, Habitus, Akte; Bedeutung des Willens für die Formung der Kräfte

Wenn man anfängt, eine neue Sprache zu erlernen, ist die Übersetzung eines kleinen Übungsstücks oder das Sprechen in der fremden Sprache eine anstrengende Arbeit; nach einer Stunde solcher Übung ist man völlig ermüdet. Aber nach längerer Zeit solcher Übung geht die Sache spielend. Auf Grund einer gewissen sprachlichen Begabung (einer Potenz) sind Kenntnis und Gebrauch einer bestimmten Sprache als ein Habitus erworben worden. Ohne die nötige Begabung wäre das nicht möglich. Aber auch nicht ohne die nötige „Mühe", die allerdings wieder je nach dem Maß der Begabung verschieden groß sein muß. Das Erlernen einer Sprache ist ein sehr komplizierter Vorgang, an dem die verschiedensten Potenzen beteiligt sind. Es müssen fremde Lautkomplexe aufgefaßt und unterschieden werden: Das sind Leistungen des Gehörs- (bzw. Gesichts-)sinnes; und es müssen die entsprechenden Lautkomplexe mit den eigenen Sprachwerkzeugen hervorgebracht werden: Das erfordert eine Einstellung bestimmter körperlicher Organe auf ungewohnte Bewegungen. Es muß der Sinn der Lautgebilde erfaßt, ihre gegenständliche Beziehung verstanden werden. Die Wortlaute mit ihrem Sinn müssen gedächtnismäßig eingeprägt und behalten werden. Und man muß schließlich dahin kommen, in der fremden Sprache zu denken, d. h. im fortschreitenden Prozeß des Denkens die Gedanken nicht nach der heimischen, sondern nach der fremden Art zu formen. Und jede dieser Teilleistungen: der Sinne, des Gedächtnisses, des Verstandes sind anfangs zugleich einzelne Willensleistungen. Und gerade dies: das willkürliche Auffassen, das willkürliche Einprägen, das Suchen nach passenden Ausdrücken und das Abweisen der vertrauten, die sich von selbst aufdrängen, ist das Anstrengende. Sobald alles von selbst geht, ist es nicht mehr besonders ermüdend. Das führt wieder darauf, daß die Willensleistung eine ungewöhnlich hohe Kraftanspannung bedeutet. Was sie zuwegebringt, ist, daß sie die Kraft in eine bestimmte Richtung lenkt. Der Wille zieht soviel Kraft herbei, als für die jeweilige Leistung nötig ist, und er entzieht dieses Maß andern möglichen Leistungen: Solange ich mich in sprachlichen Übungen betätige, kann ich nicht Mathematik treiben. Wenn die Kraft wiederholt in derselben Weise angewandt worden ist, erfährt sie eine dauernde Formung. Sie steht für eben diese Leistungen ohne weiteres zur Verfügung, und die beteiligten Organe und Fähigkeiten sind auf einander eingespielt. Es bedarf jetzt keiner andern Willensleistung mehr als der allgemeinen Zielsetzung: etwa jetzt eine Stunde lang Englisch zu sprechen. Daß die einzelnen Leistungen kein besonderes Eingreifen des Willens mehr erfordern, ist eine solche Kraftersparnis, daß nun andere Leistungen daneben möglich werden: z. B. über sachliche Probleme unbekümmert um den sprachlichen Ausdruck nachzudenken, dem Unterricht in einem andern Fach in einer fremden Sprache zu folgen u. dgl. Erst wenn die normale Ermüdung eintritt, die jede dauernde Leistung zur Folge hat, wird ein neues Eingreifen des Willens nötig.

So erscheint der Wille als herrschend im ganzen Bereich des leiblich-seelischen Organismus. Er kann die vorhandene Kraft in dieser oder jener Einzelleistung mehr oder minder einsetzen und kann sie, indem er sie für diese oder jene Aufgabe einsetzt, in die Richtung dieser oder jener Anlagen lenken und darauf festlegen und so gewisse Potenzen habituell formen. So hängt die Entwicklung des Menschen von der willentlichen Disposition über die vorhandene Kraft ab. Aber das Disponieren muß mit der gegebenen Natur rechnen: mit den vorhandenen Anlagen und dem vorhandenen Kraftmaß. Aufgaben, die dieses Maß übersteigen, sind (wofern ⟨sic⟩ nicht Hilfe von außen hinzukommt) unlösbar, und die äußerste Kraftanspannung, die darauf gerichtet wird, führt zu Störungen im Organismus. Ebenso ist es Kraftverschwendung, wenn Aufgaben in Angriff genommen werden, für die die natürlichen Anlagen nicht vorhanden sind, und wenn die Leistungen unterbleiben, für die die entsprechenden Anlagen vorhanden sind, in deren Richtung dann die Kraft natürlicherweise tendiert. Weil eine solche Tendenz in den „Potenzen" eingeschlossen ist, bedarf es keiner großen Willensanspannung, um die Kraft in diese Richtung zu lenken, die habituelle Ausgestaltung ist leicht.

### g) Bedeutung der „Neigung" für die Ausbildung von Potenzen

Auch natürliche „Neigung" ermöglicht habituelle Ausgestaltung der vorhandenen Anlage bei verhältnismäßig geringer Willensanspannung. Neigung und Begabung gehen nicht ohne weiteres zusammen. Begabung haben heißt, von Natur aus die Fähigkeit haben, etwas zu tun und *gut* zu tun.

Neigung haben heißt, es von Natur aus *gern* tun. In der Regel neigt man zu dem, wofür man begabt ist, und findet in der entsprechenden Betätigung Befriedigung. Neigung bedeutet aber eine besondere Wertschätzung dessen, was man tut. Es kann sein, daß man das, wofür man Begabung hat, nicht besonders hochschätzt, dagegen anderes hochschätzt, wofür kein entsprechendes Maß an Begabung vorhanden ist. Die Wertschätzung bedingt Freude an der Betätigung, und die Freude ist eine Kraftsteigerung; so wird es möglich, durch Neigung auf einem Gebiet das Höchstmaß zu erreichen, das für die vorhandene Begabung erreichbar ist, und es mit verhältnismäßig geringer Willensanspannung zu erreichen, weil man „von der Freude getragen wird".

## h) Willenskraft als Potenz

Besondere Beachtung verdient die Potenz, die man „Willenskraft" nennt. Sie ist nicht mit dem „freien Willen" gleichzusetzen. Jeder Mensch ist als geistige Person frei; er kann wollen und durch sein Wollen seine Akte bestimmen und seine Kräfte lenken. Der Willensakt als solcher bedeutet eine besonders hohe Leistung, und es steht von Natur aus für solche Leistungen ein mehr oder minder hohes Kraftmaß bereit: Das ist die größere oder geringere natürliche Willenskraft. Aber der Willensakt ist an dies natürlicherweise bereitstehende Maß nicht gebunden. Er kann aus dem ganzen Organismus die Kraft herbeiziehen, und je öfter das geschieht, desto mehr wird die Willenskraft gestärkt, d. h. desto mehr Kraft steht habituell für Willensleistungen bereit, und der einzelne Akt „kostet" nun umso weniger. In gewisser Weise ist der Wille nicht einmal an die Grenzen der Natur gebunden: Auf Grund der Erkenntnis der Quellen, aus denen die Kraft genährt wird, kann er durch entsprechende Behandlung des Körpers und durch Richtung des Geistes auf die Kraftquellen der geistigen Welt planmäßig eine Kraftsteigerung herbeiführen. Es gibt aber über diese durchschaubaren und abschätzbaren Zusammenhänge hinaus eine Möglichkeit für den Willen, über die eigene Natur und ihre Grenzen hinaus zu wollen: Wenn ihm eine Aufgabe vor Augen steht, die ihm als unbedingt geboten erscheint, ohne daß er die Kraft dazu in sich fühlt und ohne daß er weiß, aus welchen natürlichen Quellen er sie sich holen könnte, kann und darf er sich daran wagen im Vertrauen auf die Gnade Gottes, die eine unerschöpfliche Kraftquelle ist. Weil sie in den Willen einströmen und weil er sich darauf stützen kann, ist er über die Grenzen der Natur und insbesondere der natürlichen Willenskraft hinausgehoben. Die Kraft zu wollen ist unendlich durch den Anschluß an den göttlichen Willen.

## i) Leben aus und in der geistigen Welt

Durch den Anschluß an die geistige Welt und ihre Kraftquellen wird es verständlich, daß Menschen, die körperlich schwächlich sind, ein hochgespanntes geistiges Leben führen können: Sie gewinnen aus der geistigen Welt immer aufs neue die Kräfte, die sie für ihr geistiges Leben brauchen. Es ist wohl auch möglich, daß Kräfte, die aus der geistigen Welt geholt werden, für körperliche Leistungen verwendet werden; es wird nur dies bei schwacher Körperkonstitution einen besonderen Kraftverbrauch darstellen, weil die natürliche Richtung auf solche Leistungen nicht vorhanden ist und weil für einen schwächlichen Körper nicht im gleichen Maß wie für einen kräftigen die Möglichkeit besteht, sich aus der materiellen Welt neu aufzubauen. – Vielleicht eröffnet sich uns von dem Anschluß der Seele an die geistige Welt aus auch die Möglichkeit, ihre Trennbarkeit vom Leib zu verstehen. Das Leben der Seele ist geistiges Leben: Erkennen, Fühlen, Wollen. Sie öffnet sich darin für anderes geistiges Sein, aus dem ihr Kraft zuströmen kann, und so ist es wohl denkbar, daß sie von daher allein getragen werden kann (besonders wenn wir bedenken, daß unter geistigem Sein auch der unendliche Geist Gottes zu verstehen ist) und des Leibes nicht unbedingt zu ihrer Existenz bedarf. Da sie aber ihr Dasein in der natürlichen Einheit mit dem Leib beginnt, bedarf es zum Übergang in die rein geistige Existenzweise erst einer Loslösung aus dieser Einheit, die eine wahrhafte Entwurzelung bedeutet.

## j) Seele als Zentrum des menschlichen Daseins

Die Bedeutung der Seele für den Aufbau der ganzen menschlichen Person als eines Wesens, in dem sich Geist und Stoff in eigentümlicher Weise durchdringen, diente uns dazu, sie gegenüber andern personal-geistigen Wesen abzugrenzen. Ich möchte aber noch etwas aufweisen, was ihr als Seele eigen ist und sie als ein eigentümliches Gebilde schon innerhalb des Geistigen kennzeichnet. – Sprachüblich stellt man beim Menschen nicht nur Geist (ist gleich Intellekt) und Willen oder Geist (ist gleich mens) und Sinnlichkeit gegenüber, sondern auch *Geist und Seele*. Ein „seelenvoller" Mensch ist etwas anderes als ein „geistvoller" Mensch. Man unterscheidet auch *seelische Kraft* als etwas Eigentümliches gegenüber körperlicher und geistiger Kraft und dem Gemeinsamen, das in diesen beiden vorliegt. Als seelenvoll bezeichnen wir einen Menschen, der zart und tief fühlt. (Dem natürlichen Sprachgefühl nach würde man hier lieber sagen: „zart und tief *empfindet*"; aber die psychologische Terminologie bringt dann die Gefahr einer Verwechslung mit sinnlicher Empfindung.) Seelische Kraft schreiben wir dem zu, der Opfer bringen kann oder der großes Leid und großes Glück ertragen kann, ohne davon im Innersten erschüttert zu werden. Ein Opfer bringen heißt etwas hergeben, was einem teuer ist. Und das „Teuersein" besagt, daß man es nicht nur als etwas objektiv Wertvolles ansieht, sondern als etwas, das dem eigenen Sein Wert gibt. Es ist etwas, was man in sein Inneres aufgenommen hat und womit man innerlich verwachsen ist. Großes Leid und großes Glück werden in der Tiefe der Seele erlebt. Sie sind etwas, was das Innere ergreift und daran rüttelt. Wenn sie darin ruhig und fest bleibt (obwohl sie nicht etwa „unempfindlich" bleibt, sondern beides in seiner ganzen Tiefe durchlebt), dann beweist sie, daß sie in ihrem Innersten etwas hat, was es ihr möglich macht, allem, was „über sie kommt", standzuhalten: Eben das nennt man „seelische Kraft". – Es muß hier immer wieder von dem „Inneren" und von der „Tiefe" gesprochen werden, die wir schon fanden, als wir von der inneren Erfahrung her zu dem Zugang suchten, was wir unter „Seele" zu verstehen haben. Es ist dies Innere nicht von dem Ganzen loszulösen, das empfindet, denkt und will und das den Körper zum lebendigen und personal gestalteten Menschenleib macht. Die deutsche Sprache hat dafür das Wort „Gemüt".[141] Wenn sie dafür auch Seele sagt, so ist es die „Seele der Seele", das, worin sie bei sich selbst ist, worin sie sich findet und *so* findet, wie sie ist und wie sie jeweils gestimmt ist; worin sie aber auch das, was sie mit den Sinnen und dem Verstand auffaßt, innerlich aufnimmt, es in seiner Bedeutung erfaßt und sich damit auseinandersetzt, es bewahrt und daraus Kraft schöpft oder auch davon angegriffen wird. Wenn man darüber gestritten hat, ob man Gemüt und Willen als zwei Kräfte der Seele oder als eine anzusehen habe, so zeigt sich darin der nahe Zusammenhang beider: Wie die Seele im Gemüt das aufnimmt, was von außen auf sie eindringt, so nimmt sie im Gemüt dazu Stellung, zumeist mit Begeisterung oder Empörung oder andern Gemütsstellungnahmen, dann aber vom Gemüt her in der Willensstellungnahme, die über die Seele hinausgreift, um das Seiende selbst zu gestalten. Ebenso nahe Zusammenhänge lassen sich aber auch zwischen Gemüt und Verstand aufweisen. Es ist die *eine* Seele, die erkennt und wollend aus sich herausgeht und die im Gemüt bei sich selbst ist und sich innerlich mit dem auseinandersetzt, was sie in sich aufnimmt.[142] Es ist die Seele, die in allen geistigen Akten lebt, und ihr inneres Leben ist ein geistiges. Wenn man Geist und Seele gegenüberstellt, so ist dies also nicht ausschließend zu verstehen. Die „Seele der Seele" ist etwas Geistiges; und die Seele als Ganzes ist ein geistiges Wesen, dessen Eigentümlichkeit es ist, ein Inneres zu haben, ein Zentrum, von dem sie ausgehen muß, um Gegenständen zu begegnen, in das sie heimträgt, was sie von draußen gewinnt, und aus dem sie selbst auch nach außen spenden kann. Hier ist das Zentrum des menschlichen Daseins.

---

[141]  ⟨Vgl. dazu *EPh*, S. 128 f., 136 ff.; *PA*, S. 118 ff., 128⟩
[142]  ⟨Vgl. *PA*, S. 118, 127.⟩

## IV. Zusammenfassende Darstellung des menschlichen Individuums

Wir blicken nun noch einmal zurück, um zusammenzufassen, was wir über das menschliche Individuum festgestellt haben. Das Dasein des Menschen ist ein Entwicklungsgang. Es beginnt als embryonales in dem Augenblick, wo in der befruchteten Eizelle Leben sich regt und in Wachstum und fortschreitender Gliederung sich dokumentiert. Wachstum und fortschreitende Gliederung sind bedingt durch Aufnahme von Nährstoffen aus dem mütterlichen Leib, die von dem werdenden Organismus innerlich verarbeitet werden. Dieser Organismus als wachsender und sich gliedernder ist kein bloß materielles Ding mehr. Hat er eine Seele? Wir wissen, daß Aristoteles und, ihm folgend, Thomas hier von einer anima vegetativa oder nutritiva[143] sprechen, einer Lebens- oder Ernährungsseele, die sie der Pflanzenseele gleichsetzen. Haben wir in dieser „Seele" etwas Geistiges zu sehen? Von personalgeistigem Leben ist so wenig etwas festzustellen wie bei einer Pflanze. Etwas Objektiv-Geistiges ist zweifellos vorhanden: eine Form, die die Materie gestaltet. Und diese Form ist unterschieden von der Form toter Dinge. Sie gibt dem Individuum nicht bloß eine bestimmte sinnenfällige Gestalt und die Kraft, sich in Bewegungen zu betätigen und durch seine Bewegungen von außen her Veränderungen in andern hervorzurufen und selbst im Zusammenhang des Naturgeschehens von außen Veränderungen zu erleiden, sondern ist *lebendige Kraft*, die eine Mannigfaltigkeit von Stoffen zusammenhält und ⟨sich⟩ zu einem eigentümlich in sich geschlossenen Ganzen ausgliedert, die Stoffe von außen innerlich verarbeitet und dem Ganzen eingestaltet. Wenn wir unter Seele ein personal-geistiges Wesen verstehen, so können wir das Vorhandensein einer solchen Seele in diesem Stadium nicht feststellen. Ob eine Berechtigung vorliegt, von einem späteren Stadium auf dieses zurückzuschließen, das wollen wir später prüfen. Zunächst ist zu fragen, wie wir das Verhältnis der lebendigen Form zur Form der Stoffe verstehen sollen, die sie zum Organismus gestaltet. Diese Stoffe sind ja keine prima materia[144], sondern bereits geformte Materie: Sie unterstehen der Gesetzlichkeit der materiellen Natur und entfalten darin die ihnen spezifische Wirksamkeit; und das geschieht auch noch innerhalb des Organismus, es finden darin chemische und physikalische Prozesse statt, aber sie stehen darin unter einer höheren Gesetzlichkeit, sie greifen teleologisch[145] ineinander, wie es außerhalb des Organismus nicht geschieht. Die lebendige Form hat zu ihrer Materie die Mannigfaltigkeit der Stoffe, die zum Aufbau eines so gearteten Organismus nötig sind, und kann nur zur vollen Auswirkung kommen,

---

[143] ⟨Vgl. Aristoteles, *Über die Seele*, II, 4–5; Thomas, *Ver*, q 10 a 1 c (Stein, *QDV* I, S. 240). Vgl. Anm. 52.⟩
[144] ⟨Lat.: erste Materie.⟩
[145] ⟨Griech.: zielgerichtet.⟩

wenn die nötige materielle Grundlage vorhanden ist. Hier stehen wir wieder vor der Frage der Einheit der substanzialen Form. Von einer Ablösung der niederen Form durch die höhere zu sprechen, wie es Thomas tut, um die Einheit der Form zu wahren, scheint mir darum nicht möglich, weil ja jeder Stoff weiter seinem alten Formprinzip gehorcht. Und wollte man sich damit helfen, daß die Species, die den Organismus formt, die Formen der aufbauenden Stoffe in sich aufnimmt, so scheint mir dagegen zu sprechen, daß es eine mehr oder minder vollkommene Ausprägung der Species im Individuum gibt. Wie ich schon früher sagte, scheint mir gerade das Prinzip: individuum de ratione materiae[146] dafür zu sprechen, daß eine bereits geformte Materie kraft ihres Formprinzips für die Gestaltung des Individuums mitbestimmend ist. Meine Auffassung ist, daß es sich im Organismus um ein Formgefüge handelt. Einheit liegt vor, sofern dieses Gefüge selbst ein gesetzliches ist, in dem es Über- und Unterordnung gibt. Die *herrschende* Form, die das Telos[147] bestimmt, ist *eine* und kann als die im eigentlichen Sinne substanziale gefaßt werden, obwohl die konkrete Substanz nicht durch sie allein bestimmt ist.[148]

Die ersten Eigenbewegungen des Embryo dokumentieren das Wirken eines weiteren Formprinzips: das des animalischen Lebens; und es zeigt auch seine äußere Erscheinung in den späteren Stadien schon symbolische Formen, die als Ausdruck eines Inneren zu fassen sind. Ist die Form, die hier als die herrschende anzusprechen ist, als Seele und dies im Sinn personaler Geistigkeit aufzufassen? Ich habe früher gesagt, daß beim Tier im eigentlicheren Sinn als bei der Pflanze von Seele gesprochen werden könne, weil hier sichtlich nicht nur ein Formprinzip, sondern ein inneres Leben vorhanden ist. Wenn wir schon die Formen materieller Gebilde als Geist im Sinne des Objektiv-Geistigen in Anspruch nehmen müssen, so werden wir hier noch

---

[146] ⟨Lat.: Das Individuum besteht nach Maßgabe der Materie, vgl. Anm. 81.⟩
[147] ⟨Griech.: Ziel.⟩
[148] ⟨Zettel eingelegt (ESAK, A I 2)⟩ *S. 86* ⟨hier S. 123⟩: *Seelische* Kräfte in spezifischem Sinne.
*Zu S. 88* ⟨hier S. 124⟩: Spaltung in verschiedene Potenzen als inhaltlich festgelegte „Kräfte": Körperliche, geistige, „seelische".
*S. 95* ⟨hier S. 126⟩: Entwicklung als unwillkür⟨liche⟩ willentliche Richtung der Kraft auf bestimmte Aufgaben (Akte), dadurch Abspaltung von Kräften in der Richtung einzelner Potenzen u⟨nd⟩ Formung zu Habitus. Unterstützung des Willens durch „Begabung" und „Neigung". Willenskraft und freier Wille.

---

Körperlichkeit nicht wesentlich
Hemmung – auch nicht wesentlich
Kraftverbrauch (Gregorius-Moralia IV. Sonntag nach Epiphanie ⟨Darstellung des Herrn, 6. 1.⟩)" ⟨Gregorius Magnus / Gregor der Große (590–604), *Moralia in Iob / Auslegungen zu Hiob, PL* 75, 509–1162; *PL* 76, 1–782.⟩

weiter gehen und von einer Vorstufe subjektiver Geistigkeit sprechen müssen: *subjektiv*, weil Eindrücke empfangen werden und von einem inneren Zentrum her Reaktionen erfolgen; *Vorstufe*, weil es keine personale Geistigkeit ist, die frei Stellung nimmt und aktiv erkennend in die Welt vorstößt.

Das Verhältnis der animalischen zur organischen Form scheint mir ein anderes als das der organischen zu den materiellen, die sie voraussetzt. Ich möchte weder von einem Hinzutreten der animalischen Form zur organischen noch von einer Ablösung der einen durch die andere sprechen, sondern von einem Entweder – Oder. Das Individuum ist von vornherein Pflanze oder Tier, nicht erst das eine und dann das andere. Es ist aber eine weitreichende Analogie dieser und jener Formen vorhanden. Und man wird sagen müssen, daß die „lebendige Form" nicht nur Form eines Lebendigen, sondern selbst lebendig sei, d. h. nicht starr und fest, sondern in der Zeit sich entfaltend, so daß in der Entwicklung des Individuums zunächst das allem Organischen Gemeinsame und später erst das spezifisch Animalische hervortrete. Und dasselbe werden wir von der Form des Menschen sagen müssen: Das Individuum ist nicht erst Pflanze, dann Tier, dann Mensch, sondern vom ersten Augenblick seines Daseins an Mensch, wenn auch das spezifisch Menschliche erst in einem gewissen Entwicklungsstadium sichtbar zu Tage tritt. So wird man auch sagen müssen, daß die geistige Seele vom ersten Moment des menschlichen Daseins an existiere, wenn auch noch nicht zu aktuellem, personal-geistigem Leben entfaltet. [Ich sehe nicht, wie eine andere Auffassung mit dem Dogma von der Erbsünde und besonders mit dem von der unbefleckten Empfängnis vereinbar wäre.] Wenn wir die Frage, ob diese geistige Seele als die substantielle Form des Menschen aufzufassen haben, jetzt noch einmal aufgreifen, so werden wir sagen müssen: Sie ist das dominierende Formprinzip, das die materiellen Aufbaustoffe organisch, animalisch und personal-geistig formt und im Lauf dieses Formungsprozesses, der Entwicklung des menschlichen Individuums stufenweise zur Entfaltung kommt, durch ihre Entfaltung die Entwicklungsstadien bestimmend. Daß die Seele als Trägerin der organischen und animalischen Funktionen (nicht aber der materiellen Eigenschaften des Körpers) aufzufassen ist, ist daraus zu entnehmen, daß Bewußtsein und Willensherrschaft bis in die niedersten Funktionen hinabreichen; es geht zwar das organische und animalische Geschehen z. gr. T. unbewußt und unwillkürlich vor sich, aber es besteht schon erfahrungsgemäß so weitgehend die Möglichkeit, dies Geschehen mit dem Bewußtsein zu durchleuchten und willkürlich zu leiten, daß als ideale Grenze die Möglichkeit eines vollkommen von der geistigen Seele durchdrungenen und beherrschten Organismus faßbar wird. Das ist aber erst von der höchsten Entfaltungsstufe aus denkbar. Das tatsächlich zeitlich Vorausgehende ist die Wirksamkeit der niederen Funktionen. Denkbar ist eine von Beginn ihres Daseins personal-geistig entfaltete Seele als beherrschende Form eines menschlichen Individuums, das keiner Entwicklung bedürfte. (So stellt die Lehre vom Urstand den ersten Menschen dar und so ist das Glorienleben der Auferstandenen zu denken.) Bei einer solchen leiblich-seelischen Konstitution ist von keinem Wurzeln der Seele im Leib zu sprechen. Das hat nur dort einen Sinn, wo die Seele durch Organisation materieller Aufbaustoffe die Kraft zum Leben gewinnen muß und wo offenbar ein gewisses Stadium der Organisation erreicht sein muß, damit die Entfaltung zu personaler Geistigkeit möglich wird. Daß sich mit dieser Entfaltung für die Seele die Möglichkeit ergibt, in der geistigen Welt Wurzel zu fassen und aus ihr zu leben, darum auch getrennt vom Körper zu leben, ist aus dem Wesen des Geistes zu verstehen. Daß sie ihr Dasein in einem materiellen Leib beginnt, ist nur als ein Faktum hinzunehmen: Es ist weder aus dem Wesen der Materie noch aus dem Wesen des Geistes zu begreifen. Hier ist einer jener Punkte, wo die natürliche Erkenntnis versagt und nur ein Sprung ins Transzendente das Unbegreifliche begreiflich macht. Ich möchte damit die Analyse des isolierten menschlichen Individuums schließen, obwohl sie nach verschiedenen Seiten unvollständig ist. – Ich muß aber die letzten Stunden benützen, um zu zeigen, daß die Betrachtung des isolierten Individuums eine abstraktive ist, daß zum Aufbau der menschlichen Person das Hinausweisen über sich selbst gehört.

# VIII.
## Das soziale Sein der Person

*A. Zugehörigkeit der sozialen Bestimmtheit zum Sein der Person*[149]

Die Betrachtung eines isolierten menschlichen Individuums ist eine abstraktive. Sein Dasein ist Dasein in einer Welt, sein Leben ist Leben in Gemeinschaft. Und das sind keine äußeren Beziehungen, die zu einem in sich und für sich Existierenden hinzutreten, sondern dies Eingegliedertsein in ein größeres Ganzes gehört zum Aufbau des Menschen selbst. Wir sind in den früheren Analysen immer wieder darauf gestoßen und müssen diesen Fäden nur ⟨sic⟩ nachgehen.

Wir finden den Menschen – uns selbst und andere – immer in einer Menschenwelt. Der Fremde, den ich auf der Straße sehe, ist seinem Äußeren nach zu schließen ein Arbeiter. Er geht zur Fabrik, um mit andern und für andere zu arbeiten. Wenn ich Erkundigungen einziehe, erfahre ich vielleicht, daß er eine Familie hat, einer Partei angehört usw. Er *ist* Arbeiter, Familienvater, Parteimitglied. Das alles gehört zu ihm. Wenn ich es mir wegdenke, so streiche ich etwas aus seinem Sein. Es würde wohl noch etwas von dem bleiben, was er ist, und darum kann ich sagen: *Derselbe* Mensch könnte auch Künstler, Junggeselle, parteilos sein. Aber wenn er das wäre, so wäre das nicht nur wie ein Kleiderwechsel, sondern sein Denken, Fühlen und Wollen wäre ein erheblich anderes. Was der Mensch in der sozialen Welt ist, das ist wohl nicht allein, aber *mit*bestimmend für die Gestaltung seines ganzen leiblich-seelischen Seins. So ist die einzelne menschliche Person nicht in ihrem Aufbau begriffen, wenn nicht untersucht wird, wie weit sie durch ihr soziales Sein bestimmt wird. Die Frage hat aber außer ihrer rein sachlichen eine zeitbedingte Bedeutung. Es besteht heute weitgehend die Neigung, den Menschen als *allein* durch seine Gliedschaft im sozialen Ganzen bestimmt anzusehen und die individuelle Persönlichkeit zu leugnen. Das fordert zu einer ernsthaften Prüfung auf.

---

[149] ⟨Es folgt kein Teil B.⟩

## I. *Soziologische Grundbegriffe*

Wir können das soziale Sein des Menschen als ein vielfaches auseinanderlegen: 1. Er vollzieht *soziale Akte;* 2. er steht in *sozialen Beziehungen;* 3. er ist Glied *sozialer Gebilde;* 4. er ist ein *sozialer Typus.*

### 1. Soziale Akte

Unter sozialen Akten[150] sind erstens Akte zu verstehen, in denen sich eine Person an andere Personen richtet: Frage, Bitte, Befehl. Ihnen allen ist gemeinsam, daß sie die andere Person zu einem bestimmten Verhalten bewegen wollen, also einen überindividuellen Wirkungszusammenhang herstellen. Zweitens kann man unter sozialen Akten im weiteren Sinn auch *Stellungnahmen* verstehen, die sich auf andere Personen richten, wie Liebe, Achtung, Bewunderung, die eine Antwort auf personale Werte darstellen, aber noch auf keine wechselseitige Verbindung abzielen. Drittens: Eine eigentümliche Klasse von sozialen Akten sind solche, die die Kraft haben, eigentümliche Gegenständlichkeiten in der sozialen Welt zu erzeugen oder zu vernichten: So erzeugt ein Versprechen einen Anspruch; durch die Erfüllung des Versprechens oder auch durch einen Verzicht des Anspruchinhabers wird er wieder zum Erlöschen gebracht. Alles positive Recht hat diesen Charakter. – Alle sozialen Akte setzen einen bereits bestehenden Verständigungszusammenhang von Personen voraus.

### 2. Soziale Beziehungen

Soziale Beziehungen sind nicht Akte einer Person, sondern etwas, was zwischen Personen besteht und mindestens zwei Personen zu seinen Trägern hat. Solange ich gegen jemanden freundschaftliche Gesinnung habe, ohne daß der andere darum weiß und sie erwidert, besteht noch keine Freundschaft zwischen uns. Erst wenn zwei Menschen einander ihre Gesinnung zum Ausdruck gebracht haben, wenn jeder um die des andern weiß und sie erwidert, besteht ein Freundschaftsverhältnis. Die Personen stehen in dieser Beziehung: Sie *sind* Freunde. Das gehört nun zu ihrem personalen Sein, es ist mitbestimmend für ihr Leben.

---

[150] ⟨Vgl. dazu *PK*, S. 51; *IG*, S. 175, 244, *EPh*, S. 165. Stein bezieht sich dabei auf Reinach I, S. 356 („Nichtsoziale und soziale Akte", 1911); S. 158 „Die apriorischen Grundlagen des bürgerlichen Rechtes" (1913), im 1. Kapitel über „Anspruch, Verbindlichkeit und Versprechen". § 3 „Die sozialen Akte".⟩

## 3. Soziale Gebilde (Gemeinschaften)

Dem Wortsinn nach könnte man schon die sozialen Beziehungen als „Gebilde" ansprechen. Nach dem Sprachgebrauch der Soziologie wird aber dieser Ausdruck auf bestimmte soziale Gegenständlichkeiten eingeschränkt, auf überpersönliche Einheiten, in die Personen als sie wesenhaft fundierend eingehen und die selbst Analoga von Personen sind. (Ich pflege sie als „Gemeinschaften" im weiteren Sinn des Wortes zu bezeichnen, und diesen Terminus braucht auch D⟨ietrich⟩ v⟨on⟩ Hildebrand[151] in seiner *Metaphysik der Gemeinschaft*.[152] Es sind Gefüge, in deren Aufbau Personen, ihre sozialen Akte und sozialen Beziehungen eine Rolle spielen. Von Gemeinschaft im weiteren Sinn kann man dort sprechen, wo nicht nur wechselseitige Beziehungen zwischen Personen bestehen, sondern diese Personen überdies als eine Einheit auftreten, wo sie zu einem Wir verbunden sind. Solche Gebilde können flüchtig und vorübergehend sein (die Teilnehmer an einer „Gesellschaft" sind eine „Gemeinschaft" nur für den Abend, an dem sie zusammen sind, Reisegefährten für die Dauer der Reise); sie können aber auch über das aktuelle Beisammensein hinaus Bestand haben (ein Freundschaftsbund, eine Schulklasse, ein Verein); von Gemeinschaft im engeren Sinn spreche ich dort, wo eine dauernde Lebensgemeinschaft zwischen Personen besteht, die sie in ihrer Tiefe ergreift und ihnen ein dauerndes Gepräge gibt; die nicht nur auf flüchtige aktuelle Beziehungen, sondern auch ⟨auf⟩ überpersönliche, objektive Bindungen begründet ist; die ein eigenes Bildungsgesetz hat, demgemäß sie sich gleich einer individuellen menschlichen Person entfaltet und entwickelt. – Allen einzelnen menschlichen Gemeinschaften, den ephemeren wie den „substanzartigen", liegt eine allgemeine, sie alle umfassende Gemeinschaft zu Grunde: Das ist die *Menschheit*. Sie ist nicht nur eine Gattung, d. h. die Gesamtheit alles dessen, was Mensch ist, sondern ein konkretes Individuum, ein leiblich-geistiger Organismus. Wenn *Hildebrand* sagt, die Gemeinschaften seien keine Organismen, weil bei ihnen die Teile, d. h. die Einzelpersonen, früher seien als das Ganze, so kann das nur für die besonderen Gemeinschaften gelten (auch dafür wird es noch zu prüfen sein), nicht aber für die allumfassende der Menschheit. Man wird allerdings auch nicht sagen dürfen, daß das Ganze früher sei als die Teile, sondern mit dem

---

[151] ⟨Dietrich von Hildebrand (1889–1977), Moralphilosoph, Phänomenologe, Husserl-Schüler in Göttingen, mit Adolf Reinach und Max Scheler befreundet, Dozent in München bis 1933, danach in Wien bis 1937, dann Fordham-University New York; er konvertierte 1914 aus dem liberalen Kulturprotestantismus zur katholischen Kirche und war ein entschiedener Gegner des Nationalsozialismus. Stein lernte von Hildebrand in Göttingen kennen.⟩

[152] Haas & Grabherr, Augsburg 1930. ⟨Von Stein rezensiert in: *Mädchenbildung auf christlicher Grundlage* 28, 24 (1932) 689–695 [ESGA 9].⟩

ersten Menschen beginnt auch die Existenz der Menschheit, in jedem einzelnen Menschen ist sie gegenwärtig, jeder gehört zu ihr von Beginn seines
Daseins an.[153] Das ist theologisch unabweislich begründet. Es ist aber auch
philosophisch, wenigstens als wesensmöglich, einleuchtend zu machen: Der
Mensch findet sich, sobald er zu bewußtem Leben erwacht, in der Gemeinschaft mit Menschen vor, und prinzipiell ist aktuelle Gemeinschaft mit jedem andern Menschen möglich, sodaß er potenziell tatsächlich mit allen in
Gemeinschaft steht. Aktualisiert ist diese Gemeinschaft als allumfassende
(nicht nur durch einzelne aktuelle Gemeinschaften) dadurch, daß *einzelne*
Menschen (nicht alle) bewußt als Glieder der Menschheit leben. Und sie
wäre es auch dann, wenn kein einziger irdischer Mensch bewußt als ihr
Glied lebte, dadurch daß sie durch den Gottmenschen zusammengefaßt ist
und an seinem Leben teilhat, ja schon dadurch, daß sie in Gott als Einheit
ist. – Es weist ferner jeder Mensch durch seinen Ursprung, sein Abstam-
mungsverhältnis, auf den Ursprung der Gemeinschaft zurück. Der genetische Zusammenhang allein würde aber keine Gemeinschaft begründen,
wenn nicht Lebensgemeinschaft zum Menschentum gehörte. (Von einer Gemeinschaft der Pflanzen einer Species kann keine Rede sein; für die Tiere
können wir es hier dahingestellt sein lassen.) – Auf der Grundlage der allgemeinen Verständnisgemeinschaft können nun einzelne Gemeinschaften
als Sondergebilde erwachsen. Es gibt solche, die durch „produktive Akte"
„gestiftet" werden: Vereine, Aktiengesellschaften, Parteien; sie können ebenso wieder aufgelöst werden; einzelne Mitglieder können eintreten und aus-
treten. Ihre „Organisation" wird willkürlich festgesetzt (durch „Statuten")
und kann willkürlich abgeändert werden. Solche auf die Willkür und rationale Zwecksetzung von Einzelpersonen begründeten Gebilde hat F. *Tönnies*
als „Gesellschaften" bezeichnet und sie den „Gemeinschaften" gegenüberge-
stellt.[154] In dieser Gegenüberstellung ist „Gemeinschaft" im engeren Sinn
genommen.

Gemeinschaften erwachsen unwillkürlich entweder auf Grund gemeinsamer Lebensbedingung und gemeinsamer Lebensführung (Schulklasse,
Dorfgemeinde), auf Grund eines Abstammungszusammenhangs (Familie,
Sippe, Stamm, Volk) oder – unter Mitwirkung freier Akte – auf Grund
wechselseitiger personaler Stellungnahmen und Gesinnungen (Freundschaftsbund, eheliche Gemeinschaft) oder auf Grund gemeinsamer Zuwen-

---

[153] Ich glaube darin mit Hildebrand übereinzustimmen: Er nimmt den Organismuscharakter für das Corpus Christi Mysticum in Anspruch. ⟨Lat.: den mystischen Leib Christi.
Vgl. Röm 12, 4 f., 1 Kor 10, 17; 12, 12–31 a.⟩ Dieses ist aber die Wiederherstellung der
schon in Adam begründeten Einheit, und jeder Mensch gehört ihm, wenn nicht aktuell, so
doch potenziell an oder ist „abgeschnittenes Glied".
[154] ⟨Tönnies, Ferdinand, *Gemeinschaft und Gesellschaft: Abhandlung des Communismus
und des Socialismus als empirischer Culturformen*, Leipzig 1887.⟩

dung zu einem Wertbereich (wissenschaftliche oder künstlerische Interessengemeinschaft, Gemeinschaft der Gläubigen). Meist wirken mehrere, in manchen Fällen alle gemeinschaftsbildenden Faktoren zusammen.

## 4. Soziale Typen

Der einzelne Mensch ist als Glied einer Gemeinschaft Verkörperung eines *Menschentypus;* genauer: Er hat im Aufbau seines personalen Seins etwas, was ihm mit allen Gliedern dieser Gemeinschaft gemeinsam ist und ihn von den Angehörigen anderer Gemeinschaften unterscheidet (er ist als Schwabe vom Bayern typisch verschieden); er hat aber außerdem etwas Typisches an sich, was seiner Gliedstellung in der Gemeinschaft entspricht und ihn von andern Gliedern seiner Gemeinschaft unterscheidet (z. B. als Vater von den Kindern, als Herrscher von den Untertanen). Da jeder Mensch einer ganzen Reihe von Gemeinschaften angehört, verkörpert jeder auch eine ganze Mannigfaltigkeit von Typen: Er ist Münsteraner, Westfale, Deutscher; er ist Familienvater, Arzt, Zentrumsmann,[155] Vorsitzender einer Akademikerortsgruppe. Es ist öfters gesagt worden, das Individuum sei ein „Schnittpunkt" solcher Typen. Aber das ist zunächst nur ein Wort. Um seine Richtigkeit zu prüfen, müssen wir seinen Sinn verstehen. Und dazu müssen wir erst wissen, was ein Typus ist.

## II. Typen und Typenbildung

### 1. Wortsinn von „Typus"

τύπος bedeutet im Griechischen zunächst Schlag oder Stoß und dann das *Geformte,* das durch äußere Handgriffe gestaltet ist. In diesem Sinn wird es sowohl für Bildwerke als für Charaktere verwendet. Weil mit demselben Verfahren verschiedenen Stoffquanten dieselbe Form gegeben werden kann, hat Typus den Sinn des Allgemeinen bekommen. Und es wird auch verwendet, wo keine äußere Formung vorliegt. So kann man von typischen ererbten Anlagen sprechen oder vom menschlichen Geistestypus im Unterschied zu dem der Engel. Man nennt sogar ein einzelnes Verhalten eines Menschen typisch für seine Eigenart, weil diese Eigenart – obwohl an sich etwas Einzigartiges – in seinen verschiedenen Verhaltensweisen wiederkehrt. Den Men-

---

[155] (Mitglied der „Deutschen Zentrumspartei", gegründet 1870, einer katholischen Fraktion im Preußischen Abgeordnetenhaus und im Reichstag, 1933 aufgelöst, 1945 wiedergegründet.)

schen in seiner Eigenart aber, wenn man diese Eigenart als unwiederholbar ansieht, kann man nicht als Typus bezeichnen. Wenn man den Typus als ein *Gestaltganzes* definiert, das *in einer Mehrheit von Exemplaren* vorkommen kann, so dürfte das zusammengefaßt sein, was den Sinn des Wortes nach heutigem Sprachgebrauch bestimmt.

## 2. Äußere und innere Bedingtheit von Typen

Wenn ich „Gestaltganzes" sage, so meine ich damit eine anschauliche Einheit („anschaulich" ist dabei nicht mit „sinnlich anschaulich" gleichzusetzen; es ist auch auf eine geistige Anschauung auszudehnen, wie wir sie im Erfassen eines Charaktertypus haben). Es ist nicht gesagt, daß dieser anschaulichen Einheit eine innere Form des Gebildes entsprechen müsse. Wenn ich von einem Schwarzwälder Bauernhaus spreche, so meine ich damit einen bestimmten Bautypus, vor allem gekennzeichnet durch das tief herabhängende Dach. Das Haus ist nicht aus einer inneren Form heraus „gewachsen", es verdankt seine typische Gestalt einem traditionellen Bauplan, einer festen Regel für die Auswahl, Bearbeitung und Zusammenfügung des Materials; wir können auch sagen: einer *Idee* im Geist des Baumeisters, nach der er das Haus gestaltete; und als eine „Form" im schöpferischen Geist wird traditionell auch die Idee bezeichnet, aber nicht als substanzielle[156], sondern als akzidentelle Form.

Der charakteristische Pflanzentypus im Riesengebirge[157] jenseits der Baumgrenze ist das „Knieholz", Kiefern in Gestalt weitverzweigter, niedriger Büsche. Die typische Gestalt ist hier bestimmt durch die äußeren Lebensbedingungen, wenn auch in der Pflanzenspecies begründet. – Zum Typus des „Jugendbewegten"[158] gehört die charakteristische Kleidung und Haartracht, die Ungezwungenheit im gesellschaftlichen Verkehr, der Verzicht auf bestimmte Genußmittel, ein eigener Stil in der Gestaltung der Freizeit, eine bestimmte innere Einstellung zu Natur und Menschenleben. Das sind sehr verschiedenartige „Merkmale": äußerliche und tiefer verankerte, die äußeren in den tieferen begründet, wo auch die tieferen vorhanden sind. Aber es kann jemand äußerlich mitmachen, ohne daß die entscheidende innere Ein-

---

[156] (Abweichend vom bisher verwendeten Terminus „substanzial", vgl. Anm. 57, 118 u. 161.)

[157] (Südlich von Steins Heimat Breslau gelegen, an der preußisch-böhmischen, heute an der polnisch-tschechischen Grenze (polnisch „Karkonosze", tschechisch „Krkonoše").)

[158] (Die Jugendbewegung war eine zivilisationskritische Erneuerungsbewegung der Jugend des deutschen, vorwiegend protestantischen Bürgertums um die Wende vom 19. zum 20. Jahrhundert. Im katholischen Bereich entstanden „Quickborn", „Heliand" u.a. christozentrisch orientierte Bewegungen im Rahmen einer ganzheitlichen Lebensgestaltung.)

stellung vorhanden ist. Für den äußeren Beobachter, jedenfalls für den nicht tiefer blickenden, ist der Typus gegeben. Aber der „echte" Jugendbewegte und der tiefere Kenner der Jugendbewegung wird sagen, daß jenes kein „echter" sei. Eine gewisse Typik des Verhaltens ist dem echten Jugendbewegten und dem bloßen Mitläufer gemeinsam. Aber es fehlt die innere Wurzel, die den Typus entscheidend bestimmt. Das, was als gemeinsamer Typus festzustellen ist und das äußere Bild bestimmt, ist in einem Fall in anderer Weise von außen und von innen bestimmt als im andern. Man könnte versucht sein zu sagen: im einen Fall von außen, im andern von innen bestimmt. Aber das wäre nicht zutreffend. Denn in beiden Fällen ist etwas Äußeres mitbestimmend: Nur ist es hier das Beispiel der Gefährten, das ohne Verständnis für ihre inneren Beweggründe nachgeahmt wird; dort die ganze Struktur der Umwelt, zu der auf Grund eigenen Werturteils Stellung genommen wird: Das Verhalten ist das Ergebnis einer inneren Auseinandersetzung mit der umgebenden Welt. Entsprechend ist das Verhalten hier und dort innerlich begründet. Es ist charakteristisch für einen Menschen, ob er „Mitläufer" sein kann oder ob er aus innerer Überzeugung heraus sein äußeres Verhalten gestaltet.

### 3. Die innere Grundlage des sozialen Typus; Umformung eines bereits Geformten

Nach diesen Erwägungen werden wir allgemein sagen dürfen, daß der soziale Typus etwas von außen, d. h. durch die Lebensbedingungen, und von innen Bestimmtes sei – wenn wir unter sozialem Typus das verstehen, was an einem Menschen als ihm mit andern gemeinsames Gestaltganzes in seinem Verhalten zu erfassen ist. Wenn wir es so fassen, dann bleibt dem Typus auch der ursprüngliche Wortsinn eines Geformten erhalten. Es ist aber nun weiter zu fragen, ob auch das von innen Bestimmende noch ein Typisches sei – und zwar wiederum im Sinne des Allgemeinen und im Sinne des Geformten. Auch der echte Jugendbewegte ist nicht von Geburt an jugendbewegt. Er ist es *geworden*, vielleicht erst in seiner Studentenzeit. Nehmen wir an, er sei in einfachen und gesunden Lebensverhältnissen, in einem großen Familienkreis aufgewachsen. Er hatte eine glückliche Jugend, Spielkameraden und Bewegungsfreiheit, Anschauungen und Lebensgewohnheiten seiner Umgebung übernahm er ohne Schwierigkeiten. Nun kommt er auf die Universität: Er lernt das traditionelle Verbindungsleben kennen und findet es abgeschmackt; er bekommt Einblick in das politische Leben und wird abgestoßen durch Parteihaß und Interessenkämpfe; er findet einen Kreis von Gefährten, die sich gemeinsam leidenschaftlich bemühen, in weltanschaulichen und sozialen Fragen Klarheit zu bekommen und ihr Leben frei von überlieferten Formen zu gestalten, und er schließt sich ihnen an. Aus dem naiven Menschen ist ein problembewußter geworden, er hat sich innerlich und äußerlich zu einem andern Typus gewandelt. Bestimmend dafür war die Umwelt, in die er hineinkam: das, was ihn abstieß, ebenso wie das, was ihn anzog. Aber das Abgestoßen- und das Angezogenwerden hing nicht nur von den objektiven Werten und Unwerten ab, sondern auch von dem, was er war, als er kam. Und was er war, daran hatte wiederum die frühere Umwelt mitgeformt: Er war der Typus eines frischen, aufgeweckten Jungen aus natürlichen und gesunden Lebensverhältnissen. Vielleicht findet er sich mit andern zusammen, die in ganz andern Verhältnissen aufgewachsen sind, die von Kindheit an schon unter dem Zwang gesellschaftlicher Konvention standen und dadurch früh in eine Protesthaltung gegen die bestehenden Gesellschaftsformen hineingedrängt wurden, und vielleicht sind gerade das die führenden Elemente in dem Kreis. Die Grundlage für den Typus des Jugendbewegten ist hier und dort eine andere (obwohl beide durchaus echte Typen sind), und demgemäß ist er hier und dort etwas abgewandelt: Sie sind nicht völlig gleiche Exemplare des Typus, auch nicht in dem, was an ihrem Verhalten typisch jugendbewegt ist. Wenn man hier vom Schnittpunkt zweier Typen spricht, so ist das keine glückliche Ausdrucksweise. Das, was der Mensch wird, indem er sich zu einem neuen Typus gestaltet, tritt zu dem, was er war, nicht einfach hinzu – ebenso wenig wie das, was er war, völlig verschwindet. Was er war, wird durch das, was er neu in sich aufnimmt und wie er sich dazu stellt, neu geformt. Allerdings ist nicht zu leugnen, daß die Durchformung keineswegs immer gelingt, daß Zwiespältigkeit bestehen kann.

### 4. Frage nach dem letzten Formenden: angeborene Anlage als allgemeinmenschliche, geschlechtliche, sondertypische und individuelle

Ich sagte: An dem, was er war, haben die früheren Lebensverhältnisse mitgeformt – Eltern, Geschwister, Lehrer und Schule, der Charakter der Heimatstadt usw. Aber es kann sein, daß er einen Bruder hat, der genau dieselben Umwelteinflüsse erfährt wie er und doch schon beim Verlassen des Elternhauses einen völlig andern Typus zeigt. So kommen wir auf die sogenannte „angeborene Anlage" als das, was aller sozialen Typenformung zu Grunde liegt: nicht auf eine prima materia,[159] etwas noch völlig Unbestimmtes, sondern etwas Bestimmtes und alle spätere Formung entscheidend Bestimmendes. Der Mensch ist schon etwas, wenn er geboren wird. Aber was ist dieses Etwas? Wenn wir es an dem Beispiel weiter verfolgen: Von den

---

[159] ⟨Lat.: erste Materie.⟩

ungleichen Brüdern ist vielleicht einer dem Vater, der andere der Mutter „nachgeraten". Das führt wieder auf das Problem der Vererbung, von dem wir früher sprachen. Der „Phänotypus", von dem die Vererbungswissenschaft spricht, ist ein Gestaltganzes in unserm Sinn, in dem erfahrungsgemäß körperliche und seelische Eigentümlichkeiten eine Rolle spielen. Wir haben schon früher an das Problem gerührt, welche Rolle im Aufbau des menschlichen Individuums die „Erbmasse" spielen könne. Es ist von Geburt an Mensch, und zwar Mann oder Frau, ist Kind seiner Eltern, der Familie im weiteren Sinn, des Volkes, der Rasse. Was besagt das alles und welche Rolle spielt das Ererbte darin? Und bedeutet es noch etwas darüber hinaus, daß er Individuum ist?

Der Mensch ist von Geburt an *Mensch* mit all dem, was nach unsern früheren Überlegungen zum Menschsein gehört. Dazu gehört auch, daß er das meiste von dem, was zum Menschsein gehört, zunächst potenziell ist und daß er sich nur ganz allmählich zur Aktualität entfaltet. *Daß* und *wie* er sich entfaltet, hängt von den Umwelteinflüssen ab. Ja, wir wissen erfahrungsmäßig, daß er sich ohne menschliche Hilfe, losgetrennt von jeder menschlichen Umgebung, gar nicht zu vollem Menschentum entfalten würde. (Etwas, was nicht als Wesensnotwendigkeit einzusehen, sondern nur als eine mögliche Ordnung des menschlichen Daseins zu begreifen ist.) So ist es sehr schwer, beim einzelnen Menschen festzustellen, was „angeboren" und was durch Umwelteinflüsse geformt ist. Es ist aber nicht zu bestreiten, daß von Natur aus ein differenziertes Menschentum vorliegt. Ich nenne an erster Stelle die geschlechtliche Differenzierung. Menschentum tritt in doppelter Gestalt, als männliches und weibliches auf; die Individuen sind von Geburt an der einen oder der andern „Teilspecies" (wenn wir es einmal so nennen wollen) zugehörig. Auch männliche und weibliche Eigenart sind etwas, was sich erst im Lauf des Lebens zur Aktualität entfalten muß; das geschieht wiederum unter dem Einfluß der Umwelt, und so ist in jedem späteren Entwicklungsstadium das, was uns entgegentritt und was man wohl auch als „männlichen" und „weiblichen Typus" bezeichnet, tatsächlich ein sozialer Typus, an dem das „Umweltbedingte" und das der sozialen Formung zu Grunde liegende „Spezifische" sehr schwer zu scheiden ist. (So erklärt sich der Streit darüber, ob männliche und weibliche Eigenart überhaupt spezifische, d. h. aller sozialen Formung zu Grunde liegende Unterschiede seien oder nur typische, d. h. Ergebnisse der sozialen Formung.) – Gewöhnlich meint man, wenn man von „ererbter Anlage" spricht, weder das Allgemeinmenschliche noch die geschlechtliche Eigenart, sondern etwas, was dem Individuum mit einer engeren Gruppe von Individuen, der Familie, dem Stamm, dem Volk, der Rasse gemeinsam ist und es von außerhalb dieser Gruppe stehenden Individuen unterscheidet, schließlich etwas, was man wohl als „individuelle Eigenart" bezeichnet, aber doch als eine Kombination mütterlicher und väterlicher Eigenschaften auffassen möchte. Von der Schwierigkeit, Angeborenes und Umweltbedingtes zu scheiden, wird all das getroffen, was unter „ererbter" oder „angeborener Anlage" zusammengefaßt wird.

Ich möchte nun erst einmal die Frage stellen: Bedeutet „ererbt" und „angeboren" dasselbe? Dem bloßen Wortsinn nach zunächst nicht, denn „angeboren" heißt das, was man von Geburt an besitzt, „ererbt" das, was einem durch Eltern und Ahnen überliefert ist; und es ist nicht ohne weiteres gesagt, daß alles, was wir von Geburt an besitzen, von unsern Vorfahren stammt. Ja, nach unserm Glauben dürfen wir das offenbar nicht sagen, denn danach besitzen wir unsere Seele von Geburt an (sonst hätte es keinen Sinn, Kinder sofort nach der Geburt zu taufen), und sie ist unmittelbar von Gott geschaffen. – Andererseits haben wir unter „ererbt" alles zu verstehen, was wir durch unsere Abstammung haben oder sind, und alles Ererbte ist ein Angeborenes. Können wir vom Menschentum sagen, daß es ererbt sei? Der tatsächlichen Ordnung nach sind wir Menschen dadurch, daß wir von Menschen abstammen. Aber sind wir es *nur* dadurch? Das können wir schon darum nicht sagen, weil die tatsächliche Ordnung nicht die einzig mögliche ist; denkbar ist eine Entstehung von Menschen durch „Urschöpfung", wie uns die des ersten Menschen dargestellt wird. Und nehmen wir die Entstehung, wie sie erfahrungsgemäß ist, so ist sie aus dem erfahrungsmäßigen Feststellen heraus nicht restlos begreiflich. Was sind die Keimzellen, aus deren Vereinigung das neue menschliche Individuum hervorgeht und die uns als Träger der väterlichen und mütterlichen Erbmasse hingestellt werden, für Gebilde? Sie sind etwas Stoffliches. Aber sind sie nur tote Dinge oder sind sie schon vor ihrer Vereinigung etwas Lebendiges? Offenbar das Zweite: Sie sind in den Erzeugerorganismen durch Lebensvorgänge entstanden, und auch ihre Vereinigung ist ein Lebensvorgang (ja, es kann und soll ein personaler Akt sein), deren Träger die Erzeuger sind. Was aber nach der Vereinigung geschieht, das hat nicht mehr die elterlichen Organismen zu Trägern, sondern das neue Individuum (es dürfte angemessen sein zu sagen: zunächst in Vereinigung mit dem mütterlichen). Und dies neue Individuum ist keine bloße Kombination äußerlich zusammengeratener Bestandteile. Es ist jene eigentümliche, leib-seelische ⟨sic⟩ Einheit, die eine Menschenseele als Daseinsmitte und herrschende Form hat. Wenn es einmal zu vollem Menschenleben entfaltet ist, so wird es in dieser Seele sein eigenes Reich haben, in dem es zu Hause ist. Dann wird es aber auch freie Person sein, der ihr ganzes leiblich-seelisches Sein in die Hand gegeben ist. (Was alles darin beschlossen ist, darüber wird noch zu sprechen sein.) Die individuelle, personal-geistige Seele, die den Menschen zum Menschen macht, ist nicht als etwas Ererbtes anzusehen. Aber sie geht ein in das Gebilde, das dem Zeugungsakt sein Dasein verdankt, das jedoch nicht aus ihm allein zu begreifen ist. Wenn wir früher schon zu der Auffassung gelangt sind, daß die Seele nicht eine prima materia[160] zu formen habe, sondern in den materiellen Stoffen, die den Leib aufbauen helfen, bereits geformte Stoffe übernimmt, die ihr als einem höheren Formprinzip unterworfen werden, so müssen wir jetzt hinzufügen, daß es nicht nur ein materiell, sondern ein lebendig Geformtes sei, in dem sie ihr Dasein beginnt und herrschendes Prinzip wird, und daß dies lebendig Geformte menschliche Erbanlage sei. – So wenig es als Wesensnotwendigkeit einzusehen ist, daß die menschliche Natur sich nur in der menschlichen Gemeinschaft entfalten kann, so wenig ist einzusehen, daß die Entstehung des menschlichen Individuums an den Weg der Abstammung gebunden ist. Es ist als Faktum zu begreifen. Und von diesem Faktum aus wird es begreiflich, daß das Eingehen eines Bestandes aus den elterlichen Organismen in das neue Individuum einen gemeinsamen Bestand an leiblichen und seelischen Eigentümlichkeiten zwischen den durch Abstammung verbundenen Individuen bedingt (bei der substanziellen[161] Einheit des Menschen wäre es erstaunlicher, wenn „bloß körperliche" Eigentümlichkeiten vererbt würden und nicht leiblich-seelische). – So verstehen wir nach den bisherigen Erwägungen, daß aller sozialen Typenformung als „angeborene Anlage" das menschliche Sein als ein individuell und personal geschaffenes und als ein durch Abstammung schon typisch gesondertes zugrunde liegt. Diese *Typik* ist uns zunächst als Familien- und evtl. Stamme*typik* begreiflich (wenn wir unter Stamm nun den erweiterten Abstammungsverband verstehen). Ob das Individuum auch schon von Geburt an als Volks- und Rassentypus anzusehen ist, können wir nicht entscheiden, ehe wir geklärt haben, was Volk und Rasse ist. Und ebenso bedarf die geschlechtliche Differenzierung noch genauer Klärung, um zum vollen Verständnis der sozialen Typen und der Typenformung zu gelangen.

### III. Analyse des Volkes und der Volkszugehörigkeit

#### 1. Ausschaltung des Rasseproblems

Auf den noch so wenig geklärten und so viel umstrittenen Begriff der Rasse möchte ich hier nicht eingehen. Entweder faßt man ihn als Blutszusammenhang ⟨sic⟩ – dann ist Rassentypik prinzipiell ebenso zu verstehen wie Stammestypik. Oder man nimmt andere rassebildende Faktoren als den Blutszusammenhang an. Dann rücken Rasse und Volk näher zusammen. Da es uns nicht möglich ist, alle sozialen Gebilde in ihrem Aufbau zu untersuchen und

---

[160] ⟨Lat.: erste Materie.⟩
[161] ⟨Abweichend vom bisher gebrauchten Terminus „substanzial", vgl. Anm. 57, 118 u. 156.⟩

Edith Stein

da der Begriff des Volkes doch etwas geklärter ist als der der Rasse (wenigstens für ein erstes Wortverständnis), so ziehe ich es vor, eine Analyse des Volkes zu versuchen, um dadurch klarer zu machen, was es heißt, Glied einer Gemeinschaft zu sein und einen Gemeinschaftstypus zu verkörpern.

## 2. Charakteristik der Volksgemeinschaft

### a) Umfang, räumliche Bindung, Verhältnis von Volksleben und Einzelleben

Unter „Volk" verstehen wir zunächst einmal eine Gemeinschaft im weitesten Sinne des Wortes, d. h. ein soziales Gebilde, dem individuelle Personen angehören. Gegenüber andern sozialen Gebilden ist es rein äußerlich abzugrenzen durch seinen *Umfang:* Es umfaßt nicht alle Menschen, sondern nur einen Teil der Menschheit, andererseits ist es nicht auf einen kleinen Kreis eng verbundener Menschen beschränkt wie Familie oder Freundeskreis. Es lassen sich keine zahlenmäßigen Grenzen für den Umfang eines Volkes festlegen. Die Notwendigkeit einer gewissen Größe wird sich aber als zur Idee des Volkes gehörig erweisen, wenn wir uns klar machen, was zum *Leben* des Volkes gehört. Es gehört zum Volk, daß es ein Leben hat, das vom Leben der ihm angehörigen einzelnen Menschen unterschieden ist. Es werden Individuen, die ihm angehören, geboren und sterben, ohne daß damit das Volk geboren wird und stirbt. Aber es gibt ein Entstehen und Vergehen von Völkern. Das Leben eines Volkes nennen wir seine *Geschichte,* und was wir „Geschichte" schlechthin nennen, ist wesentlich, wenn auch nicht ausschließlich, Geschichte von Völkern. Schauplatz der Menschengeschichte ist die Erde, und jedes Volk braucht zu seinem Leben *Raum auf der Erde,* Land, das nicht notwendig fest umgrenzt und dauerndes Eigentum, aber doch mindestens für eine gewisse Dauer zu Aufenthalt und Ausnützung in seinem Besitz sein muß. Das Volk vollbringt Taten und hat Schicksale. Hier ist das ganze soziale Gebilde Subjekt der Taten und des Erlebens, nicht ein Einzelmensch. Aber es ist nicht möglich, daß dies geschieht, ohne daß Einzelmenschen daran beteiligt sind. Das Volk ist nicht außerhalb oder über seinen Gliedern, sondern *in* ihnen real. Es ist aber nicht nötig, daß an allem, was das Volk tut und erfährt, *alle* Menschen beteiligt sind, die zu ihm gehören. Eine Reichstagswahl ist eine Handlung des Volkes, obwohl nur ein Teil des Volkes wahlberechtigt ist und von den Wahlberechtigten ein Teil von seinem Recht keinen Gebrauch macht. Aber das, was die Wähler tun, tun sie für das Volk, als seine Glieder, zum Ausdruck des Gesamtwillens.[162] Und wenn dies

---

[162] ⟨Volonté générale (frz.), nach Jean-Jacques Rousseau der durch Vernunft erfahrbare Gesamt- oder Gemeinwille einer staatlichen Gemeinschaft, vgl. Anm. 163.⟩

Bewußtsein nicht bei allen vorhanden ist, wenn es Leute gibt, die ihren Stimmzettel abgeben, ohne zu verstehen, was sie tun, so sind doch immer auch welche da, in denen das Bewußtsein des Ganzen lebendig ist, und darauf kommt es an. Wenn kein einziger da wäre, der das Bewußtsein hätte, als Glied des Volkes zu handeln und verantwortlich das Geschick des Volkes mitzubestimmen, so könnte von keinem Gesamtwillen gesprochen werden. Von diesen bewußt als Glieder des Volkes Lebenden aus gesehen, bekommt auch das Tun der andern einen über das individuelle Leben hinausreichenden Sinn. So gehört es zur Existenz des Volkes, daß in irgendwelchen Gliedern das Bewußtsein lebendig ist, einem Ganzen anzugehören, und der Wille, sich für das Ganze einzusetzen, lebendig ist; darüber hinaus gehört dazu, daß diese bewußten Glieder das Tun der andern soweit beeinflussen oder aufwerten, daß es für das Ganze Bedeutung bekommt; schließlich, daß auch die nicht bewußt als Glieder des Ganzen Lebenden von den Taten und Schicksalen des Ganzen mitbetroffen werden.

b) Äußeres und inneres Leben des Volkes (Selbstgestaltung, Selbsterhaltung, Selbstausdruck); Volk und Kultur

Was hat man sich unter dem *Leben* des Volkes zu denken? Wir können ein „äußeres" und ein „inneres" Leben unterscheiden (aber in einem andern Sinn, als wir es beim Einzelmenschen tun, obgleich auch diese Scheidung für das Volksleben in Betracht kommt). Unter dem „äußeren" Leben des Volkes verstehe ich sein Verhalten zu andern Völkern: friedliches Zusammenwirken in Güteraustausch und gemeinsamen Unternehmungen, feindliche Auseinandersetzungen in Konkurrenzkampf oder offenem Krieg, auch die gegenseitige Einschätzung und Gesinnung. Als inneres Leben kann man demgegenüber alles bezeichnen, was Selbstgestaltung, Selbsterhaltung, Selbstausdruck ist: *Selbstgestaltung* – dazu gehört Wachstum an Zahl, körperlicher und geistiger Leistungsfähigkeit und innerer Verbundenheit der Glieder; Fortschreiten in der Erkenntnis, im Glaubensleben und in der praktischen Tüchtigkeit; Ausprägung eines eigenen Stils in der Lebensgestaltung (Brauch und Sitte), staatliche und rechtliche Organisation (politisches Leben). *Selbsterhaltung* – dazu gehört materielle Gütererzeugung für den eigenen Bedarf und zweckmäßige Regelung des Güteraustausches (Wirtschaft); Sorge für Gesundheit, öffentliche Sicherheit und Wohlfahrt („Polizei"); Jugend- und Volkserziehung zur Volksverbundenheit und Lebenstüchtigkeit. *Selbstausdruck* – dahin gehört die Sprache, gehört alles Schaffen gewerblicher, künstlerischer, wissenschaftlicher Art, gehört aber auch der Stil der Selbstgestaltung in Brauch und Sitte, in den Formen des Rechts- und Staatslebens, im religiösen Leben. (Selbstgestaltung und Selbstausdruck gehören untrennbar zusammen, wie überhaupt alle Lebensfunktionen ineinandergreifen.) Die Gesamtheit dessen, was unter Selbstausdruck zusammengefaßt ist, kann man als *Kultur* bezeichnen. Die innere Einheit und Geschlossenheit der Kultur entspricht der Einheit des Volkes. Die Ideen „*Volk*" und „*Kultur*" scheinen mir aufeinander bezogen. Als „eine Kultur" kann man eine Schöpfung des Menschengeistes bezeichnen, in der alle wesentlichen menschlichen Lebensfunktionen (Wirtschaft, Recht u⟨nd⟩ Staat, Sitte, Wissenschaft, Technik, Kunst, Religion) einen Ausdruck gefunden haben. Und ein Volk ist eine Gemeinschaft, die einen solchen „Kosmos" hervorbringen kann. Weder ein Einzelner noch eine engere Gemeinschaft ist dazu imstande. Es gehört zwar zum Menschen, an all diesen Gebieten einen gewissen Anteil haben zu können, aber kein Einzelner und kein engerer Verband kann auf all diesen Gebieten produktiv sein. So verstehen wir jetzt, warum zum Volk eine gewisse Größe gehört. Wir verstehen auch, daß Völker Lebensgemeinschaften sind, in denen das Gemeinschaftsleben sich auf alle Lebensfunktionen erstreckt, die wesentlich schöpferisch sind und deren Dauer sich über eine Reihe von Generationen in der Folge der Zeit ausdehnt.

## c) Entstehen und Vergehen von Völkern

Völker entstehen und vergehen. Können wir etwas über die Art ihres Entstehens und Vergehens aussagen? Wie Völker untergehen, wissen wir aus der Geschichte: Sie werden in der kriegerischen Auseinandersetzung mit andern aufgerieben oder verschmelzen mit andern zu einem neuen Volkstum, das noch Spuren des alten zeigt; evtl. verschwinden sie durch Degeneration allmählich: Übrig bleibende Splitter werden von einem fremden Volkstum aufgesogen, ohne Spuren darin zu hinterlassen; es kann auch sein, daß solche zurückbleibende Splitter „bis auf den letzten Mann" aussterben. Das Entstehen eines Volkes ist schwerer erfahrungsmäßig festzustellen. Was uns darüber berichtet wird, ist häufiger Legende (wie die Entstehungsgeschichte Roms) oder Geschichtskonstruktion (die rationalistischen Ursprungstheorien) als Geschichte. Was die Geschichte vorfindet, sind meist Völker in einem bereits vorgeschrittenen Entwicklungsstadium, weil Besinnung auf die eigene Geschichte erst bei einer gewissen Kulturhöhe einsetzt, die Aufmerksamkeit fremder Völker aber meist erst von Völkern erregt wird, die schon als geschlossene Einheiten auftreten. Immerhin haben wir doch einige Beispiele greifbar vor Augen: so die Entstehung der germanisch-romanischen Völker Westeuropas aus der Mischung germanischer, römischer und keltischer Volksteile, d.h. das Erwachsen neuen Volkstums aus den Trümmern untergehender Völker; die Entstehung eines neuen Volkstums aus Splittern fremder Völker in den Vereinigten Staaten Nordamerikas. Ein einzigartiges Beispiel einer „Ur-Entstehung" gibt uns das AT in der Geschichte des Volkes Israel. Hier sehen wir das Anwachsen einer Familie zum großen

Stamm, dann zum Wanderer- und Eroberervolk, in sich geeint und von andern gesondert durch Sitte, Gesetz und Tradition, schließlich gefestigt durch Seßhaftwerden und Staatengründung. Hier ist Bluts- und Glaubensgemeinschaft die Grundlage der Volksgemeinschaft, beides so stark, daß das Volk seinen Staat überlebte und alle Schicksale überdauerte, an denen andere Völker zu Grunde gehen. Aus diesen Beispielen ist zu entnehmen: 1. Volksgemeinschaft kann auf Blutsgemeinschaft beruhen, setzt sie aber nicht notwendig voraus. D.h. es ist nicht nötig, daß alles, was in eine Volksgemeinschaft eingeht, derselben Abstammung sein müsse. Es kann sein, daß die aus verschiedenen Volksteilen erwachsende Volksgemeinschaft durch Blutmischung auch eine neue Blutsgemeinschaft wird; es ist aber möglich, daß gesonderte Volksteile in eine Volksgemeinschaft hineinwachsen, ohne daß es zur Blutmischung kommt (die deutschen Stämme, die Teilvölker Rußlands). 2. Blutsgemeinschaft reicht als Grundlage der Volksgemeinschaft nicht aus; es muß eine geistige Lebensgemeinschaft hinzukommen. 3. Volk und Staat fallen nicht zusammen: In der Regel wächst das Volk in eine staatliche Organisation hinein, d.h. es gehört zu seinen geistigen Funktionen, sich eine Staatsform zu geben. Es kann aber auch sein, daß ein Volk untergeht, ohne zu staatlicher Organisation gelangt zu sein. Und es kann ein Volk seinen Staat überleben. Es ist auch möglich, daß Staatsgründung dem Erwachsen des Volkstums vorausgeht und eine Grundlage dafür wird, wie es in Nordamerika war. (Der Ausnahmefall einer rationalen Staatsgründung nach dem Muster von Rousseaus „contrat social"[163]. ⟨sic⟩)

### d) Volkscharakter und Volkstypus

Ein Volk ist vorhanden, wenn ein Gemeinschaftsleben vorhanden ist, das zum mindesten darauf hinzielt, alle menschlichen Lebensfunktionen zu ergreifen. Und wenn das der Fall ist, dann ist auch eine *Volkseigenart* oder ein *Volkscharakter* vorhanden, der sich im ganzen Lebensstil ausprägt. Es ist einmal ein Charakter des ganzen Volkes, der sich in seinem äußeren und inneren Verhalten zeigt. Ruhig-stolzes Selbstbewußtsein, nüchterne Beurteilung anderer, rücksichtslose Realpolitik gilt uns als charakteristisch für das englische Volk, leidenschaftlich gespanntes Nationalgefühl, ideologische Beurteilung seiner selbst und seiner Aufgaben in der Welt für Frankreich. Mit dem Volkscharakter hängt innerlich zusammen, ohne damit zusammenzufallen, der *Volkstypus*, d.h. der Typus des Engländers, des Franzosen als solchen. Und zu diesem Typus kommen andere Typen hinzu, dem jeweiligen

---

[163] ⟨Frz.: Gesellschaftsvertrag. Rousseau, Jean-Jacques, *Du contrat social ou principes du droit politique* (Vom Gesellschaftsvertrag oder Grundlagen des politischen Rechts), Paris 1762.⟩

Gliedcharakter im Volksganzen entsprechend. Der Volksführer, der Volksvertreter, der Durchschnittsbürger, der Proletarier sind verschiedene Typen innerhalb des Ganzen und haben außerdem in Deutschland, Frankreich etc. jeweils ein verschiedenes Gepräge.

### 3. Verhältnis des Einzelnen zum Volk

Nach dieser Klärung der Volksgemeinschaft wird es eher möglich sein zu beurteilen, wie der Einzelne zur Volksgemeinschaft steht, ob er bereits als ihr Glied geboren wird, ob er überhaupt notwendig zur Volksgemeinschaft gehören und ihren Typus verkörpern muß, schließlich, ob die Zugehörigkeit zur Volksgemeinschaft sein ganzes personales Sein bestimmen muß oder ob es Bezirke gibt, die davon freibleiben können, evtl. sogar müssen.

a) Gliedschaft als Geburt *in* oder *aus* einem Volk; Verkörpern des Volkstypus; Erfüllung von Lebensfunktionen

Daß der Einzelne als Glied eines Volkes geboren wird, ist einmal so zu verstehen, daß er dort, wo ein Volk existiert, *in* einem Volk geboren wird, daß ihn von seiner Geburt an die Volksgemeinschaft mit der ganzen durch sie geprägten Umwelt umfängt und, indem er sie fortschreitend geistig in sich aufnimmt, ihm ein dem Volkscharakter entsprechendes Gepräge gibt, darauf hinarbeitet, ihn zum Volkstypus zu formen. Das gilt auch von dem, der nur *in* einem Volk, aber nicht *aus* diesem Volk geboren wird (z. B. als Kind deutscher Eltern in Amerika geboren wird). Demgegenüber bedeutet das Geborenwerden *aus* einem Volk noch etwas mehr: Es heißt von Gliedern eines Volkes erzeugt werden und dadurch die Eigenart des Volkes schon als ererbte Anlage mit auf die Welt bringen. Da Volksgemeinschaft zwar nicht mit Blutsgemeinschaft zusammenfällt, in der Regel aber doch Blutsgemeinschaft einschließt, so ist nicht zu leugnen, daß es einen ererbten Anteil an der Volkseigenart ebenso wie an der Familieneigenart gibt, die der Typenformung durch die Volksgemeinschaft als Umwelt schon zu Grunde liegt. Wenn eine Auswandererfamilie sich von der fremden Umwelt möglichst abgesondert hält, noch mehr, wenn sie in einer ganzen Auswanderergemeinde lebt, wird auch in den Nachkommen die heimische Art verhältnismäßig wenig modifiziert werden. Stehen die Kinder dagegen von Jugend auf unter allen Umwelteinflüssen der neuen Volksgemeinschaft, so werden sie in der Regel den Typus dieses Volkes, in das sie hineingewachsen sind, nur mit einer mehr oder minder großen Abweichung vom „Normaltypus" verkörpern. Ich sage „in der Regel" und „mehr oder minder", weil es sich hier nicht um ein exaktes, in allen Fällen gleich wirkendes Naturgesetz handelt. Es gehört zu der „angeborenen Anlage" eine mehr oder minder große Festigkeit gegen Umwelteinflüsse, eine größere oder geringere „Arttreue". Sie ist bei einem Volk größer als bei einem andern, ist bei den Familien innerhalb eines Volkes und den Individuen innerhalb einer Familie verschieden. Zu dieser Tatsache kommt noch die Freiheit der Person sowohl gegenüber der angeborenen Art als gegenüber den Umwelteinflüssen. (Auf ihre Bedeutung werden wir noch zu sprechen kommen müssen.) So wird sich bei den einzelnen Menschen die Herauslösung aus einem angestammten Volkstum und das Hineinwachsen in ein neues verschieden rasch und vollständig vollziehen. Jedenfalls ist eine solche Herauslösung im Sinne der Umformung des Typus möglich.

Als Glied eines Volkes leben heißt aber nicht nur, den Typus des Volkes als angeborene Eigenart mit zur Welt bringen oder durch die Volksgemeinschaft zu einem Typus geformt werden, sondern es heißt auch: im Leben des Volkes eine seiner Lebensfunktionen erfüllen, indem man durch seine Arbeit zur Erhaltung und Vermehrung des Volkswohlstandes beiträgt, die Jugend des Volkes heranbildet, das Volkstum in eigenen schöpferischen Leistungen zum Ausdruck bringt, an leitender Stelle die Geschicke des Volkes bestimmt usw. In *diesem* Sinne als Glied des Volkes geboren werden heißt, zur Erfüllung bestimmter Funktionen im Volk berufen sein.

b) Verhältnis der Volkszugehörigkeit zum Menschsein;
   Völker und Menschheit

Wenn wir mit Berücksichtigung dieses dreifachen Sinnes nun fragen: Wird jeder Mensch notwendig als Glied eines Volkes geboren, so werden wir zu antworten haben: Es ist durchaus möglich, daß ein Mensch nicht *in* einer bereits bestehenden Volksgemeinschaft geboren wird (z. B. in einer Farmerfamilie, die aus der alten Volksgemeinschaft gelöst und keiner neuen eingegliedert ist). Es ist auch möglich, daß jemand nicht *aus* einer bereits bestehenden Volksgemeinschaft heraus geboren wird. Wenn auch die Idee einer Geschichte der Menschheit[164], die an den Anfang bereits Volkseinheiten setzte, nicht als wesensmöglich abzuweisen ist, so haben wir doch im Schöpfungsbericht die andere Möglichkeit eines Ursprungs aus einem einzelnen Paar als Tatsache vor Augen und damit die Möglichkeit eines allmählichen Erwachsens der differenzierten Volkseinheiten, so wie wir in den methodischer Geschichtsforschung zugänglichen Zeiten immer neue Völker aus allmählich anwachsenden Menschengruppen entstehen sehen. Schwerer zu entscheiden ist die Frage, ob nicht jeder Mensch berufen sei, Glied eines

---

[164] (Vgl. Johann Gottfried Herders Werk *Ideen zur Philosophie der Geschichte der Menschheit*, Riga / Leipzig 1784–1791, *Werke*, Vierter Teil, vgl. Anm. 7.)

Volkes im Sinne des Mitwirkens an seinem Aufbau zu sein. Wenn wir ein Volk als Ganzes nehmen, so umfaßt es ja nicht nur die jeweils Lebenden, sondern es ist ein Gebilde, das eine Geschichte hat; eine Geschichte, die auf Anfangsstadien zurückweist, in denen es noch nicht im vollen Sinne Volk war, und auf Endstadien, in denen es nicht mehr im vollen Sinne Volk sein wird. Und es gehören ihm seine ältesten Ahnen zu ebenso wie die letzten Ausläufer, in denen es einmal enden wird. So ist es denkbar, daß auch ein Mensch, der weder aus noch in einer bereits bestehenden Gemeinschaft geboren wird, doch schon einer werdenden Gemeinschaft angehört und selbst in diesem Werden eine Rolle spielt. Ob das für jeden Menschen schlechthin zu fordern ist, das hängt davon ab, welche Bedeutung den Völkern im Aufbau der Menschheit beizumessen ist. Sind die Völker die Glieder des großen Menschheitsorganismus und sind die Einzelnen nur als aufbauende Teile der Glieder dem Ganzen angehörig? Dann müßten wir bei Voraussetzung eines einheitlichen Ursprungs der Menschheit sagen, daß die Urväter, die vor der ersten Gabelung des Stammes lebten, nicht einem einzelnen Volk angehörten, sondern als gemeinsame Ahnherren von jedem in Anspruch zu nehmen seien. Für jedes spätere Stadium aber wäre Zugehörigkeit zu einer differenzierten Einheit notwendig. – Es läßt sich manches für diese Auffassung geltend machen. Die Eigenart eines Volkes, die Einheit der Kultur, die es schafft, und sein Werdegang sind ein sinnvolles Ganzes, das von Beginn seines Seins an auf ein τέλος[165] hingeordnet ist, eben darin einem Organismus ähnlich. Und wenn ein Volk stirbt, wenn es in der Zeit endet, so bedeutet das nicht ein Versinken in⟨s⟩ Nichts. Griechentum und Römertum sind nicht mit den Griechen und Römern zu Grunde gegangen; sie stehen vor dem rückwärts gewandten Blick der nachlebenden Völker; und sie sind nicht nur Gegenstand geschichtlicher Betrachtung, sondern ohne sie wären wir nicht, was wir sind. Sie gehören zu der Umwelt, aus der wir uns geistig aufbauen, wie die Reste dieser Völker vital zum Aufbau der heute Lebenden beigetragen haben. Es ist ein Überzeitliches, was im zeitlichen Werden geschichtliche Wirklichkeit wird. Und vor einem Geist, der nicht begrenzt und gebunden ist wie der menschliche, muß das Ganze der Menschheit in seiner sinnvollen Einheit und Gliederung stehen. Sollte es isoliertes Menschentum außerhalb dieser Einheit und Gliederung geben können? – Noch auf etwas anderes möchte ich hinweisen: Wenn es einen Menschen gibt, dessen Sein von Bedeutung für die *ganze* Menschheit und für jeden einzelnen Menschen ist, so müßte man erwarten, daß dieser Mensch – wenn überhaupt einer – frei von aller Bindung an ein einzelnes Volkstum sein müsse. Und doch ist dieser einzigartige Mensch, das Haupt der ganzen Menschheit, aus einem Volk und in einem Volk geboren, hat in diesem Volk gelebt und es als Werkzeug

---

[165] ⟨Griech.: Ziel.⟩

der Erlösung für die ganze Menschheit erwählt. Die Tatsache des auserwählten Volkes und des Hervorgehens des Erlösers aus ihm scheint mir ein nachdrücklicher Hinweis auf die unaufhebbare Bedeutung des Volkstums für die Menschheit.

## c) Möglichkeit des Verlorengehens von Menschen und Völkern

Es gibt aber auch Tatsachen, die gegen die Einbezogenheit aller Menschen in das Werden der Völker zu sprechen scheinen. Können nicht Menschengruppen zu Grunde gehen, ehe sie zum Volkstum herangereift sind? Und können nicht auch Einzelne, die aus einem Volk und in einem Volk geboren werden, sich aus ihm lösen und aufhören, als seine Glieder zu leben? Das tut der Verbrecher, der Recht, Gesetz und Sitte nicht mehr anerkennt, der nichts mehr für die Volksgemeinschaft leistet und ihr den Krieg erklärt. Wenn er das radikal durchführt, dann sind die Bande der Gemeinschaft allerdings durchschnitten. Aber dann ist er auch von der Menschheit abgeschnitten, und sein Leben ist ein dem Sinn des Menschendaseins widersprechendes, ein selbstvernichtendes, „verlorenes".

Von daher ergibt sich eine Möglichkeit, Absplitterungen von allem Volkstum zu verstehen: Es gibt Menschentum, das auf dem Wege zum Volkstum oder auch mitten aus dem blühenden Volksleben heraus verlorengeht, weil Menschenleben nicht reine Sinnerfüllung ist, weil es auf dem Weg zum Ziel Hemmungen und Abirren gibt. Menschliches Sein ist nicht zwangsläufiger Prozeß; das Ziel ist Aufgabe, die mehr oder minder vollkommen gelöst werden und auch ungelöst bleiben kann. So scheint es mir verständlich zu sein, daß Menschen und Völker verlorengehen können. Es ist aber keineswegs gesagt, daß das Abgelöstsein vom Volkstum immer in diesem negativen Sinn zu deuten sei.[166]

## d) Möglichkeit eines sinn- und wertvollen Menschen- und Gemeinschaftslebens außerhalb der Volksgemeinschaft

Es gibt sicherlich innerhalb eines Volkes Menschenleben, das keinen bewußten Anteil am Volksleben hat. Unter unsern gegenwärtigen Verhältnissen macht es freilich schon einige Mühe, sich das auszudenken. Aber es ist noch nicht so lange her ⟨sic⟩, daß Radio, Zeitungen und Tagesgespräche die öffentlichen Angelegenheiten bis in die allerletzte Wohnung tragen und die

---

[166] ⟨Ursprünglich anstelle dieses letzten Satzes: „Ob es auch in positivem Sinn eine Herauslösung aus dem Volkstum geben könne, das wird sich uns im Zusammenhang mit der weiteren Frage ergeben, ob die Zugehörigkeit zum Volk den ganzen Menschen ergreifen müsse."⟩

kleinen Kinder schon vom ersten Erwachen des Verständnisses an in die Politik hineinziehen. Es gab und gibt auch heute noch Lebenskreise, in denen Kinder aufwachsen, ohne von etwas anderm zu wissen als von ihren eigenen kleinen Freuden und Leiden und dem Leben und Treiben der Erwachsenen, mit denen sie in Berührung kommen und an denen sie nichts wahrnehmen, von denen sie nichts erfahren, was sie auf ein größeres Ganzes hinweisen würde. Und es gab und gibt primitive Lebensordnungen, in denen der Blick der Menschen während des ganzen Lebens nicht den ihnen persönlich zugänglichen Umkreis menschlichen Daseins überschreitet. Sie leben nicht bewußt als Glieder des Volkes, wenn sie auch durch gewisse Kanäle in seinen Wirtschaftsprozeß mit einbezogen sein mögen und mancherlei Einflüsse erfahren, die ihnen und ihrem Privatleben eine typische Prägung geben, ohne daß sie sich über die Herkunft klar sind. Sie können keine Patrioten sein, kein Nationalgefühl haben; ihr Volk und ihre Volkszugehörigkeit sind für sie keine Umweltgegebenheit und spielen in ihren Entscheidungen keine Rolle. Immerhin besteht die Zugehörigkeit, sofern Verbindungskanäle da sind und Einflüsse vermitteln, und es besteht die Möglichkeit, daß auch das Bewußtsein der Zugehörigkeit erwacht. Denken wir uns aber alle Verbindungen abgeschnitten, den Kreis völlig umfriedet und in sich abgeschlossen, so wäre auch objektiv keine Zugehörigkeit zu einem größeren Ganzen mehr da (abgesehen von der immer bestehenden Zugehörigkeit zur Menschheit). Dies Idyll ist freilich statisch gesehen. Rückwärts können wir auf Ursprünge aus einem Volk oder auch aus mehreren Völkern geführt werden; und wenn wir die Möglichkeiten des weiteren Fortgangs bedenken, so wird der natürliche Lebensprozeß zur Ausbreitung und schließlich zum Erwachsen eines neuen Volkstums oder zum Hineinwachsen in ein bereits bestehendes führen. Es könnte aber auch sein, daß eine Naturkatastrophe dem Idyll ein Ende machte. Dieses ganze Menschentum könnte zu Grunde gehen, ohne für den Aufbau eines Volkstums etwas geleistet zu haben. Wäre es berechtigt zu sagen, daß es dann seinen Sinn nicht erfüllt habe? Das dürfen wir so wenig, wie wir es von einem Einzelnen sagen dürfen, das vor der Reife abgeschnitten wurde. Ob jenes Gemeinschaftsleben sinnvoll war, trotzdem es nicht zu dem Ziel führte, auf das es als auf ein ihm immanentes hingeordnet schien, das hängt davon ab, ob etwas von ewiger Bedeutung darin war. Und es war etwas von ewiger Bedeutung darin, schon darum, weil es *Menschen*leben war und weil es *Gemeinschaftsleben* war. Es ist nicht einmal nötig, daß diese Menschen irgendwelche Werke hervorgebracht haben, die sie überdauern. Wir wollen annehmen, daß es denkbar schlichtestes Menschentum war. Wenn es Menschen waren, dann haben sie nicht nur ihre Triebe befriedigt wie Tiere, sondern sie haben das Weltall[167] um sich und

---

[167] ⟨Im Original heißt es an dieser Stelle „Welttal".⟩

die Sterne über sich gesehen und sich daran gefreut. Wenn sie in Gemeinschaft lebten, so haben sie geliebt, denn ohne ein Mindestmaß an Liebe kann Gemeinschaft nicht bestehen. Sich am Schönen freuen, das heißt von einem Wert ergriffen werden. Und weil Werte nicht entstehen und vergehen (nur die Güter, in denen sie verwirklicht sind, sind evtl. vergänglich), darum heißt es Anteil am Ewigen gewinnen, wenn man von einem Wert ergriffen wird. Einen Menschen lieben heißt, auf seinen personalen Wert antworten und an diesem Wert Anteil gewinnen; darüber hinaus: ihn zu hüten und zu bewahren suchen. Nach Liebe verlangen heißt, nach der Bejahung des eigenen personalen Wertes durch andere verlangen, des eigenen Wertes durch andere versichert werden und ihn bei ihnen geborgen wissen wollen. Weil jede Erkenntnis und Anerkennung eines Wertes selbst etwas Wertvolles ist und erst recht jeder Dienst, den man einem Wertvollen leistet und durch den man seinen Wert zu steigern sucht, darum ist Gemeinschaft etwas Wertvolles, umso wertvoller, je höher die Werte sind, je reiner die Wertantwort ist, je stärker das Sicheinsetzen für die Werte, d. h. aber, je mehr und je reiner sie Gemeinschaft ist. – In allem Schönen und Guten, was der Mensch in sich und um sich findet, ahnt er ein Höchstes über sich und allem und fühlt sich angetrieben, es zu suchen und ihm zu dienen. Jeder Mensch ist ein Gottsucher und darin am stärksten dem Ewigen verbunden. Wenn Menschenleben und Gemeinschaftsleben werterfülltes Leben war, dann war es sinnvoll. Und dieser Sinn wird ihm nicht genommen, wenn es vor dem Abschluß der natürlichen Entwicklung endet. Ja, es entzieht sich unserm Urteil, ob die Vollendung der natürlichen Entwicklung eine Wertsteigerung bedeutet hätte, weil die Möglichkeit einer negativen Wendung in dem späteren Verlauf besteht.

So wird auch die Möglichkeit einer positiven Bedeutung der Herauslösung aus dem Volkstum sichtbar: Es können Einzelne und ganze Gruppen aus einem Volk herausgelöst werden, das auf dem Weg des Verderbens ist, und dadurch selbst dem Verderben entzogen werden. Es können diese gesunden Kräfte dem Aufbau eines neuen Volkstums dienen. Aber das ist offenbar nicht der letzte Maßstab ihres Wertes. Der letzte Maßstab für den Wert eines Menschen ist nicht die Volksgemeinschaft in ihrer tatsächlichen Beschaffenheit, ist auch nicht die „Idee" seines Volkes, an der die tatsächliche Beschaffenheit zu messen ist. Es gibt eine Verantwortlichkeit des Einzelnen für sein Volk, aber es gibt noch anderes, was er zu hüten und zu verantworten hat.

e) Bewußte Volkszugehörigkeit (Nationalität)

Mit dem Bewußtsein der Volkszugehörigkeit beginnt die Verantwortung und die Notwendigkeit des persönlichen Abwägens. Dieses persönliche Abwägen aber hat eine objektive Ordnung zur Voraussetzung, nach der Sinn und Wert des Menschenlebens zu beurteilen ist. Das absolute Urteil wird nur der sprechen können, der alle Zusammenhänge überschaut.

Wir haben gesehen, es besteht die Möglichkeit, außer ⟨dem⟩ Zusammenhang mit einem Volk zu leben oder auch objektiv einem Volk anzugehören, ohne sich dessen bewußt zu sein. Und in beiden Fällen kann es sich um echtes Menschenleben und wertvolles Menschenleben handeln. Um die Verantwortung des Einzelnen gegenüber dem Volk zu verstehen und von daher die Frage, ob sein Personwert an der Leistung für das Volk zu messen sei, entscheiden zu können, müssen wir uns klar machen, was es heißt, *bewußt* als Glied des Volkes zu leben. Es heißt, daß man nicht nur objektiv in der Volksgemeinschaft lebt, durch sie typisch geformt wird und Funktionen in ihr erfüllt: Man muß das Volk als solches erfaßt haben und muß um seine Zugehörigkeit wissen, schließlich wissen, was man von seinem eigenen Wesen dem Volk verdankt und was man ihm schuldet. Das sind verschiedene Stufen, die nicht auf einmal erreicht werden und nicht alle von jedem erreicht werden. Es gehört schon eine gewisse geistige Reife dazu, um das Volk als solches zu erfassen. Das Kind lebt in der Familiengemeinschaft, ehe es die Familie als Einheit erfaßt. Aber es kommt im Verkehr mit Kindern anderer Familien und diesen selbst schon früh dazu, das Wir, in dem es lebt, von einem Ihr zu unterscheiden. Das Entsprechende kann für das Erfassen des größeren Wir, in dem wir leben, die Berührung mit fremdem Volkstum (Leben im fremden Land oder Begegnung mit Ausländern) sein. Meist kommen wir aber von solchen eigenen Erfahrungen zu einem Wissen um Volk überhaupt und ⟨um⟩ unser Volk im besonderen durch gelegentliche und planmäßige Unterweisung, besonders durch Geschichtsunterricht und Erzählungen, in denen uns Völker als personähnliche Einheiten handelnd entgegentreten. Es ist aber doch noch eine sehr vage Vorstellung, die man auf solche Weise bekommt; und die lebendige Erfüllung dessen, was das deutsche Volk ist, zugleich die Identifikation mit dem Wir, in dem wir leben, wird in der Regel erst dann kommen, wenn wir selbst „Geschichte erleben", d. h. Zeugen und Mitbeteiligte einschneidender historischer Begebenheiten sind. In solchen kritischen Zeiten kommt einem dann auch zum Bewußtsein, welche Bedeutung dem Tun des Einzelnen in dem Gesamtleben zukommt, und damit wird die Verantwortung lebendig. Und wenn das Volkstum bedroht ist, dann erwacht das Verständnis dafür, was es einem bedeutet, was man ihm verdankt und wie tief das eigene Leben darin verankert ist. Wo ein Bewußtsein der Eigenart vorhanden ist, da erst können wir das Volk *Nation* nennen; und wo die Eigen*art* als Eigenwert erlebt wird, von Nationalgefühl sprechen.

Es ist aber dieses Erleben des Eigenwerts noch nicht gleichbedeutend mit einer klaren objektiven Werterkenntnis, die eine richtig begründete Abwägung dieses Wertes gegenüber andern und dadurch die objektiv richtige, ethisch geforderte Stellungnahme in Konfliktfällen gewährleisten könnte. Wir wollen uns hier nicht mit den Problemen beschäftigen, die sich im Wechselverkehr der Völker für die ethische Entscheidung ergeben können. Es geht uns um den Wert der Einzelperson im Verhältnis zu dem Volksganzen, dem sie angehört. Wer sein Volk kennt, wer sich die Schätze innerlich zu eigen gemacht hat, die es aus der Tiefe seines Wesens geschaffen hat, der wird sich ihm auch im tiefsten verbunden fühlen – wir wissen ja, daß die Seele von dem lebt, was sie an geistigen Werten in sich aufnimmt –, der mag sich wohl fragen: Was wäre ich ohne mein Volk? Verdanke ich ihm nicht alles, was ich bin, und schulde ich ihm darum nicht auch alles, was ich bin? Muß ich es nicht als das Höchste ansehen, dem ich alles andere unterzuordnen habe? Es ist nötig, daß man diese Frage ganz ernst nimmt und nüchtern durchdenkt.

f) Volkszugehörigkeit und Personwert;
   absoluter Maßstab für Volks- und Personwert

Verdanke ich wirklich *alles*, was ich bin, meinem Volk? Keinesfalls wird diese Frage von einem Menschen bejaht werden können, der nicht *in* dem Volk lebt, *aus* dem er geboren wurde. Wenn wir an diese Möglichkeit eines Übergangs aus einem Volk in ein anderes denken, so gibt es zweifellos solche, denen ein Volk mehr verdankt, als es ihnen gegeben hat. Aber auch der, der zeitlebens in dem Volk lebt, aus dem er geboren ist, wird nicht sagen können, daß er schlechthin alles seinem Volk verdankt. Gerade wenn er eine umfassende Bildung hat, wird sie sich nicht auf das heimische Bildungsgut beschränken; und er wird zweifellos Tiefes und Entscheidendes fremden Kulturen verdanken. Dazu kommt, daß ja jedes Volk eine Geschichte hat und daß seine Geistesgeschichte z. gr. T. die Geschichte der Aneignung fremden Geistesgutes ist. Gerade zur Eigenart des deutschen Volkes gehört die ungewöhnliche Aufgeschlossenheit für fremdes Geistesgut; es wäre ganz gewiß nicht das, was es ist, ohne das, was es von andern empfangen hat. Und wenn wir nicht nur an fremde Kulturen denken, sondern an die Einzelnen, die zu uns gekommen sind, wenn wir nur an St. Bonifazius[168] und die andern irischen und angelsächsischen Mönche denken, die uns den Glauben ins Land brachten, so wissen wir, daß wir durch die Geschichte unseres Volkes hindurch andern Menschen und Völkern tief verpflichtet sind. Schon von daher ergibt sich klar, daß das eigene Volkstum nicht als das schlechthin Höchste anzusehen ist, dem alles andere unterzuordnen wäre. – Aber wir

---

[168] ⟨Hl. Bonifatius (672/75 – 754), angelsächsischer Ordensmann und Apostel Deutschlands.⟩

Edith Stein

müssen noch weiter gehen. Kein Volk ist *nur* das, was es von andern emp-fängt. Jedes ist etwas Eigenes und Einzigartiges in der Welt. Und seiner Eigenart entsprechend verarbeitet es das, was es an fremdem Geistesgut auf-nimmt. Aber diese Eigenart, die seinen ganzen Entwicklungsgang bestimmt und in ihm zur Entfaltung kommt, die den Werdegang der einzelnen Volks-glieder mitbestimmt und andererseits von den Individuen, die in die Volks-einheit eingehen, – von den verschiedenen in verschiedenem Maß – be-stimmt wird, ist sie denn etwas, was das Volk „sich selbst" verdankt? Offenbar hat das keinen Sinn. Das Volk ist etwas, was entsteht und vergeht, und nichts Endliches ist aus und durch sich selbst. Über allem Volkstum und seinem Geschick steht der Schöpfer und Lenker aller Dinge. Was wir unserm Volkstum verdanken, verdanken wir Ihm, Ihm sind wir zuhöchst und zumeist verpflichtet.

Wir sind aber Gott nicht nur durch unser Volkstum hindurch verpflichtet. Ich sagte eben: Die Eigenart des Volkes hängt ab von den Individuen, die ihm angehören, von verschiedenen in verschiedenem Maße. Ein Volk ist kein Verein, der durch die Willkür einiger Individuen ins Leben gerufen werden kann. Es verdankt sein Dasein einer ewigen Idee. Aber damit diese Idee sich in der Zeit entfalten könne, sind Individuen von bestimmter Eigenart erfor-derlich, die ihr Leben in sein Leben hineintragen. Und die Eigenart der Einzelnen, die Individualität im strengsten Sinn des Wortes, sie ist das, was der Einzelseele eigen ist und was, wie die Seele selbst, von nirgends anders herstammt als unmittelbar vom Schöpfer alles Seins.

So kommen wir zu dem Schluß: Das Tiefste und Eigenste, was der Mensch ist, verdankt er Gott allein, und alles, was er irdischen Gemeinschaften ver-dankt, verdankt er mittelbar Gott. Gott ist er mit allem verpflichtet, was er ist. Durch Gott ist er in die Gemeinschaften hineingestellt, in denen er steht, und Gott bestimmt das Maß der Verpflichtungen, das er ihnen gegenüber hat. Was ich zu verantworten habe, das habe ich vor Gott zu verantworten. Worin es besteht, d. h. was meine Pflicht ist, das sagt mir mein Gewissen. Ihm zu folgen ist Sache meiner Freiheit. Es gibt in jedem Menschen einen Bezirk, der frei ist von jeder irdischen Bindung, der nicht von andern Men-schen stammt und nicht von andern Menschen bestimmt wird. Hier steht er allein vor Gott. Das ist das Innerste der Seele, das schlechthin individuelle und freie Ich, das personale. Was es durch seine Abstammung empfangen hat, das ist ihm in die Hand gegeben, um es zu gestalten und in seinem Wirken fruchtbar werden zu lassen. Das Wirken ist zumeist Wirken in Ge-meinschaften. Es kann einem Menschen aufgegeben sein, vorwiegend in einer engeren Gemeinschaft zu wirken, etwa in der Familie. Es kann sich der Sinn seines Daseins in diesem Wirken erfüllen, ohne daß er sich der Zugehörigkeit zu einer größeren Gemeinschaft bewußt ist und sich ihr ver-pflichtet weiß; es kann dies Wirken im engen Kreis dennoch für die größere

Gemeinschaft fruchtbar sein. Es kann eines Menschen Beruf sein, seine ganze Kraft im Dienst seines Volkes einzusetzen. Leben und Gedeihen eines Volkes ist daran gebunden, daß es Menschen gibt, die diesen Beruf haben und ihm folgen. Es gibt aber auch Menschen, die herausgerufen werden aus ihrem Volk und ihrer Verwandtschaft.[169] Kann sein, daß ihre Sendung an andere Völker geht. Es kann aber auch sein, daß der Herr sie für sich selbst aussondert. Aus der Erlösungsordnung wird es begreiflich, daß auch ein völlig weltabgeschiedenes und von aller irdischen Gemeinschaft gelöstes Leben für die Menschheit fruchtbar sein kann. Aber der Wert des Menschen bemißt sich nicht danach. Nicht, was er für eine Gemeinschaft leistet – für Familie, Volk, Menschheit – ist letzter Maßstab seines Wertes, sondern ob er dem Ruf Gottes folgt.

---

[169] (Anspielung auf Abraham: „Der Herr sprach zu Abram: Zieh weg aus deinem Land, von deiner Verwandtschaft und aus deinem Vaterhaus in das Land, das ich dir zeigen werde." Gen 12, 1.)

# IX.
# Überleitung von der philosophischen zur theologischen Betrachtung des Menschen

## I. *Ergänzungsbedürftigkeit der philosophischen Betrachtung des Menschen*

### 1. Abhängigkeit des Endlichen vom Unendlichen als ontologische Einsicht

Wir haben versucht, eine Antwort auf die Frage zu geben: Was ist der Mensch? Wir sind von der Erfahrung ausgegangen, in der uns Menschen gegeben sind. Wir haben den Inhalt dieser Erfahrung analysiert, um Zufälliges auszuschalten und das Wesentliche zur Abhebung zu bringen. Das ist philosophische Besinnung, und weil sie es darauf abgesehen hat, ein Seiendes in seinem Wesensaufbau zu begreifen, nennen wir das Verfahren *ontologisch*. Zur Eigentümlichkeit des Seienden, mit dem wir es zu tun hatten, gehört es, daß es ein Endliches ist. Zu allem Endlichen gehört es, daß es nicht aus sich allein begriffen werden kann, daß es auf ein erstes Seiendes zurückweist, das ein Unendliches sein muß oder richtiger: *das* Unendliche, weil das Unendliche nur Eines sein kann. Wir nennen dieses erste, unendlich Seiende Gott, weil seine Attribute unserer Gottesidee entsprechen. So ist es als ontologische Einsicht auszusprechen, daß das menschliche Sein wie alles Endliche auf Gott zurückweist und ohne Beziehung zum göttlichen Sein unbegreiflich wäre: sowohl *daß* es ist (seine Existenz), als daß es *das* ist, was es ist.

### 2. Fragen, die weder durch Erfahrung noch durch philosophische Einsicht zu lösen sind

Es gehört ferner zum menschlichen Sein, daß es ein Entwicklungsgang ist, ein zielbestimmtes Werden. Was wir in der Erfahrung vor uns haben, ist immer Durchgangsstadium dieses Werdeganges. Wie der vorausgehende Werdegang gewesen ist, das kann Erfahrung nicht eindeutig feststellen (weder für den einzelnen Menschen noch für die ganze Menschheit). Es sind nur mehr oder minder begründete Vermutungen innerhalb der tatsächlichen Ordnung der Erfahrungswelt möglich. Philosophische Besinnung kann darüber hinaus eine Reihe von Wesensmöglichkeiten herausstellen, aber keine Entscheidungen zwischen ihnen treffen. Wir stoßen also auf Fragen, die weder durch Erfahrung noch durch philosophische Einsicht gelöst werden können. Dahin gehören alle Ursprungsfragen: Entstehung der Welt, Entstehung des Menschengeschlechts, Entstehung des einzelnen Menschen. Wenn es für uns eine Lösung dieser Fragen geben soll, so muß es entweder für unsern menschlichen Verstand von sich aus noch einen andern Erkenntnisweg geben als Erfahrung und philosophische Einsicht. Oder es muß uns die Lösung durch einen Geist gegeben werden, dem das zugänglich ist, was der menschliche Verstand von sich aus nicht erreichen kann. Über die Möglichkeiten eines dritten menschlichen Erkenntnisweges will ich jetzt nicht sprechen.[170] Die Möglichkeit, durch einen überlegenen Geist Aufschluß über etwas zu erhalten, was dem menschlichen Geist von sich aus nicht erreichbar ist, ist verwirklicht in der Tatsache der *Offenbarung*, der Enthüllung von Tatsachen durch Gott für den Menschen.

### 3. Offenbarungswahrheiten über den Menschen

Wir haben eine offenbarte Wahrheit, die uns etwas über den Menschen sagt. Sie ist dem Menschen gegeben, damit er erkenne, was er ist und was er soll. Für den Menschen, dem es darum zu tun ist zu wissen, was er ist und was er soll – und es *muß* ihm ja darum zu tun sein –, gibt es darum eigentlich gar nichts Dringlicheres, als sich darüber Aufschluß zu verschaffen, was die offenbarte Wahrheit über den Menschen sagt. Das können wir in dieser abschließenden Betrachtung nicht im vollen Umfang tun. Ich möchte hier nur an die Glaubenswahrheiten erinnern, die wir im Lauf unserer philosophischen Untersuchungen herangezogen haben, um unsere Ergebnisse daran zu prüfen oder zu sehen, wie das philosophisch Unentschiedene dort entschieden wird: Der Mensch ist von Gott erschaffen und mit dem ersten Menschen die ganze Menschheit als eine Abstammungseinheit und eine potenzielle Gemeinschaft. Jede einzelne Menschenseele ist von Gott erschaffen. Der Mensch ist als Gottes Ebenbild erschaffen. Der Mensch ist frei und verant-

---

[170] (Stein deutet hier den „Weg der Mystik" an, den sie an verschiedenen Stellen untersucht. „So wird man sagen müssen, daß die Sphäre des absoluten Seins als eine zweite transzendente Sphäre zu setzen ist [neben der äußeren Realität, die die erste transzendente Sphäre bildet; BB]; es führt zu ihr von der immanenten her ein dreifacher Weg: der des *mystischen Schauens*, der des *Glaubens*, der des *logischen Verfahrens*. Der erste ist zwingend, aber er ist kein allgemeiner Weg; der zweite steht jedem offen, aber der Wille muß ans Ziel helfen; der dritte ist der Weg der natürlichen Erkenntnis, den jeder Vernünftige gehen könnte [...]". *PA*, S. 17; Herv. d. Bearb. – Steins Untersuchungen zum „Weg der Mystik" finden sich in „Die Seelenburg", in: *EES*, S. 501–25; des weiteren vgl.: *KW*, ESGA 17, Freiburg 2007; *Geistliche Texte* (*GT* I), ESGA 19, Freiburg 2009; *Geistliche Texte* II (*GT* II), ESGA 20, Freiburg 2007.)

wortlich für das, was aus ihm wird. Der Mensch kann und soll seinen Willen mit dem göttlichen Willen in Übereinstimmung bringen.

### 4. Unentbehrlichkeit der Offenbarungswahrheit vom Menschen für Erziehungsarbeit und Erziehungswissenschaft

Die Dringlichkeit, über solche einzelnen Glaubenssätze hinaus zu einem möglichst geschlossenen Bild des menschlichen Seins zu kommen, leuchtet ein. Zu wissen, was wir sind und was wir sein sollen und wie wir zu dem gelangen können, was wir sein sollen, ist jedes Menschen dringlichste Angelegenheit. Es ist aber noch von besonderer Bedeutung für den Erzieher und Erziehungswissenschaftler. Erziehen heißt, andere Menschen dahin führen, daß sie werden, was sie sein sollen. Das kann man nicht, ohne zu wissen, was der Mensch ist und wie er ist, wohin er geführt werden soll und welche die möglichen Wege sind. So ist das, was unser Glaube über den Menschen sagt, unentbehrliches theoretisches Fundament für die praktische Erziehungsarbeit, falls wir es für das Ziel der Erziehung halten, die Menschen zu dem zu führen, was unser Glaube als Ziel des Menschen ansieht. Dieses Fundament kann aber auch für die Erziehungswissenschaft nicht ohne Bedeutung sein. Man wird vielleicht sagen: Wenn Erziehungswissenschaft echte Wissenschaft ist, so muß es ihr gelingen, mit ihren eigenen Methoden herauszustellen, was Erziehung ist und wie erzogen werden soll. Und wenn sie richtig verfährt, muß das, was sie herausstellt, mit dem Glaubensinhalt übereinstimmen, wenn es auch nicht daraus entnommen ist. Daran ist richtig, daß in der Tat nicht alles, was geoffenbart ist, natürlicher Erkenntnis unerreichbar ist. Der hl. Thomas sagt, daß vieles auf dem Wege menschlicher Verstandesarbeit herauszustellen sei, was aber auf diesem Wege erst spät und nach langer Mühe und nur von wenigen erreicht werden könnte. Was aber zum Heil notwendig ist, das muß allen zugänglich sein und darf nicht von dem Stand menschlicher Forschung abhängen.[171] Danach wäre wohl zuzugeben, daß für die praktische Erziehungsarbeit die Erziehungswissenschaft in ihrem gegenwärtigen Stande keine ausreichende Grundlage sei, sondern der Ergänzung aus dem Glauben bedürfe; aber es könnte für die Pädagogik noch daran festgehalten werden, daß sie allein aus natürlichen Erkenntnisquellen zu schöpfen habe und nicht aus der Offenbarung. Indessen kann nicht zugegeben werden, daß *alle* Offenbarungswahrheiten prinzipiell auch natürlicher Erkenntnis zugänglich seien. Katholischer Glaube steht und fällt mit den *Mysterien*, und zur Idee des Mysteriums gehört die Unzugänglichkeit für natürliche Erkenntnis. Diese Unzugänglichkeit bedeu-

---

[171] ⟨Vgl. *EES*, § 4 Sinn und Möglichkeit einer „Christlichen Philosophie", S. 20 ff.⟩

tet nicht Unbegreiflichkeit. Die Offenbarungswahrheit ist ja *Wahrheit* und für uns *offenbar gewordene* Wahrheit. Und so gewinnen wir *Erkenntnis*, wenn wir eine Glaubenswahrheit uns innerlich zu eigen machen. Die Unzugänglichkeit für natürliche Erkenntnis besagt, daß wir eines übernatürlichen Lichtes bedürfen, um zur Erkenntnis des Mysteriums zu gelangen. Als die Grundsubstanz unseres Glaubens werden im athanasianischen Glaubensbekenntnis[172] mit schneidender Schärfe und erschütternder Wucht die Geheimnisse der Trinität und der Inkarnation hingestellt. Wer aber wollte behaupten, daß die Mysterien für den Erdenweg des Menschen und damit für seine Erziehung ohne Bedeutung seien? Aus welchem andern Grund sollte Gott die Schleier von Seinen Geheimnissen für uns gelüftet haben, als weil sie für uns zum Leben notwendig sind, zu *dem* Leben, zu dem wir berufen sind? Wenn aber eine Pädagogik darauf verzichtet, aus der Offenbarung zu schöpfen, so riskiert sie es, das Wesentlichste außer Acht zu lassen, was wir über den Menschen, sein Ziel und den Weg zu seinem Ziel wissen können, sie schneidet sich also prinzipiell davon ab, ihren Gegenstand (d. i. die Erziehung des Menschen) ausreichend zu bestimmen. Erst wenn herausgestellt ist, was die offenbarte Wahrheit über den Menschen und seine Erziehung enthält, kann geprüft werden, was daran natürlicher Erkenntnis zugänglich ist und was nicht. Für das natürlich Erkennbare kann die natürliche Begründung gesucht werden, und wenn man sie gefunden hat, ist (innerhalb der Pädagogik) die übernatürliche entbehrlich. Das, was natürliche Begründung ausschließt, ist dann an seiner Stelle in das Ganze der Pädagogik einzubauen. Die Pädagogik wird dadurch nicht Theologie, aber sie tritt zur Theologie in eine wesenhafte und unaufhebbare Beziehung.

## II. Pädagogische Bedeutung der eucharistischen Wahrheiten

### 1. Kreuzesopfer, Meßopfer und persönliches Heil

Ich möchte diese methodischen Erwägungen zum Schluß wenigstens durch ein konkretes Beispiel erläutern. Ich wähle die eucharistischen Wahrheiten und will versuchen, ihre pädagogische Bedeutung herauszustellen.[173] – Letztes Ziel des Menschen ist das ewige Leben. Die Anwartschaft auf das ewige Leben ist der sündigen Menschheit wiedergewonnen durch den Kreuzestod Christi. Die Frucht der Erlösung muß durch die freie Tat jedes einzelnen

---

[172] ⟨„Quicumque" vult salvus esse (lat.: Wer auch immer gerettet sein will), Anfangsworte des Glaubensbekenntnisses eines unbekannten Autors, ca. 5. Jh., südliches Gallien, lateinisch verfaßt, dem Athanasius (298-373) fälschlicherweise zugeschrieben.⟩

[173] ⟨Vgl. Steins in *BEI* (ESGA 16) abgedruckten Vortrag „Eucharistische Erziehung" von 1930, S. 63–70.⟩

Menschen persönlich angeeignet werden. Um diese persönliche Aneignung möglich zu machen, erneuert Christus sein Kreuzesopfer im Hl. Meßopfer. Die freie Tat des Einzelnen, die ihn des ewigen Lebens teilhaftig macht, ist die Teilnahme am eucharistischen Opfer: Wenn er im Bewußtsein seiner Sündhaftigkeit und im lebendigen Verlangen nach der Erlösung mit dem Priester zum Altar tritt, wenn er in aufrichtiger Opfergesinnung mit den Gaben sich selbst aufopfert, dann wird er mit den Gaben in Christus umgewandelt, wird ganz real lebendiges Glied des Leibes Christi; wenn er in der Hl. Kommunion den Herrn in sich aufnimmt, dann trägt er ihn in sich, lebt in Christus und Christus in ihm.

## 2. Das eucharistische Geschehen als pädagogischer Akt

Was hat das für eine pädagogische Bedeutung? Zunächst die, daß das eucharistische Geschehen der wesentlichste pädagogische Akt ist: Zusammenwirken Gottes und des Menschen, dessen Ergebnis die Gewinnung des ewigen Lebens ist.

### a) Seine Anforderungen an den Lehrer

Es hat ferner pädagogische Bedeutung, indem es den Erzieher vor die Aufgabe stellt, den Zögling dahin zu führen, daß er zu entsprechender Mitwirkung in diesem göttlich-menschlichen Akt fähig und bereit werde. Daraus ergibt sich als erste Forderung die Einführung in die eucharistischen Wahrheiten, die vornehmlich Sache des Religionsunterrichts ist, aber auch in andern Unterrichtsstunden gelegentlich ergänzt und gestützt werden kann (Geschichte: Urchristentum, Reformation). Es kommt aber darauf an, daß nicht nur ein bloßes Verständnis vermittelt, sondern lebendiger Glaube erweckt wird. Glaube ist Gnadengeschenk. Aber die Erweckung des Glaubens ist an menschliche Mitwirkung gebunden, und zwar in der Regel nicht nur an die Mitwirkung dessen, dem der Glaube geschenkt wird, sondern auch eines menschlichen „Glaubensboten". Es gibt wohl Fälle, in denen die bloße verstandesmäßige Übermittlung und Sinnerklärung eines Glaubenssatzes schon genügt, um den Glauben daran zu erwecken. (Das wird besonders dann der Fall sein, wenn der Glaube als fides *qua* creditur[174] schon vorhanden ist und nur die fides *quae* creditur[175] noch schrittweise angeeignet werden muß. In diesem Fall wird jede neu hinzutretende Wahrheit schon im Glauben ergriffen.) Aber das ist keineswegs das Durchschnittliche. Wo die

---

[174] ⟨Lat.: der Glaube, durch den geglaubt wird; d. h. die persönliche Gläubigkeit.⟩
[175] ⟨Lat.: der Glaube, der geglaubt wird; d. h. das objektive Glaubensbekenntnis.⟩

Wahrheit, die uns mitgeteilt wird, keine unmittelbar einsichtige ist, da muß etwas anderes hinzutreten, um die gläubige Hinnahme zu motivieren. Ein wesentliches Moment ist die Glaubwürdigkeit des Mitteilenden.[176] Alles Lernen setzt Vertrauen in die Wahrhaftigkeit des Lehrers voraus. Aber ein solcher auf die bloße Mitteilung eines andern begründeter Glaube an eine Sache ist doch immer nur etwas Vorläufiges, das den Sinn hat, eigene Einsicht vorzubereiten. Wenn ich einen mathematischen Lehrsatz einführen muß, ehe die Schüler soweit sind, den Beweis führen oder verstehen zu können, so ist es doch Aufgabe, sie einmal so weit zu bringen, daß sie ihn einsehen. Und wenn das nicht für alle Schüler und für jeden Lehrsatz im Schulunterricht zu erreichen ist, so muß die prinzipielle Möglichkeit erkannt werden und es müssen die Gründe eingesehen werden, aus denen auf die Verwirklichung des prinzipiell erreichbaren Erkenntnisideals verzichtet wird. Wenn die Schüler den Unterschied zwischen einsichtiger Erkenntnis und bloßem Autoritätsglauben erfaßt haben (und ein Unterricht, in dem dieser Unterschied nicht erfaßt würde, hätte wenig Bildungswert), dann werden sie sich nicht zufrieden geben, wenn ihnen ein Satz unbewiesen gegeben wird und wenn sie nicht ausreichende Gründe erfahren, warum es geschieht. Sie werden dann an der subjektiven Wahrhaftigkeit oder an der Fähigkeit des Lehrers zweifeln und infolgedessen auch an der objektiven Glaubwürdigkeit des Gesagten. – Handelt es sich – wie in den Naturwissenschaften – um etwas prinzipiell äußerer Wahrnehmung Zugängliches, so wird für die Fälle, in denen es nicht anschaulich dargeboten wird, wiederum plausibel sein müssen, warum es nicht geschieht. Ist der Inhalt der Belehrung moralische Wahrheit, die eine Forderung an den Menschen stellt, so gibt es einen doppelten Weg, sie zu „veranschaulichen": die theoretische Zurückführung auf die Prinzipien der sittlichen Erkenntnis (die für frühe Entwicklungsstufen nicht möglich sein wird) und die praktische Realisierung, durch die Wert und Unwert des Verhaltens den zu Belehrenden fühlbar wird. Wenn Kinder einsehen sollen, daß Neid etwas Verwerfliches ist, so werden sie das am leichtesten an konkreten Fällen, in denen ihnen neidische Menschen und Menschen, die frei von Neid sind, vor Augen gestellt werden. Jede solche Belehrung muß, wenn sie lebendig aufgenommen wird, dazu führen, daß die Kinder ihr eigenes Verhalten und das anderer daran messen. Damit muß auch der Lehrer rechnen, und wenn sein praktisches Verhalten dem Inhalt seiner Belehrung nicht entspricht, so müssen sie entweder zu der Meinung kommen, daß er selbst nicht glaubt, was er sagt, oder daß er das, was er für geboten erklärt, nicht durchführen kann oder will. Und das wird

---

[176] (Vgl. Steins Überlegungen zur Mittlerschaft in ihrem Aufsatz „Natur, Freiheit und Gnade", in: *Welt und Person*, ESW VI, Freiburg 1962, unter dem falschen Titel „Die ontische Struktur der Person und ihre erkenntnistheoretische Problematik", S. 160ff. [ESGA 9].)

auch skeptisch machen gegen das, was er sagt: Vielleicht ist es gar nicht wahr, daß Neid etwas Verwerfliches sei; oder man kann es nicht vermeiden, neidisch zu sein, wenn es auch häßlich ist; und aus diesem Grunde – oder auch aus andern – braucht man sich nicht darum zu bemühen. So kommt die sittliche Unterweisung und Erziehung nicht zu ihrem Ziel.

Eine analoge praktische Bewährung gibt es auch für die Glaubenswahrheiten. Wenn es wahr ist, daß ein eucharistisches Leben zur[177] Vereinigung mit Christus, zur Gleichförmigkeit mit ihm und dadurch zur Erlösung führt, so muß das an den Menschen auch sichtbar werden. Es wird ein starkes Motiv zum Glauben an die eucharistischen Wahrheiten sein, wenn man an dem Leben und aus den Selbstzeugnissen vorbildlicher Christen zeigen kann, wie groß ihr Verlangen nach der Teilnahme am Hl. Meßopfer und nach dem Empfang der Hl. Kommunion war, wie ihre Liebe zu Christus und der Eifer, ihm zu dienen und ihm zu gefallen, dadurch wuchsen, wie sie gestärkt wurden, Schweres auf sich zu nehmen und ihre Fehler zu überwinden, und wie ihr ganzes Wesen und Leben mehr und mehr zum Abbild und zur Nachfolge Christi wurde.

Die nächstliegende praktische Bewährung ist aber auch hier wieder das Verhalten des Lehrers. Wenn er selbst kein eucharistisches Leben führt, oder wenn er zwar täglich zur Kirche geht, aber wenn keine Früchte an ihm wahrzunehmen sind: keine Liebe, keine Geduld, keine Opferwilligkeit – dann muß das ein schweres Hindernis für die gläubige Annahme der eucharistischen Wahrheiten sein. Wie auf der andern Seite das vorbildliche eucharistische Leben das stärkste Motiv zur Annahme der eucharistischen Wahrheiten und zu einem Leben nach ihnen sein wird.

## b) Das Zusammenwirken Gottes und des Menschen im eucharistischen Geschehen

Wenn das erreicht ist: Wenn der Glaube an die eucharistischen Wahrheiten gewonnen ist und wenn er in die Tat umgesetzt wird, dann beginnt das, was ich als wesentlichen pädagogischen Akt bezeichnet habe: das Zusammenwirken Gottes und des Menschen, um diesen Menschen zu seinem Heil zu führen. (N.B. es beginnt der Akt in der eucharistischen Form, die nicht die einzige Form des Zusammenwirkens zwischen Gott und dem Menschen ist.) Indem der Mensch sich entschließt, den Heilsweg zu gehen, der für ihn vorgesehen ist, öffnet er sich innerlich der Gnade, und dadurch kann sie in ihm wirksam werden. Das kann in den verschiedensten Formen geschehen: Es kann eine Erleuchtung des Verstandes sein, die vorher blind hingenommene Glaubenswahrheiten verständlich und fruchtbar macht – etwa eine tiefe

---

[177] ⟨Durchgestrichen: „Erlösung".⟩

Gotteserkenntnis gibt und dadurch eine tiefere und lebendigere Gottesliebe; oder es kann das eigene Sein in diesem neuen Licht bis dahin verborgene Abgründe enthüllen und auf Grund einer täuschungsfreien Selbsterkenntnis erst echte Reue mit ihrer reinigenden und erneuernden Kraft möglich sein; es können neue Aufgaben sichtbar werden und zugleich die inneren Quellen aufbrechen, die Mut und Kraft geben, sie in Angriff zu nehmen und alle Hindernisse zu überwinden.

Wer so etwas in seiner eucharistischen Praxis erfahren hat und wiederholt erfahren hat, für den sind die eucharistischen Wahrheiten nicht mehr bloße Sätze, deren Sinn er versteht und deren Forderungen er rein äußerlich befolgt. Sie sind eine Lebenswirklichkeit in ihm, die ihn und sein Leben gestaltet. Sein eucharistisches Leben wird zum Zentrum seines gesamten Lebens. Hier empfängt er Klarheit über sich selbst und über das, was er tun und lassen soll. Damit das geschehen könne, muß er schon rein äußerlich in seiner Tagesordnung Raum dafür schaffen, und das kann eine starke Umgestaltung seiner gewohnten Lebensführung bedeuten. Er muß aber auch dafür Sorge tragen, daß er in die Verfassung kommt oder sich in der Verfassung erhält, wie sie sich geziemt, um den Herrn zu empfangen. Er wird aus sich und aus seinem Leben das machen müssen, was der Herr von ihm fordert. Wer so lebt, für den ist der Glaube an die Eucharistie nicht mehr Fürwahrhalten von etwas Fremdem und Äußerlichem auf eine äußere Autorität hin, sondern Gewißheit von etwas innerlich Erfahrenem, von etwas, was unabtrennbarer Bestand des eigenen Seins geworden ist.

⟨III.⟩ *Aufgabe einer theologisch-pädagogischen Anthropologie*

Das ist uns ein Beispiel dafür, daß dogmatische Wahrheit, innerlich angeeignet, wie es ihr eigentlicher Sinn ist, höchste bildende Kraft besitzt; daß sie dem Menschen nottut, um das zu werden, was er sein soll. So wird eine Erziehungswissenschaft nicht zur Vollendung kommen können, wenn sie nicht im ganzen Umfang der offenbarten Wahrheit erforscht, was es heißt, aus dem Glauben zu leben und durch das Leben aus dem Glauben das Ziel des Lebens zu erreichen.

# Register

## 1. Bibelstellen

## 2. Namen

# 3. Begriffe

FSC
www.fsc.org

MIX

Papier | Fördert
gute Waldnutzung

FSC® C083411

Zeitfracht Medien GmbH
Ferdinand-Jühlke-Straße 7
99095 Erfurt, Deutschland
produktsicherheit@kolibri360.de